Der Arbeitsnachweis

Handbuch
für den Gebrauch bei der Stellenvermittlung
im Deutschen Reiche

von

Magistratsrat Paul Wölbling
Berlin

Berlin. 1918.
J. Guttentag, Verlagsbuchhandlung,
G. m. b. H.

Vorwort.

Während an theoretischen Schriften über die Arbeitsnachweise kein Mangel besteht, fehlt ein praktisches Handbuch. Die Kommentare des Stellenvermittlergesetzes können die Lücke nicht ausfüllen.

Das Handbuch soll nicht nur dem Gebrauch in der Praxis, sondern auch der Einführung in den schwierigen und umfangreichen Stoff der Arbeitsvermittlung dienen.

Wenn das Buch den Umfang eines kurzen Handbuches nicht überschreiten sollte, so daß auch kleine Arbeitsnachweise und das Vermittlungspersonal es sich anschaffen können, so mußte auf Vollständigkeit verzichtet werden.

Einige Fragen wie die der Stellung der Arbeitgeber und Arbeiter zum Arbeitsnachweis und die der Übergangswirtschaft mußten wegen ihrer augenblicklichen Wichtigkeit ausführlich behandelt werden. Den Abschluß des Buches bildet eine kurze Erörterung der Gesetzgebungsfrage, weil die Arbeitsnachweise zu dieser Frage werden Stellung nehmen müssen.

Noch sind die Fragen des Arbeitsnachweises allgemein im Fluß und es fehlt an einer gesetzlichen Richtschnur für eine einheitliche Stellungnahme. Daher gibt es der Streitfragen noch viele. Es wurde der Versuch gemacht, überall eine praktische Lösung zu finden, die sowohl den Interessen der Parteien wie der öffentlichen Verwaltung einigermaßen gerecht wird. Es wurde aber nicht immer in erster Linie auf die gegenwärtig bequemste Lösung Rücksicht genommen, sondern auf die Interessen der künftigen Entwicklung des Arbeitsnachweises, denen nicht immer am besten durch die Befolgung einer zurzeit beliebten Theorie gedient ist.

Die vollständige Angabe der benutzten Literatur ist im Interesse der Kürze ohne Schaden für die Zwecke der kleinen praktischen Schrift unterblieben, dahingegen wurden das wichtigste Gesetzesmaterial, wie das Stellenvermittlergesetz, die in Betracht kommenden Abschnitte des Bürgerlichen Gesetzbuches, das Hilfsdienstgesetz, auch wichtige Statuten und maßgebende Kundgebungen der beteiligten Kreise im Wortlaut wiedergegeben.

Möge das Buch in der bei Friedensschluß den Arbeitsnachweisen bevorstehenden schweren Zeit nützliche Dienste leisten.

Berlin, Februar 1918.

P. Wölbling.

Abkürzungen.

BGB. = Bürgerliches Gesetzbuch.
Bl. f. RA. = Blätter für Rechtsanwendung.
Szczesny = Szczesny Stellenvermittlergesetz.
Fischer = Fischer Stellenvermittlergesetz.
Gew.Arch. = Gewerbearchiv.
GGG. = Gewerbegerichtsgesetz.
GO. = Gewerbeordnung.
HMBl. = Ministerialblatt für Handel und Gewerbe.
Hoffmann = Hoffmann Stellenvermittlergesetz.
JW. = Juristische Wochenschrift.
KGE. = Kammergerichtsentscheidung.
KGG. = Kaufmannsgerichtsgesetz.
KGJ. = Jahrbuch für Entscheidungen des Kammergerichts.
Neukamp = Neukamp Stellenvermittlergesetz.
Rechtsp. OLG. = Rechtsprechung der Oberlandesgerichte.
RGC. = Reichsgericht-Entscheidungen in Civilsachen.

Inhaltsverzeichnis.

Einleitung.

Die Besetzung einer Arbeitsstelle mit einem Arbeiter, der Abschluß eines Arbeits- oder Dienstvertrages vollzieht sich in den meisten Fällen ohne geschäftsmäßige Mitwirkung einer dritten Person, aber auch in diesen Fällen wird überaus häufig, oft nicht erkennbar, ein Mittler vorhanden sein, der den Abschluß des Arbeitsverhältnisses angebahnt hat. Es ist dies ein Ergebnis unserer neuzeitlichen Wirtschaftsordnung, die nicht mehr wie früher jedem einzelnen einen Platz anweist, wo er hingehört, wo er sein Brot findet, sondern die es in der Regel jedem überläßt, sich sein Leben durch Gewinnung einer Arbeitsstelle nach freiem Ermessen zu gestalten. Die Größe und die äußerst verwickelte Gestaltung des Arbeitsmarktes machen es aber dem Arbeiter nahezu unmöglich, aus sich selbst heraus den Weg zu einer für ihn geeigneten Stellung zu finden. Er braucht dazu mindestens die Hilfe eines Bekannten, eines guten Freundes, der ihn oder den Arbeitgeber auf die Möglichkeit des Abschlusses eines Arbeitsvertrages mit ihm aufmerksam macht. In sehr ausgedehntem Maße füllen die Zeitungen, sei es durch allgemeine nachrichtliche Hinweise, sei es durch Veröffentlichung privater Anzeigen die Rolle des Vermittlers aus.

Diese Fälle des Arbeitsnachweises durch Zeitungsinserate scheiden bei unserer Betrachtung im allgemeinen aus.

Wir haben es bei unserer Darstellung nur mit der organischen Vermittlung oder dem organischen Nachweis von Stellen zu tun, dessen wesentliche Aufgabe die Vermittlung oder der Nachweis von Arbeitsstellen ist.

Unter Arbeit verstehen wir dabei jede auf die Erzielung von Gewinn, in erster Linie des Lebensunterhaltes gerichtete körperliche oder geistige Betätigung auf Grund eines Dienstverhältnisses, wobei auch der Dienst für öffentliche Körperschaften, Reich, Staat und Gemeinde, wie die Dinge aber liegen, nicht der Nachweis von Beamten einbegriffen ist.

Behandeln wollen wir sowohl die gewerbsmäßige Stellenvermittlung, bei welcher die Vermittlung zu dem Zwecke des Geldgewerbes durch den Vermittler erfolgt, wie die nicht gewerbsmäßige, aber geschäftsmäßige Vermittlung, d. h. die Vermittlung, welche den Gegenstand einer regelmäßigen, privaten oder öffentlichen, auch amtlichen Betätigung bildet.

Im Vordergrunde unserer Betrachtung soll aber der private und öffentlich-gemeinnützige Arbeitsnachweis stehen.

Die Beschränkung auf den öffentlichen Nachweis ist deshalb nicht möglich, weil der private, gemeinnützige Stellennachweis vielfach noch den öffentlichen Nachweis ergänzt oder ersetzt, auch meist der öffentlichen Verwaltung eingegliedert ist oder von ihr unterstützt wird.

Als öffentlicher Nachweis ist nach Ziff. 1 des Erlasses vom 9. August 1910 zur Ausführung des Stellenvermittlergesetzes nur ein Nachweis anzusehen, der von einer öffentlichen Körperschaft unterhalten wird, während ein gemeinnütziger, öffentlich nur unterstützter Arbeitsnachweis nicht als ein öffentlicher angesehen wird. Die Stellen- oder Arbeitsvermittlung und der bloße Arbeitsnachweis werden gleichzeitig behandelt. Der Arbeitsnachweis beschränkt sich auf die Bekanntgabe, auf den Hinweis auf die Möglichkeit eines Vertragsabschlusses, während die Vermittlung weitergeht und jedenfalls nur dann zustande gekommen ist, wenn ein Dienst- oder Arbeitsvertrag wirklich zum Abschluß gediehen ist.

Die gewerbsmäßige Stellenvermittlung steht zwar in einem gewissen Gegensatz zu allen anderen Arten der Stellenvermittlung, da ihren Hauptzweck die Ernährung des Vermittlers bildet, während bei allen anderen Vermittlungsarten das Vermittlungsergebnis im Vordergrund steht. Die gewerbsmäßige Stellenvermittlung ist aber diejenige, welche rechtlich am weitesten durchgebildet ist und die praktischen und rechtlichen Grundsätze der gewerblichen Stellenvermittlung sind vielfach auf die anderen Arten der Stellenvermittlung anwendbar.

Keinem Zweige der Arbeitsvermittlung, worunter wir im allgemeinen der Kürze halber auch den Arbeitsnachweis verstehen wollen, kann die öffentliche Verwaltung ihre Aufmerksamkeit entziehen. Abgesehen davon, daß das Reich und der Staat, was jedem, der es bisher noch nicht wußte, durch den Krieg klar geworden ist, das höchste Interesse an der vollen und richtigen Ausnutzung aller Arbeitskräfte hat und daß er daher seine Hand dazu bieten muß, daß jeder Mann und jede Frau an den richtigen Platz gestellt wird, muß der Staat verhindern, daß die Arbeitsvermittlung zu staatswidrigen, die Gütererzeugung, den öffentlichen Frieden und die öffentliche Ordnung störenden Zwecken, vor allen Dingen zur Herbeiführung von Verstößen gegen die Strafgesetze mißbraucht wird. Es sei an die Lahmlegung von Betrieben und die Aussperrung von Arbeitern[1]), an die Ausbeutung Stellensuchender durch hohe Gebühren und an die Verkuppelung weiblicher Personen zu unsittlichen Zwecken erinnert. Vor allen Dingen kann die öffentliche Verwaltung nur mit Hilfe der Arbeits- und Stellennachweise einen Überblick über den gesamten Arbeitsmarkt erlangen und der oft bedrohlich werdenden Arbeitslosigkeit entgegentreten[2]).

Gesunde Verhältnisse auf dem Arbeitsmarkt herbeizuführen und zu erhalten, das ist die Aufgabe des öffentlichen Arbeitsnachweises und keine andere Art der Stellenvermittlung darf dieses Streben der öffentlichen Arbeitsnachweise vereiteln oder erheblich durchkreuzen, im Gegenteil, es muß das Bestreben der öffentlichen Verwaltung, insbesondere der öffentlichen Arbeitsnachweise sein, auch die nicht öffentliche Arbeitsvermittlung in den Dienst des von dem öffentlichen Arbeitsnachweis verfolgten Zieles zu stellen.

Die Größe der Aufgabe kann man aus folgenden Zahlen ermessen.

Es standen nach den Berufszählungen des Jahres 1907 in einem Arbeitsverhältnisse:

A. in der Landwirtschaft, Gärtnerei, Tierzucht, Forstwirtschaft und Fischerei über	7	Mill.
B. in der Industrie einschl. des Bergbaus und Baugewerbes über	9	„
C. im Handel u. Verkehr einschl. der Gast- u. Schankwirtschaft etwa	3/4	„
D. als häusliche Angestellte einschl. persönlicher Bedienung, Lohnarbeit verschieden	1 3/4	„

zusammen über 18 1/2 Mill. Personen, darunter etwa 7 Mill. weibliche.

Rechnet man mit einer 2jährigen Dauer jedes Arbeitsverhältnisses, so kommt man zu der hohen Zahl von etwa 9—10 Mill. Arbeitsverhältnissen, welche alljährlich in Deutschland eingegangen werden. Es vermittelten nun diejenigen Arbeitsnachweise, welche ihre Zahlen dem Reichsarbeitsblatt zur Veröffentlichung mitteilen

---

[1]) Vgl. Fünftes Kapitel.

[2]) Vgl. Erlaß der preußischen Minister des Innern und für Handel und Gewerbe vom 31. Juli 1894.

im Jahre	1907	1589000	Stellen,
" "	1910	2090000	" ,
" "	1914	2995454	" ,
" "	1916	2642192	" .

Es waren diesen Arbeitsnachweisen in denselben Jahren gemeldet:

	an Arbeitsgesuchen:	an offenen Stellen:
1907	2 588 000	2 329 000
1910	4 241 000	2 853 000
1914	6 400 062	3 892 999
1916	4 413 278	4 528 693

Man kann aus diesen Zahlen nicht nur die Größe der Aufgabe entnehmen, sondern auch die Tatsache, daß die öffentliche und gemeinnützige Stellenvermittlung der stärksten Entwicklung fähig und daß sie daher dieser Entwicklungsmöglichkeit entsprechend ausgestaltet werden muß. Ein recht beträchtlicher Anteil der Vermittlung entfällt auf die gewerbsmäßige Vermittlung, welche an der Veröffentlichung des Reichsarbeitsblattes nicht beteiligt ist. Die Zahl der durch die gewerbsmäßigen Stellenvermittler zustande gebrachten Vermittlungen wird mit Recht auf wenigstens eine Million im Jahre geschätzt.

Zur Geschichte der Stellenvermittlung.

Die Kenntnis der Geschichte der Stellenvermittlung ist notwendig, um die gegenwärtig in starkem Flusse befindliche Entwicklung zu verstehen und um an dieser Entwicklung mitarbeiten zu können.

Die Stellenvermittlung hat zur Voraussetzung eine Wirtschaftsordnung, in welcher Arbeit auf Grund von Arbeitsverträgen, d. h. auf Grund freier — wenn auch durch mancherlei andere stark wirksame Motive beeinflußter Willensübereinkunft verrichtet wird. In der Landwirtschaft hat sich aber der Zustand der Gebundenheit der Arbeitskräfte an die Scholle und an die Gutsherrschaft bis in das 19. Jahrhundert erhalten und im Gewerbe war ein Feld für die Arbeitsvermittlung nicht gegeben, solange die Familie mit Gesellen und Lehrlingen eine Haushaltsgemeinschaft bildete und die Gesellen diese Stellen nur verließen, um selbst Meister zu werden. Erst als mit dem 14. Jahrhundert in Deutschland die Allgemeinheit dieses

Aufstieges des Unselbständigen zur Selbständigkeit aufhörte, entstanden selbständige Gesellenverbände, welche die Arbeitsvermittlung ihrer Mitglieder in die Hand nahmen. Später übernahmen die Zünfte die Vermittlung in Verbindung mit dem Herbergswesen, freilich nur für die Innungsangehörigen. Eine allgemeine Stellenvermittlung entstand in Frankreich im 17. Jahrhundert in der Form der gewerbsmäßigen Stellenvermittlung.

Mit der Arbeitsteilung, der Einführung von Maschinen und dem gewaltigen Anwachsen der Betriebe, welche Tausende von Arbeitern benötigten, entstand das Bedürfnis der Heranziehung zahlreicher Arbeitskräfte, die sich nicht mehr am Orte des Betriebssitzes vorfanden und besonders vom Lande herangezogen wurden, was wiederum die Leutenot in der Landwirtschaft herbeiführte. Damit ergab sich im 19. Jahrhundert das dringende Bedürfnis einer Organisierung des Arbeitsmarktes, der die noch bestehenden Innungsnachweise nicht genügten. Diese Organisation wurde zunächst neben einzelnen karitativen Einrichtungen von den Arbeitergewerkschaften, beginnend mit dem Jahre 1862, in die Hand genommen. Da diese zunächst lediglich die Arbeiterinteressen im Auge hatten und daher mit Hilfe der Arbeitsnachweise die Löhne zu steigern suchten, gingen die Arbeitgeber, besonders seit Mitte der neunziger Jahre des vorigen Jahrhunderts zur Begründung von Arbeitgebernachweisen über, welche das entgegengesetzte Ziel verfolgten, nämlich die gewerkschaftlichen Arbeitsnachweise zu bekämpfen. Die Arbeitgebernachweise erlangten infolge der bedeutenden ihnen zur Verfügung stehenden Mittel vielfach eine überwiegende Bedeutung, besonders in der Metallindustrie.

Das Ergebnis der hauptsächlich gegen Ende des 19. Jahrhunderts und Anfang des 20. Jahrhunderts einsetzenden Arbeitskämpfe, bei denen nicht selten der Arbeitsnachweis eine bedeutende Rolle spielte, führte zu sog. paritätischen, d. h. gemeinsam vonArbeitgebern und Arbeitern geleiteten und ganz oder doch wenigstens zum Teil, nämlich in Verbindung mit öffentlichen oder gemeinnützigen Arbeitsnachweisen unterhaltenen Einrichtungen. Zugleich enitstanden vielfach Vereine, die, großenteils durch Unterstützung des Staates und der Gemeinde gefördert, lediglich im öffentlichen Interesse Arbeitsnachweise errichteten und unterhielten, private, gemeinnützige Arbeitsnachweise.

Damit war der Übergang zur Errichtung öffentlicher Arbeitsnachweise gefunden und dieser wurde vom Reich und den Bundesstaaten fortan eifrig gefördert mit dem Ziele, das ganze Deutsche Reich mit einem Netze von Arbeitsnachweisen zu überspannen, wel cheeinen Überblicküber den Arbeitsmarkt bieten und Störungen desselben, namentlich in Zeiten der Arbeitslosigkeit verhindern sollten.

Diese Entwicklung erfuhr einen besonders starken Antrieb durch den Ausbruch des Weltkrieges im Jahre 1914, durch den die Zahl der Arbeitsnachweise eine außerordentliche Vermehrung erfuhr, während gleichzeitig das Zusammenarbeiten aller Arbeitsnachweise in die Wege geleitet wurde. In dem Kriege hat sich der Arbeitsnachweis überall als eine nützliche Einrichtung bewährt und sie wurde daher besonders durch die Militärverwaltung im Interesse der militärischen Rüstung und für die Zwecke der Durchführung des Hilfsdienstgesetzes vom 5. Dezember 1916 stark in Anspruch genommen.

Nachdem die frühere partikulare Gesetzgebung sich nur mit der Stellenvermittlung des Gesindes befaßt hatte, hat die Gewerbeordnung, und zwar zuletzt in der Novelle vom Jahre 1900 die Untersagung des Betriebes des Stellenvermittlergewerbes angeordnet, wenn Tatsachen vorliegen, welche die Unzuverlässigkeit des Stellenvermittlers erweisen. Das Stellenvermittlergesetz vom 2. Juni 1910 regelte darauf die gewerbliche Stellenvermittlung, ermächtigte aber zugleich die Landeszentralbehörden, die Anwendung einzelner Bestimmungen des Gesetzes auf die nicht gewerbsmäßige Stellenvermittlung anzuordnen und auch sonst Bestimmungen zu ihrer Regelung zu erlassen. Der Krieg brachte dann die Verordnung vom 14. Juni 1916, nach welcher die Gemeinden und weiteren Kommunalverbände zur Unterhaltung oder Unterstützung von Arbeitsnachweisen angehalten werden können.

Neben der Errichtung von Arbeitsnachweisen läuft eine Bewegung nebenher, diese Arbeitsnachweise für gemeinsame Zwecke zusammenzuschließen. Sie hat ihren Ausdruck gefunden in dem Verband Deutscher Arbeitsnachweise, dem preußischen Arbeitsnachweisverband, dem Verband sächsischer Arbeitsnachweise, den Provinzialverbänden und schließlich den Zentralauskunftsstellen.

Erstes Kapitel.

Die verschiedenen Arten des Arbeitsnachweises.

Im wesentlichen ist der Arbeitsnachweis aus sich selbst heraus ohne erhebliche Einwirkung der Gesetzgebung entstanden. Das hat zu einer Mannigfaltigkeit der Erscheinungen geführt, deren Überblick nicht leicht ist, die aber die Leitungen der Arbeitsnachweise kennen müssen, weil sie mit allen arbeiten und unter Umständen gegen ihren störenden Einfluß ankämpfen müssen.

A. Gewerbsmäßige Stellenvermittlung.

Die gewerbsmäßigen Arbeitsnachweise sind (wohl ausnahmslos) private Einrichtungen mit dem Zweck, durch Stellenvermittlung einen Gewinn zu erzielen, wobei ferner eine gleichmäßige Fortsetzung dieser Tätigkeit vorausgesetzt wird. Es wird sich bei ihnen hauptsächlich um Dauerstellen handeln, weil nur diese die Erhebung ausreichender, einen Gewinn versprechender Gebühren gestatten. Die gewerbliche Stellenvermittlung ist besonders verbreitet für den Zweck der Beschaffung von Gesinde und sonstigem Hauspersonal, die Gast- und Schankwirtschaft, für Bühnenangehörige und verwandte Berufe, für die Landwirtschaft, besonders auch für die Beschaffung ausländischer Arbeiter. Ihre jetzige Regelung durch das Stellenvermittlergesetz legt dieser Art Stellenvermittlung erhebliche Schranken auf und bezweckt offensichtlich ihre Zurückdrängung zugunsten des öffentlichen, gemeinnützigen Arbeitsnachweises. Jedenfalls ist die gewerbsmäßige Stellenvermittlung ein zurzeit notwendiger Zweig des Arbeitsnachweises, besonders da, wo es auf eine weitgehende Individualisierung ankommt, womit nicht gesagt ist, daß der öffentliche Arbeitsnachweis nicht zu individualisieren versteht. Gewerbsmäßigkeit liegt auch bei der Vermittlung durch die Presse vor. Nach dem Stellenvermittlergesetz rechnen auch die Herausgeber von Stellen- und Vakanzenlisten, soweit die Herausgabe zum Zwecke des Erwerbes erfolgt, zu den gewerbsmäßigen Stellenvermittlern, welche wiederum besonders durch die Landeszentralbehörden erlassenen Beschränkungen unterworfen sind, dahingehend, daß ihnen jede Tätigkeit untersagt ist, die auf die Zuweisung einer bestimmten Stelle an einen Stellensuchenden oder auf die Zuweisung eines Stellensuchenden an einen bestimmten Arbeitgeber abzielt.

Das Zeitungsinserat fällt nicht ohne weiteres unter den Begriff der Stellenvermittlung, wenn der Herausgeber der Zeitung diese nicht bestimmten Arbeitgebern oder Arbeitnehmern zu dem Zwecke zusendet, um dadurch auf das Inserat hinzuweisen.

B. Die nicht gewerbsmäßige Stellenvermittlung.

Mannigfacher als die gewerbliche Stellenvermittlung sind die Formen der nicht gewerblichen Vermittlung. Wir können hier zunächst unterscheiden zwischen einer im allgemeinen oder öffentlichen Interesse ohne Nebenzwecke erfolgenden Vermittlung und der Vermittlung, welche im Interesse derjenigen Kreise erfolgt, die sie unterhalten, der Interessentenvermittlung.

1. Die erste Gruppe der uneigennützigen Vermittlung zerfällt in:
   a) die fürsorgliche Arbeitsvermittlung,
   b) die gemeinnützige private Arbeitsvermittlung,
   c) die gemeinnützige öffentliche Arbeitsvermittlung.
2. Die zweite Gruppe der Interessentenvermittlung zerfällt in:
   a) einseitige Interessentenvermittlung,
   b) paritätische Interessentenvermittlung.

Auch öffentliche Arbeitsnachweise können der Gemeinnützigkeit entbehren, wenn sie, was wohl kaum vorkommt, unterhalten werden, um einen Gewinn für die öffentliche Korporation aus ihnen zu erzielen.

1. Die uneigennützige Arbeitsvermittlung.

a) Die fürsorgliche Vermittlung.

Die fürsorgliche, karitative Vermittlung erfolgt in der Absicht, dem vermittelten Arbeiter eine Wohltat zu erweisen, wobei nicht ausgeschlossen ist, daß gleichzeitig auch andere öffentliche Zwecke vorliegen, z. B. Verminderung der Armenlast, Bekämpfung des Müßigganges, der Arbeitslosigkeit.

Die fürsorgliche Vermittlung kann eine öffentliche und eine private sein, meist liegt sie in den Händen von privaten Vereinen.

Bisweilen ist das karitative Auftreten nur ein Deckmantel für persönliche Interessen. Nicht selten haben die Vereine einen religiösen Charakter. Mit dem Zunehmen des gemeinnützigen öffentlichen Arbeitsnachweises wird die fürsorgliche Vermittlung mehr und mehr auf solche Personen beschränkt, welche nicht als vollwertige Arbeitskräfte anzusehen sind. Sie erstreckt sich aber darüber hinaus auch auf weibliche Personen, welche allgemein auf dem Arbeitsmarkt in erhöhtem Maße schutzbedürftig sind. Diese Vermittlung wird vielfach durch Mägdeheime, Mägdeherbergen ausgeübt. In beträchtlichem Umfange vermitteln auch die Herbergen zur Heimat, ferner die Arbeiterkolonien, die Naturalverpflegungsstationen (Wanderarbeitsstätten für wandernde Arbeitslose) in Preußen auf Grund des Wanderarbeitsstättengesetzes vom 29. Juni 1907. Die Vereine für entlassene Strafgefangene suchen diese Kräfte aus humanitären Gründen wieder für die Arbeit zu gewinnen.

Aus den bestehenden karitativen Einrichtungen für Arbeitsnachweis wird der öffentliche Arbeitsnachweis noch mancherlei Anregungen entnehmen können, namentlich in bezug auf die Organisation einer allgemeinen Stellenvermittlung für Erwerbsbeschränkte.

b) Die gemeinnützige private Stellenvermittlung.

Die gemeinnützige Stellenvermittlung braucht keine unentgeltliche zu sein, aber sie hat zur Voraussetzung, daß der Vermittler keinen Gewinn aus ihr zieht, der die Unkosten übersteigt und daß die Vermittlung zum gemeinen Wohl der Bevölkerung erfolgt. Es ist nicht ausgeschlossen, daß sich eine derartige Einrichtung auf bestimmte Bevölkerungsklassen beschränkt, insbesondere auf bestimmte Berufe, zumal nicht überall in allen Berufen ein Bedürfnis für die Betätigung der gemeinnützigen Vermittlung vorhanden ist, z. B. wenn diesem Bedürfnis bereits durch andere Arbeitsnachweise genügt wird. Vielfach widerstreben auch die Beteiligten der gemeinnützigen Vermittlung, weil sie sie als ihre Interessen schädigend ansehen[1]). Die private gemeinnützige Vermittlung wird fast ausschließlich durch

[1]) Wegen des Begriffs der Gemeinnützigkeit s. Szczesny, § 2 Anm. 7 S. 37 und die dort angeführten Erkenntnisse.

Vereine ausgeübt, welche teils lediglich diesem Zwecke dienen, teils die Vermittlung als einen Nebenzweck ihrer Betätigung ansehen. Zu der ersten Art von Vereinen gehört der von Dr. Freund begründete Zentralverein für Arbeitsnachweis in Berlin. Dieser mit Korporationsrechten ausgestattete Verein hat nicht nur in Berlin die Arbeitsvermittlung in umfassendem Maße organisiert bis die Stadtgemeinde den Arbeitsnachweis (am 1. April 1917) in die eigene Verwaltung übernahm[1]), sondern er hat auch die bedeutsamsten Anregungen für die Entwicklung des Arbeitsnachweises im ganzen Deutschen Reiche gegeben. Auch in anderen Städten, wie in Cöln, Düsseldorf, Wiesbaden, Dresden[2]) haben gemeinnützige Vereine die Aufgaben der öffentlichen Verwaltung auf dem Gebiete des Arbeitsmarktes erfüllt und erfüllen sie auch jetzt noch zur Zufriedenheit der Stadtverwaltungen. Infolgedessen werden diese Vereine von den Gemeinden aber auch anderen öffentlichen Korporationen wie Provinzen, Kreisen, Landwirtschaftskammern unterstützt, während vielfach zugleich die Arbeitgeber- und Arbeiterverbände sich an diesen Vereinen beteiligen. Die meist sehr namhafte geldliche Beteiligung der öffentlichen Korporationen hat natürlich zur Folge, daß sie sich auch einen erheblichen Einfluß auf die Geschäftsführung dieser Vereine gesichert haben. Insbesondere haben sie sich ein ausschlaggebendes Stimmrecht, die Bestätigung der Vorsitzenden, die Ernennung der Beamten, die Genehmigung des alljährlichen Haushaltsplan, ein Einspruchsrecht gegen Beschlüsse, die Teilnahme an der Vereinsverhandlung, Akteneinsicht, Prüfung der Kassenverwaltung ausbedungen. Auf diese Weise haben die Vereine häufig den Charakter gemischt öffentlicher und privater Einrichtungen angenommen. Nach dem preußischen Erlaß zum Stellenvermittlergesetz vom 9. August 1910 Ziff. 1 können diese Arbeitsnachweise aber nicht als öffentliche angesehen werden.

Die gemeinnützigen Arbeitsnachweise sind die Vorstufe für den öffentlichen Arbeitsnachweis in Deutschland gewesen. Sie sind daher auch allgemein in den bestehenden Arbeitsnachweisverbänden mit den öffentlichen Arbeitsnachweisen zusammengeschlossen und eine Darstellung des öffentlichen Arbeitsnachweises kann diese Form

[1]) Gleichzeitig hat der Verein seine Auflösung beschlossen.

[2]) Graack, Ein deutscher Arbeitsnachweis, Dresden 1915.

der gemeinnützigen Stellenvermittlung nicht übersehen, wenn die Darstellung ein klares und vollständiges Bild der öffentlichen Vermittlung geben soll. In Anlehnung an die Arbeitsnachweisvereine hat sich auch die besondere Vermittlung für die einzelnen gewerblichen Fächer, die Vermittlung der Facharbeitsnachweise entwickelt. Es handelt sich dabei nicht ausschließlich um gelernte Arbeiter, sondern auch um solche, welche sich auf einen bestimmten Produktionszweig eingearbeitet haben und überwiegend um organisierte, d. h. in Berufsvereinen, Koalitionen im Sinne der §§ 152, 153 GO. zusammengeschlossenen Arbeiter, ohne daß die Vermittlung sich auf deren Mitglieder zu beschränken braucht.

Besonderer Erwähnung unter den gemeinnützigen Arbeitsnachweise bedarf die Deutsche Arbeiterzentrale. Die Bedeutung dieser Einrichtung geht daraus hervor, daß sie im Geschäftsjahr 1910—1911 insgesamt 78296 Arbeiter und Arbeiterinnen vermittelte.

Erwähnt werden müssen auch noch die während des Krieges errichteten Zentralauskunftsstellen. Sie sind z. T. öffentliche Einrichtungen in Anlehnung an bestehende öffentliche Arbeitsnachweise oder Arbeitsnachweisverbände, z. T. aber, z. B. in Berlin, selbständige gemeinsam von öffentlichen Körperschaften wie der Provinz, der Stadtgemeinde, der Handels-, Handwerks-, Landwirtschaftskammer und von privaten Verbänden wie Arbeitgeberverbänden, Gewerkschaften und Angestelltenvereine begründete und geleitete Einrichtungen. Sie haben den Zweck über die bestehenden zahlreichen Einrichtungen für Arbeitsnachweise in einem gewissen Bezirke Auskunft zu erteilen und die von dem einzelnen angeschlossenen Arbeitsnachweise nicht erledigten Vermittlungsaufträge zwischen den einzelnen Arbeitsnachweisen auszugleichen, d. h. die Besetzung der bei einem Arbeitsnachweis gemeldeten offenen Stellen mit Arbeitslosen, die sich bei anderen Arbeitsnachweisen gemeldet haben, aber dort nicht untergebracht werden können.

Die Verbände, zu denen sich die Arbeitsnachweise zusammengeschlossen haben, können auch nicht als rein öffentliche Einrichtungen angesehen werden, sondern meist nur als öffentlich geförderte, private Unternehmungen.

c) Die gemeinnützige öffentliche Stellenvermittlung.

Die gemeinnützige öffentliche Stellenvermittlung, also der lediglich von öffentlichen Korporationen unterhaltene Arbeitsnachweis ist das Ziel, welches von der öffentlichen Verwaltung gemäß dem Stellenvermittlergesetz und gemäß der Kriegsverordnung des Bundesrates vom 14. Juni 1916 angestrebt wird.

Der öffentliche Arbeitsnachweis kann bereits als eine einheitliche, das ganze Reich umfassende Einrichtung zur Regelung der Stellenvermittlung angesehen werden, wenngleich die einzelnen Arbeitsnachweise und Verbände ihre selbständige, unter der Leitung oder Aufsicht der Einzelstaaten stehende Verwaltung haben.

Diese Einrichtung baut sich auf den Arbeitsnachweisen auf, welche Innungen, Gemeinden, Kreise, Landwirtschafts-, Handels- und Handwerkerkammern, vielfach diese Korporation gemeinsam unterhalten und, wie bereits angeführt, nicht selten in Verbindung mit privaten Vereinen, so daß diese Arbeitsnachweise im Sinne des Stellenvermittlergesetzes nicht als öffentliche Arbeitsnachweise angesehen werden können. Bisweilen haben mehrere benachbarte Gemeinden oder diese mit anderen Kommunalverbänden sich zu einem Zweckverbande zusammengetan, wenn die Geschlossenheit eines größeren Wirtschaftsgebietes eine Zersplitterung der Arbeitsnachweiseinrichtungen nachteilig erscheinen ließ.

Einen weiteren, über den örtlichen Arbeitsnachweisen stehenden Zusammenschluß stellen die Zentralauskunftsstellen und die Provinzial- oder Landesverbände dar, während größere Verbände, wie der preußische Arbeitsnachweisverband und der Verband Deutscher Arbeitsnachweise mit dem Vermittlungsgeschäft unmittelbar nichts zu tun haben.

Alle Arbeitsnachweise berichten an den Arbeitsmarktanzeiger des Kaiserlichen Statistischen Amtes zweimal wöchentlich über die von ihnen nicht erledigten Aufträge. Der Arbeitsmarktanzeiger bezweckt, unter den bedeutenderen Arbeitsnachweisen desselben Bezirkes (auch größerer Orte) und benachbarter Gebiete den Ausgleich der beim einzelnen Arbeitsnachweis überschüssigen Arbeitsgesuche und offenen Stellen zu erleichtern. Für die Dauer des Krieges

---

[1]) Schriften des Verbandes Deutscher Arbeitsnachweise XIII S. 84ff

riefen die beteiligten Zentralbehörden am 6. August 1914 eine Reichszentrale der Arbeitsnachweise ins Leben[1]).

Die Zahl der durch die öffentlichen Arbeitsnachweise vermittelten Stellen betrug 1912: 1595946, 1913: 1614278, 1914: 2115216.

2. Die Interessentenarbeitsnachweise.

a) Arbeiternachweise.

Die Interessenten des Arbeitsnachweises sind die Arbeitgeber und Arbeitnehmer. Als Träger der einseitigen Arbeitsnachweise kommen auf seiten der Arbeiter, welche mit der Errichtung von Arbeitsnachweisen vorangegangen sind, einmal die Gewerkschaften aller Richtungen, d. h. die freien sozialdemokratischen Gewerkschaften, die Deutschen (Hirsch-Dunckerschen) Gewerkvereine und die christlichen Gewerkschaften in Betracht. Daneben unterhalten aber auch die wirtschaftsfriedlichen, d. h. konfessionellen, katholischen und evangelischen Arbeitervereine Arbeitsnachweise, sie sind aber ohne Bedeutung. Die sog. gelben Gewerkschaften, d. h. die von Arbeitgebern unterstützten, unterhalten keine selbständigen Arbeitsnachweise. Während die Arbeitsnachweise der Arbeiterverbände im Verhältnis zu den übrigen Arbeitsnachweisen, insbesondere zu denen der Arbeitgeber in den Hintergrund treten — abgesehen von wenigen Gruppen — haben die Angestellten, vor allem die kaufmännischen Angestellten und die Techniker die Arbeitsvermittlung im wesentlichen in ihrer Hand behalten, auch gegenüber dem öffentlichen Arbeitsnachweis. Freilich ist der Gegensatz zwischen den Angestellten und den Prinzipalen kein so tiefer, wie zwischen den gewerblichen Arbeitern und Arbeitgebern, so daß es Vereinigungen gibt, die beide Teile zugleich umfassen. Im Handel sind es 4 Verbände, die sich mit der Stellenvermittlung befassen: der Verein für Handlungskommis von 1858 in Hamburg, der Deutsche Verband kaufmännischer Vereine, der Verband Deutscher Handlungsgehilfen in Leipzig, der deutsch-nationale Handlungsgehilfenverband in Hamburg, sowie auch der auf dem Boden der freien Gewerkschaften stehende Zentralverband deutscher Handlungsgehilfen und Gehilfinnen.

---

[1]) Denkschrift über wirtschaftliche Maßnahmen aus Anlaß des Krieges (Reichstag, Drucksachen 1914 Nr. 26 S. 50).

Die Vermittlung dieser Verbände ist eine über das ganze Reich sich erstreckende nicht an einzelne Orte gebundene. Das ergibt sich aus der weitgehenden Neigung der Kaufleute zur Freizügigkeit. Mit Ausnahme des Zentralverbandes der Handlungsgehilfen und Handlungsgehilfinnen, sowie des Deutsch-nationalen Handlungsgehilfenverbandes, haben die Handlungsgehilfen keine starke Neigung zur Verstaatlichung des Arbeitsnachweises gezeigt. Für die Dauer des Krieges haben sie sich aber zur gemeinnützigen kaufmännischen Stellenvermittlung zusammengeschlossen.

b) Die Arbeitgebernachweise.

Zu den Arbeitgebernachweisen sind in gewissem Sinne auch die Innungsnachweise zu rechnen. Sie sind gleichzeitig öffentliche Arbeitsnachweise und sollen gemäß § 81a² GO. nicht die einseitigen Interessen der Arbeitgeber vertreten, sondern ein gedeihliches Zusammenarbeiten zwischen Arbeitgebern und Arbeitern ins Auge fassen. Im eigentlichen Sinne versteht man aber unter Arbeitgebernachweisen diejenigen Arbeitsnachweise, welche von den Arbeitgeberverbänden begründet und unterhalten werden, d. h. Verbänden, die den Schutz der Arbeitgeber gegenüber den Ansprüchen der Arbeiter bezwecken. Sie sind ebenso wie die Arbeitsnachweise der Gewerkschaften Kampfarbeitsnachweise, wenngleich dieser Charakter bei beiden in letzter Zeit etwas abgeschwächt und mehr der Hauptzweck der Arbeitsnachweise die richtige Vermittlung in den Vordergrund gestellt wurde.

c) Die paritätischen Arbeitsnachweise der Arbeitgeber und Arbeiter.

Die paritätischen Arbeitsnachweise der Arbeitgeber und Arbeiter, welche sich meist auf einzelne gewerbliche Fächer beschränken, sind bisher meist Ergebnisse des Kampfes der Arbeitgeber und Arbeitnehmer gewesen, bei denen keine Partei ein entscheidendes Übergewicht über die andere erlangte. Dieses Ergebnis wurde in Tarifverträgen, d. h. Verträgen zur Aufrechterhaltung des gewerblichen Friedens festgelegt, deren wesentlicher Gegenstand die allgemeine Regelung der zwischen Arbeitgebern und Arbeitern abzuschließenden

Arbeitsverträge bildet[1]). Diese paritätischen Facharbeitsnachweise, die neuerdings auch ohne vorhergehende Kämpfe zustande kommen, haben vielfach auch Anlehnung an die öffentlichen Arbeitsnachweise gefunden.

In Berlin haben sie sich dem öffentlichen Arbeitsnachweise vollständig, allerdings unter möglichster Aufrechterhaltung des Einflusses der Arbeitgeber- und Arbeiterverbände angeschlossen und stehen unter der Leitung oder Aufsicht von Kuratorien oder Beiräten, welche sich gleichmäßig aus Arbeiter- und Arbeitgebervertretern zusammensetzen und meist einen unparteiischen Vorsitzenden haben, der weder gewerblicher Arbeitgeber noch Arbeiter sein darf.

Eine eigentümliche Art der paritätischen Arbeitsvermittlung, die sich zugleich mit einer weitgehenden Fürsorge verbindet, stellen die Arbeitsgemeinschaften der Arbeitgeber und Arbeiter für die Zwecke der Kriegsbeschädigtenfürsorge dar. Ein Teil dieser Arbeitsgemeinschaften beabsichtigt auch die Unterbringung der nach Friedensschluß heimkehrenden Krieger in die Hand zu nehmen.

Zum Schluß wollen wir noch auf die Einteilung der Arbeitsnachweise mit Rücksicht auf die Person, insbesondere die technischen Eigenschaften der Arbeiter hinweisen. Wir unterscheiden danach Arbeitsnachweise für männliche Personen, weibliche Personen, Jugendliche, Lehrlinge, Erwerbsbeschränkte, Dienstboten, ferner nach der gewerblichen Branche: Arbeitsnachweise für den Handel, die Landwirtschaft, für öffentliche insbesondere Gemeindebetriebe, für die einzelnen gewerblichen Fächer.

Der ausländische Arbeitsnachweis.

Der heimische Arbeitsnachweis wird durch den ausländischen Arbeitsmarkt stark beeinflußt, namentlich indem wir auf die Heranziehung ausländischer Kräfte, Italiener, Polen, Südslaven angewiesen sind und es werden sich künftig voraussichtlich engere Be-

[1]) **Wölbling**, Der Akkordvertrag und der Tarifvertrag, Berlin 1908 (J. Guttentag). Sinzheimer, Der Arbeitsnormenvertrag. Leipzig 1907/8; Ders., Ein Arbeitstarifgesetz 1917; vgl. Wölbling, Archiv für Sozialwissenschaft und Sozialpolitik XXX Heft 2 u. 3.

ziehungen, namentlich mit den Arbeitsnachweisen der mit uns verbündeten Staaten herausbilden, wie schon jetzt Beziehungen zu den besetzten Gebieten entstanden sind. Auch die Unterbringung türkischer Lehrlinge in deutschen Werkstätten ist ein Fingerzeig für die künftige Entwicklung.

Der Arbeitsmarkt in Österreich-Ungarn weist eine ähnliche Entwicklung auf wie der deutsche. Nachdem zunächst die Arbeiter, dann die Arbeitgeber mit einseitigen Arbeitsnachweisen vorangegangen waren, folgten zunächst gemeinnützige Vereine, bis die Gemeinden gegen Ende des vorigen Jahrhunderts zur Begründung öffentlicher Arbeitsnachweise übergingen. Der am 6. Oktober 1906 begründete Reichsverband der allgemeinen Arbeitsvermittlungsanstalten faßte die kommunalen Arbeitsnachweise in Österreich zusammen.

Die anderen beiden Verbündeten, die Türkei und Bulgarien, beides agrarische Staaten, haben noch keine Organisation des Arbeitsnachweises.

Luxemburg hat einen zentralisierten öffentlichen Arbeitsnachweis im Anschluß an die Postverwaltung mit einer paritätischen Oberleitung.

Belgien hat teils kommunale, teils private gemeinnützige Arbeitsnachweise, Arbeitsbörsen, die vom Staat unterstützt werden.

In Dänemark und Schweden herrscht die gewerbsmäßige Vermittlung vor, während Norwegen durch das Gesetz vom 12. Juni 1906 eine paritätische, kommunale in eine nationale Organisation zusammengeschlossene öffentliche Arbeitsvermittlung besitzt. Die gewerbsmäßige Stellenvermittlung ist in Norwegen genehmigungspflichtig.

Die Schweiz weist wiederum ähnliche Verhältnisse wie Deutschland auf, besonders wie Süddeutschland, indem das Land mit einem Netze kommunaler, meist paritätisch verwalteter Arbeitsämter überzogen ist, welche eine gemeinsame Zentralstelle mit Vakanzenlisten in Zürich haben. Infolge des Gesetzes vom 1. März 1910 gewährt der Bund den Arbeitsämtern und der Zentralstelle Unterstützungen.

In Frankreich sah bereits eine Verordnung vom 1. Dezember 1803 die Errichtung von Arbeitsvermittlungsbureaus für jedes Gewerbe vor. Nachdem dann in der zweiten Hälfte des 19. Jahrhunderts

Arbeitgeber- und Arbeiterverbände die Arbeitsvermittlung in die Hand genommen, aber nicht zu einem befriedigenden Ziel geführt hatten, gingen die Gemeinden zur Errichtung von Arbeiterbörsen mit Selbstverwaltung der Arbeiter über, die dann zum Mittelpunkt der Arbeiterbewegung wurden und vielfach den gewerblichen Frieden gestört haben. Ein Gesetz vom 14. März 1904 bezweckte die Einschränkung der gewerblichen Stellenvermittlung, es ist aber durch Umgehungen in weitem Umfange unwirksam geworden.

Neben den Arbeitsbörsen bestehen noch rein bureaukratisch verwaltete kommunale Arbeitsnachweise, auch hat die karitative Stellenvermittlung noch einen weiten Raum.

In England lag die Arbeitsvermittlung fast ganz in den Händen der Gewerkschaften, zum Teil auch in den Händen von karitativen Vereinen. Durch das Arbeitsnachweisgesetz (Labour Exchanges Act) vom Jahre 1909 wird das Handelsministerium ermächtigt, Arbeitsnachweise zu errichten oder in die öffentliche Verwaltung zu übernehmen. Auf Grund dieses Gesetzes wurden zahlreiche Arbeitsnachweise errichtet und mit einem beratenden Ausschuß von Arbeitgebern und Arbeitern versehen. Der öffentliche Arbeitsnachweis hat in England eine bedeutende Rolle bei der Mobilmachung gespielt.

Die Literatur des Arbeitsnachweises.

Für die Praxis der Arbeitsnachweise ist eine gewisse Kenntnis der Literatur unentbehrlich.

Die Grundlagen der gegenwärtigen Arbeitsnachweisorganisation gehen auf Jastrow, Sozialpolitik und Verwaltungswissenschaft, Bd. I: Arbeitsmarkt und Arbeitsnachweis, sowie auf Richard Freund, Der Arbeitsnachweis, eine sozialpolitische Studie, zurück.

Eine allgemeine Darstellung des Arbeitsnachweises bringt Emil Heinrich Meyer in seiner Schrift: Entwicklung und gegenwärtiger Stand der Arbeitsvermittlung im In- und Ausland, Hannover 1912 (238 Seiten). Die Arbeitgebernachweise hat in einer umfassenden Darstellung geschildert Franz Xaver Zahnbrecher, Die Arbeitgebernachweise in Deutschland (Nürnberg 1912), während Michalke „die Arbeitsnachweise der Gewerkschaften“ im Deutschen Reiche in seiner so benannten in Berlin 1912 bei Dietrich Reimer erschienenen Schrift darstellt.

Lauer bringt in seiner Schrift „Die Praxis der öffentlichen Arbeitsnachweise", Berlin 1908 wertvolle Mitteilungen für die geschäftliche Handhabung der Nachweise, die man ferner aus der oben angeführten Schrift von Zahnbrecher entnehmen kann.

Von besonderer Wichtigkeit sind die Schriften des Verbandes Deutscher Arbeitsnachweise. Bis jetzt sind 13 Nummern erschienen. In denselben sind die Kongreß-Berichte des Verbandes Deutscher Arbeitsnachweise enthalten. Ergänzend dazu seien die Schriften der Deutschen Gesellschaft zur Bekämpfung der Arbeitslosigkeit erwähnt (Heft 1—3). An Zeitschriften kommt in Frage der Arbeitsnachweis in Deutschland, Zeitschrift des Verbandes Deutscher Arbeitsnachweise (Bd. 1—4), Fortsetzung der von Jastrow herausgegebenen Zeitschrift „Der Arbeitsmarkt".

An amtlichen Veröffentlichungen ist zu berücksichtigen das vom Kaiserlichen Statistischen Amt herausgegebene Reichsarbeitsblatt — erscheint allmonatlich — und die Beiträge des Kaiserlich Statistischen Amtes zur Arbeitsstatistik, sowie das preußische Ministerialblatt für Handel und Gewerbe.

Für die Entwicklung des Arbeitsmarktes im Kriege ist wichtig die Denkschrift des Reichskanzlers über Maßnahmen auf dem Gebiete des Arbeitsnachweises vom 27. 11. 1915.

Eine Zusammenstellung der Literatur befindet sich einmal in der 1912 als Sonderdruck, ursprünglich in der Zeitschrift „Der Arbeitsmarkt" erschienenen Bibliographie des Arbeitsnachweises und in Nr. 13 der Schriften der Verbandes Deutscher Arbeitsnachweise.

Von Kommentaren des Stellenvermittlergesetzes seien angeführt der umfassende von Fischer, München 1912, welcher die Ausführungsverordnungen aller Bundesstaaten enthalten und der kurzgefaßte von Szczesny, II. Aufl., Berlin 1911[1]).

---

[1]) Literatur betr. die Übergangswirtschaft S. 192, betr. die gesetzliche Regelung des Arbeitsnachweises S. 205.

Zweites Kapitel.

Das Recht der Stellenvermittlung.

A. Das bürgerliche Recht der Stellenvermittlung.

I. Allgemeines. Verschiedene Arten der in Frage kommenden Vertragsformen. Sonstige Rechtsfragen.

a) Allgemeines.

Es handelt sich beim Arbeitsnachweis und der Stellenvermittlung nicht nur um rein tatsächliche Vorgänge, sondern auch um nicht einfach zu beurteilende Fragen des bürgerlichen Rechts. Die Rechtslage ist keineswegs in allen Fällen gleichartig, sondern wie es sich bei der Arbeitsvermittlung und dem Arbeitsnachweis um sehr verschiedenartige tatsächliche Vorgänge handelt, so kommen auch verschiedenartige Rechtsformen zur Anwendung. Das gilt zunächst von dem Nachweis- und Vermittlungsgeschäft selbst. Dazu kommen aber noch verschiedene Nebenaufgaben des Arbeitsnachweises: die Arbeitslosenfürsorge, die Arbeitslosenversicherung, Rechtsauskunft, Berufsberatung u. a. m.

b) Die verschiedenen rechtserheblichen Vorgänge.

Es handelt sich beim Arbeitsnachweis einmal um den Nachweis, d. h. die bloße Bekanntgabe von Arbeit, offenen Arbeitsstellen oder arbeitsuchenden Arbeitern. In diesem Falle bekümmert sich der Vermittler gar nicht um den Abschluß eines Arbeits- oder Dienstvertrages. Er gibt sich keine Mühe, den einen oder den anderen Teil zum Abschluß eines Arbeitsvertrages zu überreden. Seine Aufgabe ist es nur, den etwaigen Gegenkontrahenten möglichst genau und zuverlässig zu bezeichnen, damit der Auftraggeber nicht vergebliche Wege oder sonstige Bemühungen unternimmt. Auf die Zuverlässigkeit aller tatsächlichen Angaben des Vermittlers ist aber stets das größte Gewicht zu legen.

Der Arbeitsnachweis wird zur Stellenvermittlung, wenn der Vermittler über die bloße Bekanntgabe der offenen Stelle oder des Arbeitsuchenden hinaus geht und sich im Interesse des Zustandekommens eines Vertrages bemüht. Auch in diesem Falle spielt Treu und Glauben, die absolute Zuverlässigkeit der beiden Teilen zu machenden Angaben die größte Rolle. Das genügt aber nicht. Der Vermittler hat sich ferner zu bemühen, geeignete offene Stellen oder Arbeitslose festzustellen, mit ihnen in Beziehung zu treten und sie zum Vertragsabschluß zu überreden. Auch hier liegen nicht alle Fälle gleich, sondern nach der Absicht der Parteien wird von dem Vermittler bald mehr, bald weniger verlangt. In den verschiedenen Gewerben oder Erwerbsarten, bei verschiedenen Facharbeitsnachweisen, beim Gesinde, bei der Landwirtschaft, bei den gelernten und ungelernten Arbeitern, ja je nachdem es sich um Dauerstellen oder vorübergehende Aushilfe, um männliches oder weibliches Personal, um Jugendliche oder Lehrlinge handelt, ist eine mehr oder minder ausgedehnte Tätigkeit des Vermittlers üblich.

Pflichten liegen aber nicht nur dem Vermittler, sondern auch denen ob, die seine Dienste in Anspruch nehmen. Auch sie müssen nach Treu und Glauben handeln und alle Angaben wahrheitsgemäß und vollständig abgeben. Abgesehen davon, daß sie dem anderen Vertragsteil des Arbeitsvertrages andernfalls ein Recht geben, den Arbeitsvertrag anzufechten und Schadenersatz zu fordern, erwächst auch dem Vermittler ein Anspruch auf Schadenersatz wegen unerlaubten Verhaltens des Auftraggebers, sei es, daß ihm infolge der Anfechtung des Arbeitsvertrages die Vermittlungsgebühr entgeht, sei es, daß er Aufwendungen und Arbeit gemacht hat, die er bei Kenntnis der wahren Verhältnisse nicht unternommen hätte. Die Zeitversäumnis ist dem Vermittler zu ersetzen, wobei es nicht darauf ankommt, ob die Vermittlung entgeltlich oder unentgeltlich sein sollte, denn aus der unentgeltlichen Vermittlung folgt nicht, daß der Vermittler für seine Zeitversäumnis und seine sonstigen Aufwendungen keine Entschädigung verlangen kann, wenn er durch eine Täuschung des Arbeit- oder Arbeitersuchenden zu diesen Aufwendungen veranlaßt wurde. Seine Absicht, unentgeltliche Dienste zu leisten, bezieht sich nur auf diejenigen Fälle, in denen ihm die für seine Tätigkeit notwendigen Angaben wahrheitsgemäß gemacht werden.

Nicht in allen Fällen, in denen es dem Auftraggeber auf die Herbeiführung eines Vertragsschlusses ankommt, in denen die Vermittlungsgebühr nur gezahlt werden soll, wenn das beabsichtigte Geschäft zustande kommt, ist der Vermittler verpflichtet, Bemühungen zu unternehmen, um das Geschäft zum Abschluß zu bringen, ja auch nur die Gelegenheit für einen Vertragsschluß nachzuweisen. Im Gegenteil, grundsätzlich besteht eine solche Verpflichtung nicht, sondern die Gebühr kann lediglich dann gefordert werden, wenn das Geschäft durch den Vermittler zustande gekommen ist. Darum wird der Vermittler sich im Interesse desjenigen bemühen, der an ihn herangetreten ist, durch seine Vermittlung zum Abschluß eines Dienstvertrages zu gelangen, aber dazu verpflichtet zu sein braucht er nicht, denn der Stellenvermittlungsvertrag ist kein Dienstvertrag, wenngleich er unter Umständen ein Dienstvertrag oder auch ein Werkvertrag sein kann.

Im allgemeinen wird mit dem Auftrag zur Stellenvermittlung seine Vollmacht zum Abschluß eines Dienstvertrages verbunden sein, doch kann es auch vorkommen, daß der Arbeitsuchende, öfter noch der Arbeitgeber den Vermittler bevollmächtigt, für ihn einen Dienstvertrag abzuschließen. Das wird zum Beispiel oft der Fall sein, wenn schleunigst ein Arbeiter auf kurze Zeit gesucht wird, z. B. bei den Kellnern oder Barbieren, die als Aushilfen über Sonntag verlangt werden. Es kommt auch vor, wenn der Arbeiter sich an einem von seiner künftigen Dienststelle oder der Wohnung seines künftigen Arbeitgebers weit entfernten Ort aufhält. Dann kann und will er oft nicht die weite, teure und zeitraubende Reise zurücklegen, ohne seiner Anstellung gewiß zu sein. In solchen Fällen wird bisweilen dem Stellenvermittler der Abschluß des Dienstvertrages in Vollmacht des Arbeitgebers übertragen. Es kommt aber auch vor, daß der **Arbeiter** eine solche Vollmacht an den Stellenvermittler erteilt, womit er sich dann bisweilen in nicht ungefährlicher Weise in die Hand des Stellenvermittlers gibt.

Die bürgerlich-rechtliche Beurteilung der Stellenvermittlung und des Arbeitsnachweises ist eine verschiedene, je nachdem die Vermittlung eine entgeltliche oder eine unentgeltliche ist. Weniger erheblich ist für den Standpunkt des bürgerlichen Rechts die Frage, ob die Stellenvermittlung gewerbsmäßig betrieben wird. Es folgen hieraus nur eine Reihe von Beschränkungen der Vertragsfreiheit, die bei der entgeltlichen, nicht gewerbsmäßigen Stellenvermittlung nicht gegeben sind. Außerdem sind dem gewerbsmäßigen Stellenvermittler gewisse Pflichten im öffentlichen Interesse auferlegt, welche gleichfalls das bürgerliche Rechtsverhältnis berühren. Zu unterscheiden ist auch, ob die Arbeitsvermittlung nur aus Gefälligkeit oder geschäftsmäßig erfolgt.

Die Stellenvermittlung ist teilweise eine private, d. h. sie wird von Privatpersonen ausgeübt, teilweise eine öffentliche, d. h. sie wird von öffentlichen Korporationen, z. B. dem Staat, den Gemeinden usw. ausgeübt. Die öffentliche Stellenvermittlung kann eine unentgeltliche oder eine entgeltliche, auch eine gewerbsmäßige sein.

c) Die einzelnen Rechtsformen der Arbeitsnachweise und der Stellenvermittlung.

Die Rechtsformen, die bei dem Arbeitsnachweis und der Stellenvermittlung in Frage kommen, sind der Mäklervertrag, der Auftrag, die Geschäftsführung ohne Auftrag, der Dienstvertrag, der Werkvertrag, die Vollmacht und die Erteilung eines Rates.

1. Der Mäklervertrag.

Der Mäklervertrag besteht in dem Versprechen eines Lohnes an den Mäkler für die Vermittlung eines Vertrages, welcher zu zahlen ist, wenn der Vertrag infolge des Nachweises oder der Vermittlung des Mäklers zustande kommt.

Der Mäklervertrag ist der Vertrag des gewerbsmäßigen Stellenvermittlers mit seinen Auftraggebern, mag nun der Auftrag im voraus oder durch den Gegenkontrahenten durch stillschweigende Inanspruchnahme der Dienste des Vermittlers erfolgt sein. Aber nicht nur die gewerbsmäßige Stellenvermittlung fällt unter den Mäklervertrag, sondern jede entgeltliche Stellenvermittlung und jeder entgeltliche Arbeitsnachweis (BGB. §§ 652—655[1]).

2. Während der Mäklervertrag den Vermittler zu keinerlei Tätigkeit verpflichtet, sondern nur die Forderung des Lohns von dem Umstande abhängig macht, daß ein Vertrag infolge seines Nachweises oder seiner Vermittlung zustande kommt, verpflichtet sich der Beauftragte durch die Annahme eines Auftrages, ein ihm vom Auftraggeber übertragenes Geschäft für diesen zu besorgen. Ein fernerer Unterschied vom Mäklergeschäft besteht aber darin, daß die Geschäftsbesorgung beim Auftrag unentgeltlich erfolgen muß. Das Geschäft kann in dem Abschluß eines Rechtsgeschäfts bestehen, also in dem Abschluß eines Dienstvertrages, der Auftrag kann aber auch in einem rein tatsächlichen Geschäft bestehen, z. B. in dem Nachweis der Gelegenheit zum Abschluß eines Dienstvertrages[2]).

---

[1]) Näheres s. S. 33.

[2]) Staudinger, BGB. § 662 Ziff 4 S 1263.

Wer zur Besorgung gewisser Geschäfte öffentlich bestellt ist oder sich öffentlich dazu erboten hat, ist, wenn er einen auf solche Geschäfte gerichteten Auftrag nicht annimmt, verpflichtet, die Ablehnung dem Auftraggeber unverzüglich anzugeben. Das gleiche gilt, wenn jemand dem Auftraggeber sich unentgeltlich zur Besorgung gewisser Geschäfte erboten hat.

Ohne weiteres ist die Inanspruchnahme eines Arbeitsnachweises, auch wenn sie unentgeltlich erfolgt, kein Auftrag, denn es wird damit nicht immer bezweckt, den Arbeitsnachweis dadurch zu verpflichten, sich im Interesse des Zustandekommens eines Arbeitsvertrages zu bemühen.

3. Die Geschäftsführung ohne Auftrag.

Wer für einen anderen ein Geschäft besorgt, ohne von ihm beauftragt zu sein, hat das Geschäft so zu führen, wie das Interesse des Geschäftsherrn mit Rücksicht auf dessen wirklichen oder mutmaßlichen Willen es erfordert. Entspricht die Übernahme der Geschäftsführung dem Interesse und dem mutmaßlichen oder wirklichen Willen des Geschäftsherrn, so kann der Geschäftsführer, wie ein Beauftragter Ersatz seiner Auslagen verlangen. Dieser Fall wird vorliegen, wenn der Vermittler in dringenden und eiligen Fällen Arbeiter zur Aushilfe für einen anderen angenommen oder ihm unter Verauslagung von Reiseunkosten zugesandt hat.

4. Der Dienstvertrag.

Der Vermittler, der gegen Entgelt die Verpflichtung übernimmt, Arbeitskräfte für einen anderen zu besorgen, tritt damit in ein Dienstverhältnis zu seinem Auftraggeber (§§ 611 ff. BGB.).

5. Der Werkvertrag (§§ 631 ff. BGB.).

Wird dem Vermittler eine Vergütung dafür versprochen, daß durch seine Tätigkeit eine Vermittlung zustande kommt und nicht schon für die bloße Bemühung um das Zustandekommen eines Dienstvertrages, so liegt ein Werkvertrag vor. Wesentlich ist hierbei auch, daß der Vermittler Unternehmer ist, d. h. selbständig, ohne ständige Leitung des Auftraggebers handelt.

6. Die Vollmacht[1]).

In vielen Fällen, namentlich bei eiligen Aushilfen oder wenn der Arbeitsuchende sich in einem anderen, zumal weit entfernten

[1]) v. Dörr in Bl. f. RA. LXX S. 629 f.

Ort, z. B. im Auslande, aufhält, erscheint es zweckmäßig, den Vermittler zu ermächtigen, den Dienstvertrag mit einer ihm geeignet erscheinenden Person im Namen des Arbeitgebers abzuschließen. Bei manchen Arten von Arbeitsnachweisen, z. B. im Gastwirts-, Barbiergewerbe, bei Bühnenangestellten ist dieses Verfahren unter bestimmten Umständen üblich, während allerdings für die Regel der Vermittler nicht als Bevollmächtigter anzusehen ist, einen Dienstvertrag namens des Auftraggebers, sei es des Arbeiters oder des Arbeitgebers, abzuschließen. Eine solche Vollmacht liegt außerhalb des Mäklervertrags, kann aber sowohl mit dem Mäklervertrag, wie mit einem anderen Rechtsgeschäft verbunden sein, welches entgeltlich oder unentgeltlich die Vermittlung eines Dienstvertrags bezweckt.

7. Die Erteilung eines Rates oder einer Empfehlung[1]).

Wer einem anderen einen Rat oder eine Empfehlung erteilt, ist unbeschadet der aus einem Vertragsverhältnis oder einer unerlaubten Handlung sich ergebenden Verantwortlichkeit zum Ersatze des aus der Befolgung des Rates oder der Empfehlung entstandenen Schadens nicht verpflichtet (§ 676 BGB.).

In der Benennung eines Arbeiters an einen Arbeiter suchenden Unternehmer oder in der Bezeichnung einer offenen Stelle an einen Arbeitsuchenden wird man unter Umständen einen Rat oder eine Empfehlung erblicken können, diesen Arbeiter oder diese Stelle anzunehmen. Liegt eine entgeltliche Stellenvermittlung, also ein Mäklervertrag vor, so ergibt sich die Verpflichtung oder die Verantwortlichkeit aus diesem Vertrage, ebenso, wenn die Beschaffung von Arbeitern durch Dienst- oder Werkvertrag übernommen wurde.

Besonders wichtig ist aber der § 676 BGB. für den Fall eines unentgeltlich öffentlichen, insbesondere eines öffentlichen gemeinnützigen Arbeitsnachweises. Jedenfalls stellt § 676 BGB. das Mindestmaß der Verantwortlichkeit jedes Arbeitsnachweises dar. Damit erschöpft sich aber keineswegs die Haftung des unentgeltlichen gemeinnützigen Arbeitsnachweises, das ergibt sich schon daraus, daß gewisse öffentliche Arbeitsnachweise auch bei unentgeltlicher Vermittlung ausdrücklich eine Garantie für gewisse Eigenschaften einer

---

[1]) Dörr, Bl. f. RA. LXIX S. 265f.; Staudinger, BGB.

Person oder für den durch eine vermittelte Person angerichteten Schaden übernehmen.

d) Der Mäklervertrag.

BGB. § 652. Wer für den Nachweis der Gelegenheit zum Abschluß eines Vertrages einen Mäklerlohn verspricht, ist zur Entrichtung des Lohnes nur verpflichtet, wenn der Vertrag infolge des Nachweises oder infolge der Vermittlung des Mäklers zustande kommt. Wird der Vertrag unter einer aufschiebenden Bedingung geschlossen, so kann der Mäklerlohn erst verlangt werden, wenn die Bedingung eintritt.

Aufwendungen sind dem Mäkler nur zu ersetzen, wenn es vereinbart ist. Dies gilt auch dann, wenn ein Vertrag nicht zustande kommt.

§ 653. Ein Mäklerlohn gilt als stillschweigend vereinbart, wenn die dem Mäkler übertragene Leistung den Umständen nach nur gegen eine Vergütung zu erwarten ist.

Ist die Höhe der Vergütung nicht bestimmt, so ist bei dem Bestehen einer Taxe der taxmäßige Lohn, in Ermangelung einer Taxe der übliche Lohn als vereinbart anzusehen.

§ 654. Der Anspruch auf den Mäklerlohn ist ausgeschlossen, wenn der Mäkler dem Inhalte des Vertrages zuwider auch für den anderen Teil tätig gewesen ist.

§ 655. Ist für den Nachweis der Gelegenheit zum Abschluß eines Dienstvertrages oder für die Vermittlung eines solchen Vertrages ein unverhältnismäßig hoher Lohn vereinbart, so kann er auf Antrag des Schuldners durch Urteil auf den angemessenen Betrag herabgesetzt werden. Nach Entrichtung des Lohnes ist die Herabsetzung ausgeschlossen.

Stellenvermittlung und Mäklervertrag ist nicht dasselbe, auch nicht gewerbsmäßige Stellenvermittlung und Mäklervertrag, sondern wie wir bereits gesehen haben, kann die Stellenvermittlung verschiedenen Vertragsformen unterfallen. Für die gewerbsmäßige Stellenvermittlung wird aber in erster Linie der Mäklervertrag in Frage kommen, doch die gewerbsmäßige Stellenvermittlung kann auch ein Dienst- oder ein Werkvertrag sein, wenn der Vermittler sich zu einer bestimmten Tätigkeit im Interesse des beabsichtigten Geschäfts verpflichtet hat, während beim Mäklervertrag eine solche Verpflichtung nicht besteht. Der Mäkler arbeitet vielmehr nur, um seinen Mäklerlohn, die Vermittlungsgebühr zu verdienen. Das Zustandekommen des Geschäfts, hier des Dienstvertrages seines Auftraggebers mit dem Dritten, ist nur die Bedingung, von der seine Lohn-(Gebühren-)forderung abhängt[1]). Dagegen ist der sog.

---

[1]) Reichsgerichtsräte BGB. § 652 Anm. 1

Dienstverschaffungsvertrag in der Regel ein Werkvertrag oder auch ein Dienstvertrag[1]), da sich hier der Beauftragte zu einer Tätigkeit verpflichtet.

Der Ausdruck „Auftrag" wird gewöhnlich auch in bezug auf den Mäklervertrag — wie auch beim Dienst- oder Werkvertrag — gebraucht. Daraus folgt aber nicht, daß wir es mit einem Auftrage im Sinne der §§ 662 ff. BGB. zu tun haben. Der Auftrag im Sinne dieser Bestimmungen ist vielmehr ein unentgeltliches Geschäft, während Dienst-, Werk- und Mäklervertrag stets entgeltlich sind.

Von allen Rechtsgeschäften des Bürgerlichen Gesetzbüches hat der Mäklervertrag am meisten Verwandtschaft mit dem Werkvertrag. Bei beiden Vertragsarten hängt die Forderung des Entgelts, des Lohnes, der Vergütung von dem Eintritt eines bestimmten durch den Mäkler bzw. den Unternehmer herbeizuführenden Erfolges ab. Die Bestimmungen des Werkvertrages (BGB. §§ 631—636) können daher zur Ergänzung der Bestimmungen des Mäklervertrages herangezogen werden.

Der Mäklervertrag gilt nicht nur für gewerbsmäßige Stellenvermittlung, sondern für jede Art entgeltlicher Stellenvermittlung, auch für die gemeinnützige und öffentliche Stellenvermittlung, wenn sie gegen Entgelt erfolgt, mag auch die Erzielung eines Überschusses nicht beabsichtigt sein. Der Umstand, daß bestimmungsgemäß die Gebühren für gewisse Arten der gemeinnützigen Stellenvermittlung die Unkosten nicht überschreiten dürfen, macht die Vermittlung nicht zu einem unentgeltlichen Auftragsgeschäft, bei dem nur die Auslagen ersetzt werden. Es kommt nicht darauf an, ob die Gebühr einen Gewinn für den Vermittler bedeutet, sondern es genügt, daß sie für den Auftraggeber ein Entgelt für die Tätigkeit des Vermittlers oder für den durch den Vermittler herbeigeführten Erfolg darstellt. Das ist aber bei der Zahlung einer festen Gebühr immer der Fall, während man von einem Auslagenersatz nur sprechen kann, wenn die im einzelnen Fall tatsächlich erfolgten Aufwendungen, aber nicht auch die Vergütung des mit der Vermittlung betrauten Personals erstattet verlangt wird.

---

[1]) A. M. Dernburg, Bürgerl. R. II. § 19. Staudinger § 652 Anm. 5. Kulenbeck. J. W. XXXVI, 284. Staudinger § 611 IIIa, Vorbemerkung vor § 630 III e δ.

Eine Klage auf Leistung, d. h. auf Bemühung im Interesse der Herbeiführung eines Dienstvertrages gegen den Vermittler oder Arbeitsnachweis ist auf Grund des Mäklervertrages ausgeschlossen[1]), doch wird überwiegend angenommen, daß eine Klage auf Schadenersatz wegen Verletzung der Treuverpflichtung unter Umständen zulässig ist.

Der Mäklerlohn kann bedungen sein

entweder für den bloßen Nachweis der Gelegenheit zum Vertragsschluß,

oder für die förmliche Vermittlung eines Vertrages.

Was im einzelnen Fall gewollt ist, hängt sowohl bei dem gewerbsmäßigen Stellenvermittler, wie bei dem öffentlichen Arbeitsnachweis von den Umständen ab. Auch der öffentliche Arbeitsnachweis kann sich nicht schematisch in allen Fällen auf die eine oder andere Art der Vermittlungstätigkeit beschränken, sonst würde er dem Bedürfnis des Publikums nicht gerecht werden und die gewerbsmäßige Stellenvermittlung nicht zu ersetzen in der Lage sein. Gerade die Aufgabe, den richtigen Mann an den richtigen Platz zu bringen, erfordert es, die Vermittlung in jedem einzelnen Fall dem vorliegenden Bedürfnis entsprechend auszugestalten. Eine gewisse Gleichartigkeit der an den Arbeitsnachweis herantretenden Anforderungen wird in den einzelnen Berufen vorliegen, so daß es in dem einen Beruf genügen wird, wenn dem Arbeitgeber oder Arbeiter der Gegenkontrahent lediglich bezeichnet wird, während in anderen Berufen das Zusammenführen der Parteien, ja die Beratung bei den einzelnen Vertragsabreden verlangt wird. Nach Ziff. 10 der preuß. Vorschr. vom 16. August 1910 über den Geschäftsbetrieb der gewerbsmäßigen Stellenvermittler haben diese sorgfältige Erkundigungen über die Dienstverhältnisse der Arbeitgeber und Arbeiter, sowie über die Brauchbarkeit des Arbeiters für die in Aussicht genommene Beschäftigung einzuziehen[2]). Für die Vermittlung von unsittlichen Verträgen kann ein Mäklerlohn nicht gefordert werden; dahin gehören auch die aus den Vollzugsvorschriften des Stellenvermittlergesetzes sich ergebenden, dem gewerbsmäßigen Stellenvermittler[3]) verbotenen Geschäfte, z. B. die

[1]) Staudinger, § 652 Anm. 6.

[2]) Elsaß Lothringen. Vorschrift vom 9. 9. 1910 Ziff. 10.

[3]) Nicht jedem entgeltlichen Vermittler, aber die Bestimmungen können

Vermittlung von Personen, deren Dienstverhältnisse dem Vermittler nicht bekannt sind, von denen sie wissen oder den Umständen nach wissen müssen, daß sie ohne Innehaltung einer Kündigungsfrist gesetzwidrig ihre Stellung verlassen haben, welche sich nicht im Besitz des vorgeschriebenen Gesinde-[1]), Arbeits-[1]) oder Seefahrtsbuches[1]) befinden oder welche die erforderliche Zustimmung des gesetzlichen Vertreters zur Verdingung nicht nachweisen können, oder ausländischer Arbeiter, welche entgegen den bestehenden Vorschriften sich nicht im Besitze einer ordnungsmäßigen Legitimationskarte befinden. Sie dürfen eine von ihnen vermittelte Person auch nicht vor Ablauf des ersten Kündigungstermins für das bestehende Dienstverhältnis von neuem vermitteln. Dadurch, daß der Vermittler sich noch zu besonderen Leistungen verpflichtet, wird der Mäklervertrag nicht immer ausgeschlossen. Der Vermittler kann es übernehmen, zeitraubende Ermittlungen anzustellen, für die er sich unter allen Umständen einen Lohn ohne Rücksicht auf das Zustandekommen eines Vertragsschlusses ausbedingt. Alsdann liegt ein Dienstvertrag in Verbindung mit einem Mäklervertrag vor. Ähnlich liegt der Fall, wenn er es übernimmt, den Transport von Arbeitern nach einer bestimmten Stelle zu leiten, wie es z. B. die öffentlichen Arbeitsnachweise zu Beginn des Krieges mit landwirtschaftlichen oder Festungsarbeitern getan haben. Dann wäre ein Werkvertrag in Verbindung mit einem Mäklervertrag gegeben, unter der Voraussetzung natürlich, daß für diese Tätigkeit ein Entgelt gezahlt wurde. Jedenfalls würde dies aber bei der gewerbsmäßigen Vermittlung von Landarbeitern oft der Fall sein. Mit dem Mäklervertrag kann auch eine Vollmacht zum Abschluß eines Dienstvertrages verbunden sein.

Die Vermittlungsgebühr kann nur dann verlangt werden, wenn der Dienstvertrag durch die Tätigkeit des Vermittlers zustande gekommen ist, was aber auch der Fall ist, wenn noch andere Umstände für den Abschluß des Vertrages mit wirksam gewesen sind.

---

analog auf andere Arten der Stellenvermittlung, auch auf die unentgeltliche angewandt werden, weil ein ihnen widersprechendes Verhalten unter Umständen gegen die guten Sitten verstößt.

[1]) Preuß. Gesindeordnung v. 1810 und V. v. 29. 9. 1846, GO. § 194, Seemannsordnung.

Für die Vermittlung von unsittlichen Verträgen kann eine Gebühr nicht verlangt werden. Das gilt von Arbeits- und Dienstverträgen, welche gegen die guten Sitten verstoßen, sei es nun, daß die Dienste, welche übernommen werden sollen, gegen die guten Sitten verstoßen, sei es, daß die Vergütung im Verhältnis zu der Dienstleistung eine unsittliche ist oder sei es, daß die Dienste unter Bedingungen geleistet werden sollen, die gegen die guten Sitten verstoßen[1]). Die Dienste können unsittliche sein, wenn sie gegen die Ehre des Dienstverpflichteten verstoßen, insbesondere gegen die Geschlechtsehre, wenn sie gegen die Gesundheit, die Entwicklungsmöglichkeit, gegen Verbotsgesetze, z. B. hinsichtlich der täglichen Arbeitsdauer, betr. Kinderarbeit und andere Arbeiterschutzbestimmungen verstoßen. In Ansehung des Entgeltes kommen in Frage: einmal die Arbeiterschutzbestimmungen, Verbot des Trucksystems, d. h. Hingabe gewisser Waren statt baren Lohns bei gewerblichen Arbeitern, aber auch zu niedrige, dem Wert der geleisteten Arbeit in keiner Weise entsprechender oder für den Lebensunterhalt ganz unauskömmlicher Lohn in Frage; Ausbeutung der Notlage des Dienstverpflichteten unter Umständen aber auch des Dienstberechtigten.

Die Frage, inwieweit Arbeitsverträge, die gegen einen Tarifvertrag verstoßen, unsittlich sind, ist später besonders bei den Beziehungen des Arbeitsnachweises zu den Tarifverträgen zu behandeln. Jedenfalls ist nicht jeder gegen einen Tarifvertrag verstoßende Arbeitsvertrag unsittlich.

Nach § 157 BGB. sind Verträge so auszulegen, wie Treu und Glauben mit Rücksicht auf die Verkehrssitte es erfordern und nach § 242 ist der Schuldner verpflichtet, die Leistung so zu bewirken, wie Treu und Glauben mit Rücksicht auf die Verkehrssitte es erfordern. Beides gilt insofern in besonderem Maße für den Mäklervertrag — wie für jede Art von Stellenvermittlung —, als die Vertragserfüllung hier in sehr hohem Maße von dem guten Willen beider Teile abhängt. Der Arbeitsuchende kann durch sein Verhalten jeden

[1]) Diese Fragen sind auch für den unentgeltlichen Arbeitsnachweis insofern von Bedeutung, als dieser die Vermittlung derartiger Geschäfte ablehnen, andererseits sich aber durch die Übernahme der Vermittlung schadenersatzpflichtig machen kann.

Erfolg des Vermittlers vereiteln und der Vermittler kann durch Unterlassen der erforderlichen Bemühung den Auftraggeber schwer schädigen, indem der Auftraggeber im Vertrauen auf die Tätigkeit des Vermittlers andere Gelegenheiten zum Vertragsschluß sich entgehen läßt.

Aus der Treuverpflichtung folgt einmal die Pflicht zur Verschwiegenheit in bezug auf alle dem Vermittler aus Anlaß des Vermittlungsgeschäftes anvertrauten Tatsachen, auf deren Geheimhaltung es dem Auftraggeber nach seiner vorherigen Erklärung oder nach der Lage der Verhältnisse ankommt. Das gleiche gilt übrigens auch von Mitteilungen des Vermittlers an den Auftraggeber[1]).

Andererseits hat der Vermittler dem Auftraggeber und dieser dem Vermittler alle Tatsachen anzugeben[2]), welche für das Vermittlungsgeschäft erheblich sind: so die ihm, dem Vermittler bekannten Vertragsbedingungen. Dahin gehört auch der Inhalt von Tarifverträgen, die auf den beabsichtigten Dienstvertrag Anwendung finden. Dahin gehören Angaben über die Person der vertragschließenden Teile, unter Umständen auch über Familien-, Wohnungsverhältnisse, über die Kreditfähigkeit des Arbeitgebers — aber auch in gewissem Sinne des Arbeiters, wenn es sich z. B. um Kassenbeamte, Vertrauensposten, handelt, die mit erheblichen Vollmachten, Prokura usw. verbunden sind[3]). Der Vermittler muß einem offenbar nachteiligen Vertragsabschluß entgegenwirken[4]). Auf der anderen Seite darf der Vermittler auch dann, wenn er die Vertragsparteien bereits zusammengeführt hat und damit an sich seinen Auftrag erfüllt hat, dem Zustandekommen des Geschäfts nicht entgegenarbeiten. Wenn der Stellenvermittler einen Auftrag von einem Arbeiter angenommen hat, so darf er die diesem nachgewiesene Stelle nicht gleichzeitig einem anderen Arbeiter anbieten, ebensowenig darf er einen Arbeiter, den er einem Arbeitgeber nachgewiesen hat, zugleich einem zweiten Arbeitgeber benennen, bevor eine angemessene Zeit für die Entschließung des Auftraggebers verstrichen ist. Kann der Stellenvermittler für seinen Auftraggeber noch günstigere Be-

---

[1]) Die Treupflicht besteht in gleicher Weise auch für die unentgeltliche bzw. die öffentliche Vermittlung.

[2]) RGE. Recht 1912 Nr. 735.

[3]) Gruchots Beiträge XLIII S. 1167; XLV S. 1010, Recht 1911 Nr. 1924.

[4]) Rechtspr. d. OLG. II S. 119.

dingungen erzielen, als dieser verlangt hatte, so war der Vermittler auch dazu verpflichtet.

Alle diese Sätze gelten natürlich nur als Regeln, die unter besonderen Verhältnissen eine Ausnahme zulassen.

Auf den unentgeltlichen Arbeitsnachweis kommt die Treuverpflichtung gleichfalls zur Anwendung, wenngleich hier gewisse Einschränkungen zu machen sind.

Aus der Verletzung der Treupflicht folgt die Pflicht zum Schadenersatz[1]). Auch hinsichtlich der Pflicht zum Schadenersatz wegen Verletzung der Treupflicht, insbesondere in Ansehung des Umfanges der Ersatzpflicht nimmt der unentgeltliche Arbeitsnachweis eine besondere Stellung ein[2]).

Kündigungsrecht des Stellenvermittlers.

Sowohl der Auftraggeber wie der Stellenvermittler können den Mäklervertrag kündigen. Wenn die Kündigung zur Unzeit erfolgt, so verstößt sie gegen die Treupflicht und daraus ergeben sich die vorher erörterten Folgen. Dies ist besonders dann der Fall, wenn der Auftraggeber für eine bestimmte Zeit auf den Widerruf seines Auftrages verzichtet hat und damit zum Ausdruck gekommen ist, daß im Falle des Widerrufs der Schaden ersetzt werden soll[3]).

Auch wenn der Auftrag zurückgezogen wird, kann der Vermittler für die Regel seine Kosten, z. B. für eine Zeitungsanzeige, nicht ersetzt verlangen können, es sei denn, daß etwas anderes ausgemacht ist.

Vermittlungsgebühr (Mäklerlohn).

Die Gebühr muß ausdrücklich oder durch die aus den Umständen zu entnehmende Willenserklärung der Parteien vereinbart sein. Ein derartiger Umstand ist der gewerbsmäßige Betrieb der Stellenvermittlung[4]), aber auch die gewerbsmäßige oder öffentliche Vermittlung, wenn für sie eine Taxe besteht, die durch Aushang oder anderweit bekannt gegeben worden ist. Der Vertragsschluß muß auf die Tätigkeit des Vermittlers als Ursache zurückzuführen sein.

---

[1]) Staudinger, BGB. § 652 II l. c. S. 1229.

[2]) Wegen der Haftung für einen durch den Stellenvermittler erteilten Rat Rechtspr. d. OLG. Bd. 20 S. 219.

[3]) Staudinger, BGB. § 652 II 2.

[4]) S. aber Staudinger, § 653 Anm. 6 S. 1240 und die dort angeführten Erkenntnisse.

Tatfrage ist es, ob die Gebühr auch für eine der ausdrücklichen Vereinbarung nicht entsprechende Vermittlung zu zahlen ist.

Das angestrebte Vertragsverhältnis muß zustande gekommen sein, und zwar in der Regel unbedingt. So würde die Vermittlungsgebühr noch nicht zu zahlen sein, wenn der Auftraggeber unter der Bedingung angestellt wurde, daß der Arbeitgeber seinen Betrieb eröffnet, genügend Aufträge hat, die Konzession für seinen Betrieb erhält. Der Vertrag muß verbindlich sein, ein nichtiger Vertrag genügt nicht, z. B. ein gegen die Arbeiterschutzbestimmungen verstoßender Vertrag. Ein gegen einen Tarifvertrag verstoßender Arbeitsvertrag ist nicht nichtig[1]). Die gezahlte Gebühr ist herauszuzahlen, wenn das vermittelte Geschäft mit Erfolg angefochten worden ist, dagegen ist die freiwillige Aufhebung des vermittelten Geschäfts ohne Einfluß auf die Gebühr.

Es kann ausdrücklich ausbedungen werden, daß die Vermittlungsgebühr auch zu zahlen ist, wenn der Vertrag ohne die Tätigkeit des Vermittlers zustande kommt, doch ist den gewerbsmäßigen Stellenvermittlern und den nichtgewerbsmäßigen Stellenvermittlern, auf welche diese Bestimmung durch Anordnung der Landeszentralbehörde ausgedehnt ist (so in Preußen Vorschriften vom 21. August 1910, HMBl. 474)[2]), die Erhebung der Gebühr in diesem Fall untersagt.

Nach § 654 BGB. ist der Anspruch auf Mäklerlohn und den Ersatz von Aufwendungen dann ausgeschlossen, wenn der Mäkler, dem Inhalte des Vertrages zuwider, auch für den anderen Teil tätig gewesen ist. Für die öffentliche Stellenvermittlung gilt aber im allgemeinen die Regel, daß der Vermittler für beide Teile tätig sein soll, doch ist eine entgegenstehende Vereinbarung nicht ausgeschlossen.

Für die gewerbsmäßigen und durch die Ausführungsbestimmungen der Landeszentralverwaltungen diesen gleichgestellten Vermittler[3]) gilt nach § 5 StVG., daß, wenn beide Teile die Tätigkeit des Vermittlers — wenn auch nur stillschweigend[4]) durch entsprechen-

[1]) So Wölbling, Der Akkordvertrag und der Tarifvertrag S. 379—407; Das Gewerbe- und Kaufmannsgericht XXI, 109ff.

[2]) Bayern. Bekanntmachung v. 6. 10. 10 § 10.

[3]) In Preußen nicht die öffentlichen und die gemeinnützigen öffentlich unterstützten Arbeitsnachweise.

[4]) Szczesny, StVG. § 5 Anm. 4

des Verhalten — in Anspruch genommen haben, die Gebühr von dem Arbeitgeber und dem Arbeiter je zur Hälfte zu tragen ist. Eine entgegenstehende Vereinbarung ist nichtig. Nach § 5 a. a. O. dürfen dieselben Vermittlerarten, neben den Gebührenvergütungen anderer Art nicht erheben[1]). Die Erstattung barer Auslagen darf nur insoweit gefordert werden, als sie auf Verlangen und nach Vereinbarung mit dem Auftraggeber verwendet und als notwendig hinreichend nachgewiesen sind. Nach der preußischen Vorschrift vom 16. August 1910 für die gewerbsmäßigen Stellenvermittler (Ziff. 18) erlischt der Anspruch des Stellenvermittlers auf die den Arbeitgeber zu zahlende Hälfte, wenn

a) der Arbeitnehmer die Stelle nicht antritt,

b) er dem Arbeitgeber bestimmte Eigenschaften des Arbeitnehmers zugesagt hat, und der Dienstvertrag zum ersten zulässigen Kündigungstermin gekündigt oder sonst innerhalb vier Wochen nach Beginn der Dienstleistung gelöst wird, weil sich herausstellt, daß der Arbeitnehmer die zugesicherte Eigenschaft nicht besitzt.

Der Anspruch auf die vom Arbeitnehmer zu zahlende Hälfte erlischt nach Ziff. 19 ebenda, wenn

a) er dem Arbeitnehmer bestimmte Eigenschaften der vermittelten Stelle zugesagt hat und der Dienstvertrag zum ersten zulässigen Kündigungstermin gekündigt oder sonst innerhalb vier Wochen nach Beginn der Dienstleistung gelöst wird, weil sich die Unrichtigkeit der zugesicherten Eigenschaften herausstellt;

b) der Arbeitnehmer aus einem wichtigen Grunde die Stelle nicht antritt;

c) der Arbeitgeber den Antritt der Stelle verhindert;

d) die Anstellung und Aushändigung des Ausweises (Ziff. 14) unterblieben ist.

---

[1]) Einzelne, insbesondere gemeinnützige Arbeitsnachweise erheben eine sog. Einschreibegebühr ohne Rücksicht auf eine erfolgte Vermittlung. Ihr Zweck ist vielfach, Müßiggänger von dem Aufenthalt in den Arbeitsnachweisräumen abzuhalten und ihre Berechtigung wird damit begründet, daß der Aufenthalt in den Räumen des Nachweises den Benutzern einen Vorteil gewährt und für den Arbeitsnachweis eine Ausgabe darstellt.

Die bereits gezahlte Gebühr ist in den Fällen der Ziff. 18, 19 auf Ersuchen des Berechtigten binnen drei Tagen zurückzuzahlen. Ansprüche auf Rückzahlung der Gebühr können nur binnen vier Wochen nach dem Zeitpunkt, zu dem der Arbeiter den Dienst angetreten hat oder hätte antreten müssen oder zu dem der Vertrag gelöst ist, geltend gemacht werden.

Den — gewerbsmäßigen und ihnen gleichgestellten — Stellenvermittlern ist es untersagt, den Anspruch auf Rückzahlung durch Vertrag auszuschließen[1]).

Nach § 655 BGB. ist die Vermittlungsgebühr auf Antrag des Schuldners auf den angemessenen Betrag zu ermäßigen, wenn für den Nachweis der Gelegenheit zum Abschluß eines Dienstvertrages ein unverhältnismäßig hoher Maklerlohn vereinbart ist. Ob die Vermittlung eine gewerbsmäßige war, ist gleichgültig. Nicht jeder den angemessenen Betrag übersteigende Mäklerlohn ist unverhältnismäßig hoch.

Privatrecht des öffentlichen Nachweises.

Ein besonderes Privatrecht des öffentlichen Nachweises besteht im allgemeinen nicht. Nur wenn der öffentliche Arbeitsnachweis kein gewerbsmäßiger ist, ist er von den durch die Landeszentralbehörden erlassenen Ausführungsbestimmungen zum Stellenvermittlergesetz für nicht gewerbsmäßige Stellenvermittler befreit und nimmt diesen gegenüber sonach eine Ausnahmestellung ein (Ziff. 12 der preußischen Vorschrift vom 21. August 1910, HMBl. 474), dasselbe gilt von der Deutschen Feldarbeiterzentrale nach dem preußischen Erlaß betr. Stellenvermittlergesetz vom 21. August 1910 (HMBl. 474).

Auch die öffentliche Stellenvermittlung unterfällt sonach den verschiedenen für die private Stellenvermittlung in Frage kommenden Vertragsformen, wie Mäklervertrag, Werkvertrag, Dienstvertrag, Auftrag. Da aber überwiegend Gebühren überhaupt nicht erhoben werden und soweit dies der Fall ist, nur Gebühren, welche die Auslagen decken, so ist das Gebiet des Mäklervertrages bei der

---

[1]) Wegen der Stellenvermittlung für Bühnenangehörige mit Ausschluß der Herausgeber von Stellen- und Vakanzenlisten vgl. pr. Vorschriften v. 17. 8. 1910 MBl. 465

öffentlichen Stellenvermittlung ein beschränkteres. Man kann unter Umständen auch bei der entgeltlichen öffentlichen Stellenvermittlung im Zweifel sein, ob ein Mäklervertrag vorliegt, nämlich dann, wenn die Gebühr nur die Unkosten deckt, wie dies bei der gemeinnützigen Stellenvermittlung für Gesinde, Landwirtschaft, Gast- und Schankwirtschaft nach der preußischen Vorschrift vom 21. August 1910, HMBl. 474, bestimmt ist. Der Ersatz der Aufwendungen für die Besorgung einer Vermittlung kann nach §§ 669, 670 BGB. auch beim Auftrag gefordert werden, obwohl dieser an sich ein unentgeltliches Geschäft darstellt.

BGB. § 662. Durch die Annahme eines Auftrags verpflichtet sich der Beauftragte, ein ihm von dem Auftraggeber übertragenes Geschäft für diesen unentgeltlich zu besorgen.

§ 663. Wer zur Besorgung gewisser Geschäfte öffentlich bestellt ist oder sich öffentlich erboten hat, ist, wenn er einen auf solche Geschäfte gerichteten Auftrag nicht annimmt, verpflichtet, die Ablehnung dem Auftraggeber unverzüglich anzuzeigen. Das gleiche gilt, wenn sich jemand dem Auftraggeber gegenüber zur Besorgung gewisser Geschäfte erboten hat.

§ 664. Der Beauftragte darf im Zweifel die Ausführung des Auftrags nicht einem Dritten übertragen. Ist die Übertragung gestattet, so hat er nur ein ihm bei der Übertragung zur Last fallendes Verschulden zu vertreten. Für das Verschulden eines Gehilfen ist er nach § 278 verantwortlich.

Der Anspruch auf Ausführung des Auftrags ist im Zweifel nicht übertragbar.

§ 665. Der Beauftragte ist berechtigt, von den Weisungen des Auftraggebers abzuweichen, wenn er den Umständen nach annehmen darf, daß der Auftraggeber bei Kenntnis der Sachlage die Abweichung billigen würde. Der Beauftragte hat vor der Abweichung dem Auftraggeber Anzeige zu machen und dessen Entschließung abzuwarten, wenn nicht mit dem Aufschube Gefahr verbunden ist.

§ 666. Der Beauftragte ist verpflichtet, dem Auftraggeber die erforderlichen Nachrichten zu geben, auf Verlangen über den Stand des Geschäfts Auskunft zu erteilen und nach der Ausführung des Auftrags Rechenschaft abzulegen.

§ 667. Der Beauftragte ist verpflichtet, dem Auftraggeber alles, was er zur Ausführung des Auftrages erhält und was er aus der Geschäftsbesorgung erlangt, herauszugeben.

§ 668. Verwendet der Beauftragte Geld für sich, das er dem Auftraggeber herauszugeben oder für ihn zu verwenden hat, so ist er verpflichtet, es von der Zeit der Verwendung an zu verzinsen.

§ 669. Für die zur Ausführung des Auftrags erforderlichen Aufwendungen hat der Auftraggeber dem Beauftragten auf Verlangen Vorschuß zu leisten.

§ 670. Macht der Beauftragte zum Zwecke der Ausführung des Auftrags Aufwendungen, die er den Umständen nach für erforderlich halten darf, so ist der Auftraggeber zum Ersatze verpflichtet.

§ 671. Der Auftrag kann von dem Auftraggeber jederzeit widerrufen, von dem Beauftragten jederzeit gekündigt werden.

Der Beauftragte darf nur in der Art kündigen, daß der Auftraggeber für die Besorgung des Geschäfts anderweit Fürsorge treffen kann, es sei denn, daß ein wichtiger Grund für die unzeitige Kündigung vorliegt. Kündigt er ohne solchen Grund zur Unzeit, so hat er dem Auftraggeber den daraus entstehenden Schaden zu ersetzen.

Liegt ein wichtiger Grund vor, so ist der Beauftragte zur Kündigung auch dann berechtigt, wenn er auf das Kündigungsrecht verzichtet hat.

§ 672. Der Auftrag erlischt im Zweifel nicht durch den Tod oder den Eintritt der Geschäftsunfähigkeit des Auftraggebers. Erlischt der Auftrag, so hat der Beauftragte, wenn mit dem Aufschube Gefahr verbunden ist, die Besorgung des übertragenen Geschäfts fortzusetzen, bis der Erbe oder der gesetzliche Vertreter des Auftraggebers anderweit Fürsorge treffen kann; der Auftrag gilt insoweit als fortbestehend.

§ 673. Der Auftrag erlischt im Zweifel durch den Tod des Beauftragten. Erlischt der Auftrag, so hat der Erbe des Beauftragten den Tod dem Auftraggeber unverzüglich anzuzeigen und, wenn mit dem Aufschube Gefahr verbunden ist, die Besorgung des übertragenen Geschäfts fortzusetzen, bis der Auftraggeber anderweit Fürsorge treffen kann; der Auftrag gilt insoweit als fortbestehend.

§ 674. Erlischt der Auftrag in anderer Weise als durch Widerruf, so gilt er zugunsten des Beauftragten gleichwohl als fortbestehend, bis der Beauftragte von dem Erlöschen Kenntnis erlangt oder das Erlöschen kennen muß.

§ 675. Auf einen Dienstvertrag oder einen Werkvertrag, der eine Geschäftsbesorgung zum Gegenstande hat, finden die Vorschriften der §§ 663, 665 bis 670, 672 bis 674 und, wenn dem Verpflichteten das Recht zusteht, ohne Einhaltung einer Kündigungsfrist zu kündigen, auch die Vorschriften des § 671 Abs. 2 entsprechende Anwendung.

§ 676. Wer einem anderen einen Rat oder eine Empfehlung erteilt, ist, unbeschadet der sich aus einem Vertragsverhältnis oder einer unerlaubten Handlung ergebenden Verantwortlichkeit, zum Ersatze des aus der Befolgung des Rates oder der Empfehlung entstehenden Schadens nicht verpflichtet.

Der öffentliche Arbeitsnachweis als Auftrag.

Aus der Auffassung des Arbeitsnachweises als Auftrag erfolgt nicht, daß der Beauftragte bevollmächtigt ist, für den Auftraggeber zu handeln, daß der Stellenvermittler ermächtigt ist, für den Auftraggeber einen Dienstvertrag abzuschließen, es bedarf vielmehr eines besonderen Rechtsaktes, um den Stellenvermittler als Vertreter des Beauftragten erscheinen zu lassen.

Der Auftrag wird erst durch Annahme verbindlich. Der öffentliche Arbeitsnachweis ist aber eine Einrichtung, die für die Vermittlung und den Nachweis von Gelegenheit für den Abschluß von Dienstverträgen öffentlich bestellt ist und die sich auch öffentlich zu derartigen Geschäften anzubieten pflegt.

Daraus folgt nach § 663 BGB., daß er an sich zur unverzüglichen Ablehnung des Auftrages verpflichtet ist, wenn er den Auftrag nicht annehmen will, andernfalls haftet der Arbeitsnachweis für den entstandenen Schaden. Der Verkehrssitte entspricht aber eine derartige Ablehnung durch den öffentlichen Arbeitsnachweis nicht. Es wird also auf die besonderen Umstände oder auf etwa bestehende besondere Verwaltungsvorschriften ankommen, aus denen die Pflicht zur Ablehnung eines erhaltenen Auftrages durch den öffentlichen Arbeitsnachweis sich ergibt. Solche besonderen Umstände können sein: das ersichtlich dringende Bedürfnis des Auftraggebers, sofort über die Annahme oder Ablehnung des Auftrages im klaren zu sein, z. B. bei der eiligen Besetzung von Aushilfsstellen in einem Betrieb, der aus wirtschaftlichen Gründen fortgesetzt in Gang erhalten werden muß.

Eine Regelung dieser Frage in der Geschäftsordnung ist dringend im Interesse der Vermeidung von Zweifeln erwünscht. Dabei ist der Umfang der Haftung nicht vollständig auszuschließen. Denn ein derartiger Ausschluß der Haftung würde nicht nur nachteilig auf das Vertrauen der Einrichtung wirken, sondern auch auf die Durchführung des Geschäftsganges. Nur ein von dem Gefühl kaufmännischer Verantwortlichkeit getragenes Arbeitsamt wird sich von bureaukratischer Schablone frei halten und dem Wirtschaftsleben wertvolle Dienste leisten.

Die Übertragung der Ausführung des Auftrages an die Gehilfen des Arbeitsnachweises ist selbstverständlich. Ebenso gilt der öffentliche Arbeitsnachweis als ermächtigt, die Ausführung des Vermittlungsauftrages dem zuständigen Arbeitsnachweis abzugeben, insbesondere nach den Grundsätzen über den Ausgleich der nicht erledigten Aufträge. Dies folgt nur aus § 665 BGB.

Die Verpflichtung zur Auskunfterteilung über den Stand der Vermittlung sollte auch der öffentliche Arbeitsnachweis nicht ablehnen, doch empfiehlt sich eine erhebliche Beschränkung dieser Verpflichtung. Während es nämlich bei vorübergehender, mit Ausschluß der Kündigungsfrist verbundenen Stellen eine unverständliche Belastung des Arbeitsnachweises wäre, Auskünfte zu erteilen, liegt bei hochbezahlten Dauerstellen, auch bei Vertrauensstellungen und solchen, bei welchen der Angestellte in die häusliche Gemeinschaft aufgenommen wird, ein dringendes Bedürfnis zur eingehenden Erörterung vor und alsdann kann auch die Auskunfterteilung nicht versagt werden. Der gegenteilige Standpunkt kann nicht mit Kostenersparnis begründet werden, denn in erster Linie muß der öffentliche Arbeitsnachweis nicht billig, sondern gut, mindestens ebensogut arbeiten, wie die gewerbsmäßigen Stellenvermittler, nur dann vermag er eine Besserung der Verhältnisse des Arbeitsmarkts und der Arbeitsverträge herbeizuführen.

Die Vorschußpflicht gemäß § 669 BGB. wird besonders dann in Frage kommen, wenn für die Vermittlung ein Zeitungsinserat nötig ist, auch dann, wenn der beauftragende Arbeitgeber den Transport der Arbeiter nach dem Betriebsort erwartet.

§ 671 BGB. ist auch für den öffentlichen Arbeitsnachweis wichtig. Der Arbeitsnachweis darf den Auftrag nicht kündigen, bevor der Auftraggeber für die anderweite Besorgung des Geschäfts Fürsorge treffen, d. h. einen anderen Vermittler in Anspruch nehmen kann, es sei denn, daß der Auftraggeber durch sein Verhalten berechtigten Grund zur Kündigung gegeben hat oder daß die Ausführung des Auftrages unmöglich ist.

Vielfach wird die Rechtsstellung des öffentlichen Arbeitsnachweises lediglich auf § 676 BGB. gestützt[1]). Das ist aber keineswegs in dieser Allgemeinheit zutreffend und die Gründe, auf welche sich diese Ansicht stützt, entsprechen nicht den tatsächlichen Verhältnissen. Einmal will der öffentliche Arbeitsnachweis durchaus nicht immer einen Rat oder eine Empfehlung erteilen. Er beschränkt sich oft darauf, eine tatsächliche Mitteilung ohne nähere Prüfung ihrer Richtigkeit zu machen. Auf der anderen Seite geht er weit darüber hinaus, indem er nicht selten sich um das Zustandekommen des Vertrages bemüht, indem er darauf hinwirkt, daß er unter bestimmten z. B. tariflichen Bedingungen zustande kommt und keineswegs ist seine Tätigkeit immer eine unentgeltliche, wie z. B. bei dem Hauspersonal, in der Landwirtschaft, der Gast- und

[1]) Staudinger, BGB. § 676.

Schankwirtschaft und bei den höher besoldeten Stellen. Im Gastwirtsgewerbe ist es üblich, daß der Nachweis bis zu einem bestimmten Betrage für Unterschlagungen des vermittelten Personals die Haftung übernimmt und dem wird sich auch der öffentliche Arbeitsnachweis nicht entziehen können.

§ 676 BGB. will zum Ausdruck bringen, daß ein Rat und eine Empfehlung an sich keine Rechtspflicht begründet, wenn aber der Rat oder die Empfehlung auf Grund einer Vertragspflicht erfolgt oder wenn dadurch eine unerlaubte Handlung begangen wird, zu Schadenersatz verpflichtet, ist selbstverständlich.

Die Verpflichtungen hinsichtlich der Prüfung des überwiesenen Personals oder der zugewiesenen Stelle, welche den anderen nicht gewerbsmäßigen Arbeitsnachweisen zufolge der Ausführungsvorschriften zum Stellenvermittlergesetz obliegen, werden auch im allgemeinen von den öffentlichen Arbeitsnachweisen zu übernehmen sein.

Eine unerlaubte Handlung liegt beim Arbeitsnachweis u. a. vor, wenn er wissentlich einen Dienstvertrag vermittelt, dessen Bestimmungen gegen das Gesetz oder gegen die guten Sitten verstoßen, wozu nicht ohne weiteres gegen Tarifverträge verstoßende Arbeitsverträge gehören.

Für die Haftung aus unerlaubter Handlung kommt § 826 BGB. in Frage, wenn die vorsätzliche Schädigung wider die guten Sitten verstößt. Es genügt auch, wenn der Rat oder Auskunft erteilende Vermittler wichtige Umstände wissentlich verschweigt oder Umstände angibt, deren Vorhandensein ihm nicht bekannt ist, sofern der Auskunfterteilende auch nur mit der Möglichkeit schädlicher Folgen rechnen konnte.

§ 823 BGB. liegt vor, wenn die Rat- und Auskunfterteilung in strafbarer Weise gegen ein Schutzgesetz verstößt, z. B. § 263 StGB.

Haftung des öffentlichen Arbeitsnachweises.

Die Haftung des Arbeitsnachweises ist einmal eine vertragliche, andererseits kann sie auch eine Haftung aus unerlaubter Handlung sein. Auch dann, wenn der Geschädigte in einem Vertragsverhältnis zu dem Arbeitsnachweis stand, also im Mäkler-, Dienst-, Werkvertrage, Auftragsverhältnis kann er auf Grund einer unerlaubten

Handlung in Anspruch genommen werden, wenn nämlich die Vertragsverletzungspflicht eine unerlaubte Handlung darstellt. Aber nicht jede Vertragsverletzung ist eine unerlaubte Handlung.

Jedenfalls ist der öffentliche Arbeitsnachweis selbst dann und soweit nicht frei von der privatrechtlichen Verantwortlichkeit, als man ein Vertragsverhältnis in Abrede zu stellen vermag.

Wie wir gesehen haben, steht auch der öffentliche Arbeitsnachweis grundsätzlich auch in einem Vertragsverhältnis zu seinen Auftraggebern.

Die allgemeinen Grundsätze der Haftung ergeben sich aus den vorliegenden Vertragsverhältnissen, die wir auf S. 27 ff. erörtert haben. Ob die Vermittlung eine gewerbsmäßige war oder nicht, spielt für die Frage der Haftung keine Rolle, entscheidend ist nur, ob die Vermittlung entgeltlich ist oder unentgeltlich. Im Falle der Entgeltlichkeit braucht kein gegenseitiger Vertrag, Dienstvertrag oder Werkvertrag vorzuliegen, da der Mäklervertrag den Mäkler nicht zu einer Leistung verpflichtet, sondern nur den Auftraggeber zur Zahlung der Gebühr für den Fall, daß der Mäkler den Dienstvertrag zustande bringt.

Im Zweifel wird man bei der entgeltlichen Übernahme eines Auftrages durch einen öffentlichen Arbeitsnachweis einen Mäklervertrag, nicht einen Dienst- oder Werkvertrag anzunehmen haben. Der öffentliche Arbeitsnachweis ist grundsätzlich nicht öffentlich bestellt, um sich im Interesse des Abschlusses von Arbeitsverträgen zu bemühen, sondern nur, um seinen Benutzern Gelegenheit zum Abschluß derartiger Verträge zu geben. Sofern er sich aber zu weitergehender entgeltlicher Tätigkeit erbietet, kann man sehr wohl das Erbieten zur Leistung von Diensten oder zur Ausführung eines Werkes annehmen, also einen Dienst- oder Werkvertrag. Alsdann kann der Arbeitsnachweis auf Erfüllung, also auf Bemühung im Interesse des Zustandekommens eines Dienstvertrages verklagt werden. Bei der Eigenartigkeit dieser inhaltlich schwer zu umschreibenden Dienste werden die Verkehrssitte und die Grundsätze von Treu und Glauben eine große Rolle bei der Erfüllung spielen. In dem einen Falle wird es mehr auf schnelle Erfüllung, in dem anderen mehr auf sorgfältige Prüfung und Auswahl ankommen, je nachdem es sich um Aushilfe oder Dauerstellen handelt, je nachdem eine ungelernte Kraft oder eine vorgebildete oder sonst für eine spezielle Aufgabe qualifizierte Kraft gesucht wird. Mitunter muß Schnelligkeit und sorgfältige Prüfung miteinander verbunden werden, wenn z. B. ein Monteur für einen überseeischen Platz verlangt wird, der einerseits vertrauenswürdig sein muß, andererseits aber z. B. wegen der Überfahrtgelegenheit eilig zur Stelle sein muß. Allgemeine Regeln lassen sich daher nicht aufstellen, wohl aber bestehen für jede einzelne Berufsart und für jede einzelne Betriebsart bestimmte Gebräuche, die für die Auslegung des Vermittlungsauftrages maßgebend sind und ohne deren Beachtung der öffentliche Arbeitsnachweis die volle Zufriedenheit des Publikums nicht erlangen und die private Stellenvermittlung nicht ersetzen kann.

Boykott. — Ausschluß. — Sperre.

Niemand hat einen privatrechtlichen Anspruch auf die Benutzung des Arbeitsnachweises. Grundsätzlich kann daher der Arbeitsnachweis jeden an ihn gelangten Auftrag ablehnen, auch dann, wenn aus dieser Ablehnung folgt, daß ein Arbeiter überhaupt oder an einem bestimmten Orte, in einem bestimmten Bezirke, in einem bestimmten Berufe, keine Arbeit erlangen kann. Auch wenn der Arbeitgeber in entsprechender Weise keine Arbeiter erlangen und infolgedessen in seinem Geschäftsbetrieb geschädigt oder lahmgelegt wird, kann er nicht ohne weiteres Schadenersatz von dem Arbeitsnachweis oder dessen Träger verlangen, es müssen vielmehr besondere Umstände hinzutreten, welche unter diesen Voraussetzungen ein Recht auf Schadenersatz begründen. Diese Umstände können entweder sein ein Vertrag, insbesondere ein Tarifvertrag, gegen den durch die Versagung der Arbeitsvermittlung verstoßen wurde, oder eine unerlaubte Handlung.

Nach der Ursache des Ausschlusses vom Arbeitsnachweis kann man vier Arten dieses Ausschlusses unterscheiden:

1. Den Ausschluß wegen ungebührlichen Verhaltens auf dem Arbeitsnachweis, Beleidigung der Beamten, Lärmen, Trunkenheit.

2. Ausschluß wegen Unfähigkeit zur Arbeitsleistung, Unfähigkeit oder Ungeeignetheit zur Arbeitsleistung. Diese Unfähigkeit kann einmal auf körperlichen Gebrechen beruhen, auf Krankheiten u. dgl., oder auf sittlichen Gründen, z. B. Begehung von Vergehen und Verbrechen, Fälschung von Zeugnissen, Betrug, Diebstählen, Beleidigungen und Gewalttätigkeiten im Betriebe.

3. Wegen Teilnahme an einem Arbeitskampf, Streik oder Sperre.

4. Auf Grund des Arbeitsvertrages: Verlassen der Arbeit ohne Innehaltung der Kündigungsfrist oder vor Beendigung der vereinbarten Zeit, der übernommenen Akkordarbeit oder sonstige Zuwiderhandlungen gegen den Arbeitsvertrag.

Zur Beurteilung des Schadenersatzes kommt in Betracht § 826 BGB., welcher lautet:

„Wer in einer gegen die guten Sitten verstoßenden Weise einem anderen vorsätzlich Schaden zufügt, ist demselben zum Ersatze des Schadens verpflichtet." Auf Grund dieses Paragraphen sind zwei Reichsgerichtsentscheidungen in bezug auf den Arbeitsnachweis ergangen. Die erste vom 11. März 1904 trifft folgenden Tatbestand:

Ein Gußputzer klagte gegen eine Berliner Eisengießerei, Mitglied des Verbandes Berliner Metallindustrieller. Der Kläger war von der beklagten Firma wegen Agitation entlassen und dem Nachweis gemeldet worden. Der Nachweis veranlaßte seine Wiederentlassung von einer anderen Verbandfirma, die ihn inzwischen eingestellt hatte und erteilte ihm keinen Nachweisschein mehr. Infolgedessen blieb der Arbeiter 2 Monate lang arbeitslos und kam dann in einem anderen Gewerbe bei geringerem Lohn unter. Das Reichsgericht gab der Klage auf Schadenersatz statt. Es hielt eine auf längere Zeit oder ohne zeitliche Begrenzung verhängte Sperre höchstens dann für zulässig, wenn es sich um sehr schwere Verfehlungen im Arbeitsverhältnisse handelt und diese durch sorgfältige Ermittlungen festgestellt sind. Mitbestimmend war für das Reichsgericht, daß der Arbeitsnachweis Neunzehntel der Berliner Metallindustrie umfaßte und daß er auch mit auswärtigen Facharbeitsnachweisen in Beziehungen stand. Unter diesen Umständen nahm das Reichsgericht einen Verstoß gegen die guten Sitten an. Es wurde übrigens auch eine Umgehung der Bestimmungen des § 113, Abs. 1—3 und § 146, Abs. 3 der GewO. angenommen, wonach der Arbeitnehmer sich bei Ausführung neuer Arbeit über Ort, Dauer und Art seiner Beschäftigung soll ausweisen können, ohne daß der Arbeitgeber, bei dem er sich um Arbeit bewirbt, aus dem vorgelegten Arbeitszeugnis von dem ungünstigen Urteil des früheren Arbeitgebers Kenntnis erlangen kann. Die Reichsgerichtsentscheidung vom 4. April 1907, Entscheidung des Reichsgerichts in Zivilsachen, Bd. 65,

S. 433ff., betraf die Klage eines Arbeiters gegen die Vereinigung der Berliner Metallwarenfabrikanten. Der Kläger war durch Versagung des Nachweisscheines gesperrt worden, weil er bei Gelegenheit eines Streiks einen Arbeitswilligentransport gestört hatte[1]).

In einem Strafverfahren aus Anlaß dieses Vorfalles wurde der Kläger freigesprochen, weil er in krankhafter Störung seiner Geistestätigkeit gehandelt hatte. Deswegen, und weil er erhebliche Vorstrafen erlitten und auch in einem früheren Fall wegen Geistesstörung freigesprochen war, wurde er dauernd vom Arbeitsnachweis ausgesperrt und konnte deshalb von keinem Mitglied der Vereinigung mehr eingestellt werden. Das Reichsgericht nahm in diesem Falle einen Verstoß gegen die guten Sitten nicht an, sondern gab zu, daß der Arbeitgeberverband ausreichenden Grund zur dauernden Sperrung gehabt habe. In dem Urteil heißt es u. a.: „Es bestehe kein Gesetz, durch das den Arbeitgeberverbänden geboten wäre, eine Einrichtung dahin zu treffen, daß bezüglich solcher Personen, die sich bei einem Verbandsmitglied um Beschäftigung bewerben wollen, durch eine vom Verband geschaffene Geschäftsstelle eine Vorprüfung darüber stattfinden wird, ob die sich bei ihr meldende Person nach ihrer Vergangenheit und insbesondere nach ihrer körperlichen und geistigen Beschaffenheit etwa als zur Annahme in einem Betrieb von vornherein ungeeignet anzusehen sei; auch gegen die guten Sitten verstoße eine solche Einrichtung nicht, es können nur in der Art, wie dabei verfahren werde, eine unrechtmäßige Handlung im Sinne des § 826 BGB. zu finden sein." Das Oberlandesgericht Hamburg hat in einem, im Arbeitsmarkt X, 323/24 abgedruckten Urteil ausgeführt: „Ein Anstellungsmonopol, das sich auf einen größeren Bezirk und auf eine größere Anzahl in demselben befindlicher Betriebe erstrecke, begründe mit Rücksicht auf die Tragweite einer Anstellungsablehnung nach dem Erfordernis guter Sitte für denjenigen, in dessen Hand die Entscheidung gelegt sei, die unabweisbare Pflicht sorgfältiger Prüfung; der einzelne Arbeitgeber möge Arbeitsuchende nach Belieben zurückweisen, er könne damit rechnen, daß der Arbeiter bei Beschäftigung einen anderen finden werde. Ein Arbeitsnachweis aber, der ein ganzes Gewerbe eines größeren Bezirkes umfasse,

[1]) **Keßler**, Die Arbeitsnachweise der Arbeitgeberverbände, Leipzig 1911, S. 180ff. **Fischer**, Stellenvermittlergesetz, München 1912, S. 258ff.

mißbrauche seine wirtschaftliche Macht und mache sich eines Verstoßes gegen die guten Sitten schuldig, wenn er so verfahre und einen Arbeitsuchenden ohne Grund abweise."

Weitere Fälle von Schadenersatz.

Da der Arbeitsnachweis sich unter Umständen über die Person des Arbeitsuchenden oder des Arbeitgebers zu äußern hat, so kommt auch § 824 BGB. für die Begründung von Schadenersatzansprüchen in Frage. Dieser lautet: „Wer der Wahrheit zuwider, eine Tatsache behauptet oder verbreitet, die geeignet ist, den Kredit eines anderen zu gefährden oder sonstige Nachteile für dessen Erwerb oder Fortkommen herbeizuführen, hat dem anderen den daraus entstehenden Schaden auch dann zu ersetzen, wenn er die Unwahrheit zwar nicht kennt, aber kennen muß."

Durch eine Mitteilung, deren Unwahrheit dem Mitteilenden unbekannt ist, wird dieser nicht zum Schadenersatz verpflichtet, wenn er oder der Empfänger der Mitteilung an ihr ein berechtigtes Interesse hat[1]).

Zur Begründung der Ersatzpflicht genügt es, daß der Täter bei Anwendung der im Verkehr erforderlichen Sorgfalt hätte erkennen müssen, daß die von ihm verbreitete Tatsache der Wahrheit nicht entspricht.

Handelt es sich um vertrauliche Mitteilungen und hat der Mitteilende oder der Empfänger der Mitteilung an ihr ein berechtigtes Interesse, so ist der Anspruch auf Schadenersatz nur zulässig, wenn die Tatsachen der Wahrheit zuwider behauptet oder verbreitet sind. Der Anspruch auf Schadenersatz kann nur geltend gemacht werden, wenn der Mitteilende die Unrichtigkeit der Tatsachen kannte oder kennen mußte (§ 2 Abs. 2 des Gesetzes über den unlauteren Wettbewerb vom 7. Juni 1909).

Haftung für Schadenzufügung durch Angestellte des Arbeitsnachweises und Haftung durch Beamte des Arbeitsnachweises.

Gemäß § 831 BGB. ist derjenige, welcher einen anderen zu einer Verrichtung bestellt, zum Ersatz des Schadens verpflichtet,

---

[1]) Siehe Staudinger, BGB. II 2. Teil, München-Berlin 1912, § 824, 3, S. 1722, Urt. d. Reichsger. v. 16. 10. 1905 — Erg.-Bd. 61 S. 369.

den der andere in Ausführung der Verrichtung einem Dritten widerrechtlich zufügt. Die Ersatzpflicht tritt nicht ein, wenn der Geschäftsherr bei der Auswahl der bestellten Personen die im Verkehr erforderliche Sorgfalt beobachtet, oder wenn der Schaden auch bei Anwendung dieser Sorgfalt entstanden sein würde. Die Zufügung des Schadens muß in Ausführung der Verrichtung erfolgt sein; für den Schaden, der nur bei der Verrichtung oder gelegentlich der Verrichtung verursacht worden ist, haftet lediglich der Täter selbst. Nach Artikel 77 Einführungsgesetzes zum BGB. bleiben die landesgesetzlichen Vorschriften über die Haftung des Staates, der Gemeinde- und anderen Kommunalverbände, für den von ihren Beamten in Ausübung der diesen anvertrauten öffentlichen Gewalt zugefügten Schaden, sowie die landesgesetzlichen Vorschriften, welche das Recht des Geschädigten, von dem Beamten den Ersatz eines solchen Schadens zu verlangen, insoweit ausschließen, als der Staat oder Kommunalverband haftet in Kraft (vgl. Reichsgesetz vom 22. Mai 1910, Preuß. Gesetz vom 1. August 1908).

Nach § 839 hat ein Beamter, der vorsätzlich oder fahrlässig die einem Dritten gegenüber obliegende Amtspflicht verletzt, dem Dritten den daraus entstehenden Schaden zu ersetzen. Fällt dem Beamten nur Fahrlässigkeit zur Last, so kann er nur dann in Anspruch genommen werden, wenn der Verletzte nicht auf andere Weise Ersatz zu verlangen vermag (vgl. auch § 841 BGB.).

Angestellte Privatbeamte fallen nicht unter § 839 BGB.

B. Das öffentliche Recht der Stellenvermittlung.

Vorbemerkung. Das öffentliche Recht der Stellenvermittlung betrifft einmal die gewerbliche Seite der Stellenvermittlung, welche im Stellenvermittlergesetz vom 2. Juni 1910, für Stellenvermittler, die ihr Gewerbe vor dem Inkrafttreten dieses Gesetzes, dem 1. Oktober 1910, eröffnet haben, in der Gewerbeordnung § 53 in der Fassung der Novelle vom 30. Juni 1900 geregelt ist. Die Regelung der nicht gewerblichen Stellenvermittlung ist durch § 15 des StVG. in die Hände der Landeszentralbehörden gelegt. Dementsprechend sind Verordnungen der einzelnen Landeszentralbehörden ergangen, die sowohl die öffentlichen, wie die sonstigen gemeinnützigen und Interessentenarbeitsnachweise betreffen.

Allgemein geregelt ist ferner durch im wesentlichen übereinstimmende Verordnungen des Bundesstaates die Meldepflicht an das Kaiserliche Statistische Amt für statistische Zwecke und die Meldepflicht an den Arbeitsmarktanzeiger zum Zwecke des Ausgleichs der nicht erledigten Aufträge auf Grund

Durch die Einzelstaaten, in Preußen durch das Wanderarbeitsstättengesetz vom 29. Juni 1907 ist der Arbeitsnachweis für wandernde Arbeiter besonders geregelt

Besonders behandelt werden sodann die Reichszentrale der Arbeitsnachweise, die deutsche Arbeiterzentrale, die Arbeitsnachweisverbände einschließlich der Zentralauskunftsstellen, die Vereinsnachweise, die Arbeitsnachweise der Arbeitgeber- und Arbeiterverbände, die paritätischen und die kommunalen Arbeitsnachweise.

Zum Schluß werden die strafrechtlichen Bestimmungen berührt.

I. Das Recht der gewerbsmäßigen Stellenvermittlung.

1. Das Stellenvermittlergesetz vom 2. Juni 1910.

Wir Wilhelm, von Gottes Gnaden Deutscher Kaiser, König von Preußen usw. verordnen im Namen des Reichs, nach erfolgter Zustimmung des Bundesrats und des Reichstags, was folgt:

§ 1. Stellenvermittler im Sinne dieses Gesetzes ist, wer gewerbsmäßig

1. die Vermittlung eines Vertrages über eine Stelle betreibt,
2. Gelegenheit zur Erlangung einer Stelle nachweist und sich zu diesem Zwecke mit Arbeitgebern oder Arbeitnehmern in besondere Beziehungen setzt.

§ 2. Wer das Gewerbe eines Stellenvermittlers betreiben will, bedarf dazu einer Erlaubnis der von der Landeszentralbehörde bezeichneten Behörde.

Die Erlaubnis ist zu versagen, wenn

1. Tatsachen vorliegen, welche die Unzuverlässigkeit des Nachsuchenden in bezug auf den beabsichtigten Gewerbebetrieb oder auf seine persönlichen Verhältnisse dartun,
2. ein Bedürfnis nach Stellenvermittlern nicht vorliegt. Ein Bedürfnis ist insbesondere nicht anzuerkennen, soweit für den Ort oder den wirtschaftlichen Bezirk ein öffentlicher gemeinnütziger Arbeitsnachweis in ausreichendem Umfang besteht.

Bei der Erteilung der Erlaubnis sind die Berufe zu bezeichnen, in denen die Vermittlung von Stellen stattfinden darf.

§ 3. Wer das Gewerbe eines Stellenvermittlers betreibt, darf Gastwirtschaft, Schankwirtschaft, Kleinhandel mit geistigen Getränken, gewerbsmäßige Vermietung von Wohn- oder Schlafstellen, Handel mit Kleidungs-, Gebrauchs-,

Genuß- oder Verzehrungsgegenständen oder mit Lotterielosen, das Barbier- oder das Friseurgewerbe, das Geschäft eines Geldwechslers, Pfandleihers oder Pfandvermittlers weder selbst noch durch andere betrieben.

Der Stellenvermittler darf mit anderen Gewerbetreibenden der im Abs. 1 bezeichneten Art nicht so in Geschäftsverbindung treten, daß er sich für die Ausübung seiner Tätigkeit von ihnen Vergütungen irgendwelcher Art gewähren oder versprechen läßt. Diese Vorschrift gilt nicht, wenn die Tätigkeit des Stellenvermittlers für den eigenen Betrieb des Gewerbetreibenden in Anspruch genommen wird.

Wer das Gewerbe eines Stellenvermittlers betreibt, darf diese Tätigkeit nicht zu Anpreisungen für andere eigene oder fremde Gewerbebetriebe benutzen.

Der Stellenvermittler darf den Stellensuchenden nicht verpflichten oder anhalten, aus seinem oder einem von ihm bezeichneten Gewerbebetrieb oder Handelsgeschäfte Waren zu entnehmen.

Der Stellenvermittler darf zu dem Arbeitgeber in keinem Dienst- oder Abhängigkeitsverhältnisse stehen.

§ 4. Verträge, durch die sich ein Arbeitnehmer oder Arbeitgeber verpflichtet oder verpflichtet hat, sich auch in späteren Fällen der Mitwirkung eines bestimmten gewerbsmäßigen Stellenvermittlers zu bedienen, sind nichtig.

§ 5. Für die den Stellenvermittlern zukommenden Gebühren werden von der Landeszentralbehörde oder den von ihr bezeichneten Behörden nach Anhören des Trägers des öffentlichen Arbeitsnachweises, von Vertretern der Stellenvermittler, der Arbeitgeber und Arbeitnehmer Taxen festgesetzt.

Eine Gebühr darf nur erhoben werden, wenn der Vertrag infolge der Tätigkeit des Vermittlers zustande kommt. Haben beide Teile diese Tätigkeit in Anspruch genommen, so ist die Gebühr von dem Arbeitgeber und dem Arbeitnehmer je zur Hälfte zu zahlen; eine entgegenstehende Vereinbarung zu Ungunsten des Arbeitnehmers ist nichtig.

Neben den Gebühren dürfen Vergütungen anderer Art nicht erhoben werden. Die Erstattung barer Auslagen darf nur insoweit gefordert werden, als sie auf Verlangen und nach Vereinbarung mit dem Auftraggeber verwendet und als notwendig hinreichend nachgewiesen sind.

Die Stellenvermittler sind verpflichtet, dem Stellensuchenden vor Abschluß des Vermittlungsgeschäfts die für ihn zur Anwendung kommende Taxe mitzuteilen. Die Taxe ist in den Geschäftsräumen an einer in die Augen fallenden Stelle anzuschlagen.

Die Vorschriften des Abs. 2 gelten nicht für die Herausgabe von Stellen- und Vakanzenlisten.

§ 6. Die Stellenvermittler dürfen Dienstbücher (Gesindebücher), Arbeitsbücher, Zeugnisse, Ausweispapiere und sonstige Gegenstände, die aus Anlaß der Stellenvermittlung in ihren Besitz gelangt sind, gegen den Willen des Eigentümers nicht zurückbehalten, insbesondere an solchen Gegenständen ein Zurückbehaltungs- oder Pfandrecht nicht ausüben.

§ 7. Stellenvermittler, welche für weibliche Personen Stellen im Ausland vermitteln, haben der für ihren Gewerbebetrieb zuständigen Polizeibehörde ein

Verzeichnis der Namen dieser Personen und der ihnen vermittelten Stellen nach näherer Anordnung regelmäßig vorzulegen.

§ 8. Die Landeszentralbehörde kann weitere Bestimmungen über den Umfang der Befugnisse und Verpflichtungen sowie über den Geschäftsbetrieb der Stellenvermittler erlassen.

§ 9. Die Erlaubnis zum Gewerbebetriebe des Stellenvermittlers ist zurückzunehmen, wenn sich aus Handlungen oder Unterlassungen des Stellenvermittlers dessen Unzuverlässigkeit in bezug auf den Gewerbebetrieb oder seine persönlichen Verhältnisse ergibt.

Unter der gleichen Voraussetzung ist der Gewerbebetrieb Stellenvermittlern, die ihn vor dem 1. Oktober 1900 begonnen haben, zu untersagen. Die Untersagung wirkt für das ganze Gebiet des Reichs.

Die Unzuverlässigkeit ist stets anzunehmen, wenn der Stellenvermittler wiederholt bestraft ist, weil er die festgesetzte Gebührentaxe überschritten oder sich außer den taxmäßigen Gebühren Vergütungen anderer Art von dem Arbeitnehmer oder dem Arbeitgeber hat gewähren oder versprechen lassen, oder weil er dem Verbote der § 3, § 12 Abs. 1 Ziff. 5 zuwider gehandelt hat. Der Träger des öffenllichen Arbeitsnachweises ist berechtigt, selbständig Antrag auf Entziehung der Erlaubnis zu stellen.

§ 10. Der Bescheid, durch den die Erlaubnis versagt oder zurückgenommen oder der Gewerbebetrieb untersagt wird, kann im Wege des Verwaltungsstreitverfahrens angefochten werden; wo ein solches nicht besteht, gelten die §§ 20, 21 der Gewerbeordnung.

§ 11. Ein Abdruck dieses Gesetzes muß auf jedem deutschen Kauffahrteischiff im Volkslogis zur jederzeitigen Einsicht der Schiffsleute vorhanden sein.

§ 12. Mit Geldstrafe bis zu sechshundert Mark oder mit Haft wird bestraft ein Stellenvermittler, der

1. den Gewerbebetrieb ohne die vorgeschriebene Erlaubnis unternimmt oder fortsetzt,
2. einen nach § 3 Abs. 1 ihm verbotenen Gewerbebetrieb unternimmt oder fortsetzt, oder der sich von Gewerbetreibenden der dort bezeichneten Art für die Ausübung seiner Tätigkeit verbotene Vergütungen irgendwelcher Art gewähren oder versprechen läßt,
3. seine Tätigkeit zu Anpreisungen für eigene der fremde Gewerbebetriebe benutzt, oder den Stellensuchenden verpflichtet oder anhält, aus seinem oder einem von ihm bezeichneten Gewerbebetrieb oder Handelsgeschäfte Waren zu entnehmen,
4. die amtlich festgesetzte Taxe überschreitet, oder sich außer den taxmäßigen Gebühren Vergütungen anderer Art von dem Arbeitnehmer oder dem Arbeitgeber gewähren oder versprechen läßt (§ 5 Abs. 1 bis 3),
5. es unternimmt, einen Arbeitnehmer zum Bruche eines eingegangenen Arbeitsvertrags zu verleiten.

Die gleiche Strafe trifft Gewerbetreibende der im § 3 Abs. 1 bezeichneten Art, die es unternehmen, einen Stellenvermittler durch Gewährung oder Versprechung von Vergütungen irgendwelcher Art zu einer den Interessen des Arbeitnehmers widerstreitenden Ausübung der Vermittlertätigkeit zu bestimmen

War der Täter wegen der im Abs. 1, 2 bezeichneten Zuwiderhandlungen rechtskräftig verurteilt worden und begeht er innerhalb fünf Jahren wiederum eine solche Zuwiderhandlung, so wird er mit Geldstrafe von einhundert bis sechshundert Mark oder mit Haft bestraft.

§ 13. Mit Geldstrafe bis zu einhundertfünfzig Mark oder mit Haft wird bestraft:

1. ein Stellenvermittler, der den Vorschriften des § 5 Abs. 4, der §§ 6, 7 oder den im § 8 bezeichneten Bestimmungen zuwiderhandelt,
2. ein Stellenvermittler oder ein Gewerbetreibender der im § 3 Abs. 1 bezeichneten Art, der im Inland den von einer zuständigen Behörde erlassenen Bestimmungen zur Verhinderung des vorzeitigen Betretens einlaufender Schiffe und des Anbordbringens von geistigen Getränken zuwiderhandelt,
3. ein Kapitän, der im Inland den Bestimmungen einer zuständigen Behörde, im Ausland den Anordnungen eines Seemannsamts zuwider Stellenvermittler oder Gewerbetreibende der im § 3 Abs. 1 bezeichneten Art an Bord läßt oder an Bord duldet,
4. ein Kapitän, der es unterläßt, dafür zu sorgen, daß ein Abdruck dieses Gesetzes im Volkslogis zugänglich ist (§ 11).

In den Fällen des Abs. 1 Nr. 3, 4 sind im Ausland für die Festsetzung der Strafe und für das weitere Verfahren die Vorschriften der §§ 5, 122 bis 125 der Seemannsordnung anzuwenden.

§ 14. Auf den Gewerbebetrieb des Stellenvermittlers finden die Vorschriften der Gewerbeordnung insoweit Anwendung, als nicht in diesem Gesetze besondere Bestimmungen getroffen sind.

§ 15. Die Landeszentralbehörde kann bestimmen, inwieweit die Vorschriften der §§ 3, 5 auf nicht gewerbsmäßig betriebene Stellen- oder Arbeitsnachweise anzuwenden sind, und weitere Bestimmungen über den Umfang der Befugnisse und Verpflichtungen sowie über den Betrieb dieser Nachweise erlassen.

§ 16. Mit Geldstrafe bis zu einhundertfünfzig Mark oder mit Haft werden Leiter oder Angestellte eines nicht gewerbsmäßigen Stellen- oder Arbeitsnachweises bestraft, welche den auf Grund des § 15 getroffenen Bestimmungen zuwiderhandeln.

§ 17. Sind innerhalb zweier Jahre wiederholt Leiter oder Angestellte eines nicht gewerbsmäßigen Stellen- oder Arbeitsnachweises wegen Übertretung nach § 16 rechtskräftig verurteilt, so können die Landeszentralbehörde oder die von ihr bezeichneten Behörden den Betrieb untersagen. § 10 gilt entsprechend.

§ 18. Wer den Betrieb nach der Untersagung fortsetzt oder ohne Erlaubnis der untersagenden Behörde wieder aufnimmt, wird mit Geldstrafe bis zu sechshundert Mark oder mit Haft bestraft.

§ 19. Dieses Gesetz tritt am 1. Oktober 1910 in Kraft. Gleichzeitig treten außer Kraft:

das Gesetz, betreffend die Stellenvermittlung für Schiffsleute, vom 2. Juni 1902 (RGBl. 215), die auf die Gesindevermieter und Stellenvermittler bezüglichen Vorschriften der §§ 34, 38, 53, 75a, § 148 Ziff. 8, § 149 Ziff. 7a der Gewerbeordnung.

2. Begriff der gewerbsmäßigen Stellenvermittlung.

Als gewerbsmäßig ist anzusehen eine solche Vermittlungstätigkeit, welche den Entschluß erkennen läßt, dieselben gewerblichen Handlungen zum Zwecke der Gewinnerzielung zu wiederholen (KGE. v. 17. 10. 81, KGJ. 3281; v. 3. 2. 90, KGJ. 10188; v. 16. 4. 91, KGJ. 10188; v. 16. 4. 91, KGJ. 11244; v. 13. 7. 91, KGJ. 12193; v. 12. 11. 94, KGJ.16316; RGE. v. 30. 9.92; RG. 7.39. 137; vgl. OLG. Dresden, E. v. 14. 7. 09, Gew.-Arch. 9, 585).

Nicht jede Zahlung eines Entgelts, einer Gebühr begründet die Gewinnabsicht und damit die Gewerbsmäßigkeit, wenn die Erhebung der Gebühr nur zur Deckung der Unkosten dient. Die Gewerbsmäßigkeit ist aber nicht ausgeschlossen, wenn der Gewinn für gemeinnützige Zwecke bestimmt ist, man sollte aber trotz der vielfach notwendigen Bekämpfung der gewerbsmäßigen Stellenvermittlung nicht engherzig zuungunsten der Gewerbsmäßigkeit auslegen, wenn nur die Möglichkeit der Annahme des Erwerbszweckes gegeben ist.

3. Eröffnung des Gewerbebetriebes eines Stellenvermittlers.

In Preußen entscheidet über Anträge auf Erteilung der Erlaubnis zum Gewerbebetrieb der Stellenvermittler der Kreis-(Stadt)ausschuß nach Antrag der Ortspolizei, und zwar darf im Falle des Widerspruchs dieser die Genehmigung nur nach mündlicher Verhandlung erteilt werden. In den zu einem Landkreise gehörenden Städten mit mehr als 10000 Einwohnern tritt der Magistrat (kollegialische Gemeindevorstand) an die Stelle des Kreisausschusses. Über Anträge auf Erteilung der Erlaubnis eines Stellenvermittlers für Bühnenangehörige beschließt der Bezirksausschuß im Landespolizeibezirk Berlin der Polizeipräsident (V. zur Ausführung des Stellenvermittlergesetzes v. 25. 6. 1910 (GS. 155²)). In Bayern entscheidet die Distriktspolizeibehörde (Bekanntmachung, Stellenvermittler betr. v. 6. 10. 1910 (GVBl.924) und Königl. VO., Vollzug des Stellenvermittlergesetzes betr. v. 5. 10. 1910 (GVBl. 923); in Württemberg der Bezirksrat (nach Anhörung der gemeindlichen Arbeitsämter oder Wanderarbeitsstätten), Verfügung des Min. d. J. v. 7. 9. 1911 (RegBl. 467); in Baden der Bezirksrat nach Anhörung des öffentlichen gemeinnützigen Arbeitsnachweises, VO. v. 13. 9. 1910 (GVBl. 511); in Hessen der Kreisausschuß (Bekanntmachung v. 2. 9. 1910, RegBl. 179); in Elsaß-Lothringen der Kreisdirektor; in Straßburg und Metz die staatliche Polizeiverwaltung (Anweisung v. 9. 9. 1910, Zentr.-Bezirksamtsblatt 207).

Gemäß § 14 GO. hat der Stellenvermittler den Beginn seines Gewerbebetriebes gleichzeitig mit der Eröffnung des Betriebes der zuständigen Polizeibehörde anzuzeigen. Nach den Preuß. Vorschriften vom 16., 17., 18. August 1910 ist die Verlegung der Geschäftsräume und jede auch nur vorübergehende Einstellung des Geschäftsbetriebes binnen 3 Tagen der Ortspolizeibehörde anzuzeigen. Auch sind sie nach ebendiesen Vorschriften verpflichtet, ihren Familiennamen und mindestens einen ausgeschriebenen Vornamen mit dem Zusatze: „gewerbsmäßiger Stellenvermittler" an der Straßenseite des Hauses und am Eingang zu den Geschäftsräumen anzubringen. Außerdem dürfen nur noch die Berufe der zu vermittelnden Personen angegeben werden. Anzeigen in Zeitungen, Anschlägen, Reklamen sind mit genauer Angabe des Geschäftslokals, Vor- und Zunamen und der oben angegebenen Bezeichnung ohne Abkürzungen zu versehen. Alle marktschreierischen Angaben sind verboten[1]), ebenso jede Verteilung von Reklamezetteln auf öffentlichen Straßen u. dgl.[2]) [3]).

4. Gewerbsmäßigkeit.

Gewerbsmäßig ist jede gleichmäßig fortgesetzte, auf Gewinn gerichtete Tätigkeit. Nicht jede geschäftsmäßige, d. h. gleichmäßig in der Absicht fortgesetzte Tätigkeit, damit einen wirtschaftlichen Zweck zu erfüllen, ist gewerbsmäßig. Desgleichen nicht jede entgeltliche Tätigkeit, sofern Entgelt ohne Gewinnabsicht, nur zum Zwecke der Deckung der Aufwendungen erhoben wird. Andererseits ist die Gewerbsmäßigkeit nicht ausgeschlossen, wenn der Gewinn zu

[1]) Vgl. die Ausführungsverordnungen der übrigen Bundesstaaten, welche im wesentlichen mit der Preußischen übereinstimmen.

[2]) Wegen des Geschäftsbetriebes durch eine Ehefrau vgl. GO. § 11a.

[3]) Streitig ist, ob juristische Personen die Erteilung der Erlaubnis zum Gewerbebetriebe eines Stellenvermittlers erteilt werden kann; s. Szczcsny, Anm. 1 zu § 2 S. 30.

gemeinnützigen oder zu öffentlichen Zwecken verwendet wird. Daher kann auch eine vom Staat oder der Gemeinde unterhaltene Stellenvermittlung unter Umständen gewerbsmäßig sein, doch machen gelegentliche, nicht von vornherein beabsichtigte Überschüsse einen gemeinnützigen oder öffentlichen Betrieb noch nicht zu einem gewerbsmäßigen, ebensowenig wie ein verlustreicher Jahresabschluß eines gewerbsmäßigen Betriebes seinen gewerbsmäßigen Charakter aufhebt (so Szczesny, Anm. 3 zu § 2, S. 27).

Gemeinnützige Arbeitsnachweise sind solche, mit denen nur öffentlich als erstrebenswert anerkannte Zwecke verfolgt werden, so die richtige Verteilung der Arbeitskräfte, die Bekämpfung der Arbeitslosigkeit, die Verminderung von Armenlasten, die sittliche Hebung von Personen, die zum Müßiggang neigen u. a., nicht aber Interessentenarbeitsnachweise, d. h. von Arbeitgebern oder Arbeitern unterhaltene Arbeitsnachweise, mit denen nur die Vorteile einer Gruppe auf Kosten einer anderen oder die Bekämpfung einer anderen Gruppe verfolgt werden. Damit steht die Begründung zu § 12 des Entwurfs des Stellenvermittlergesetzes (§ 15 des Gesetzes) in Einklang, welche von den öffentlich gemeinnützigen Arbeitsnachweisen eine Bekämpfung der Mißstände einseitiger Arbeitgeber- oder Arbeiterarbeitsnachweise erwartet. Ganz ausgeschlossen ist aber nicht, daß von diesen Interessentengruppen unterhaltene Nachweise lediglich gemeinnützige Zwecke anstreben, z. B. die Gemeinnützige kaufmännische Stellenvermittlung. Die fürsorgliche karitative Vermittlung kann eine gemeinnützige sein, während andererseits eine gemeinnützige Vermittlung nicht ohne weiteres eine fürsorgliche ist. Die fürsorgliche Vermittlung soll nur bedürftigen Personen zugute kommen und sie will diesen eine Wohltat erweisen ohne Rücksicht darauf, ob die Allgemeinheit davon einen Nutzen hat.

5. Versagung der Erlaubnis zum Gewerbebetriebe.

Das Gesetz kennt zwei Gründe der Versagung: 1. Unzuverlässigkeit des Vermittlers, 2. Mangel des Bedürfnisses nach Stellenvermittlern.

Zu 1. Unzuverlässig sind z. B. Personen, die wegen Diebstahl, Hehlerei, Betrug, Urkundenfälschung, Kuppelei, Meineid bestraft sind, ohne daß die strafbare Handlung sich auf den Gewerbebetrieb als Stellenvermittler bezogen zu haben braucht (s. Begründung zum Entw. d. Ges. v. 30. 3. 1900, Art. 3, RT.X. LP. 1.Sess. 1898/99, Drucks. 14 Nr. 165).

Zu 2. Der Antragsteller muß dartun, daß ein Bedürfnis vorliegt[1]). Wenn für den Ort oder wirtschaftlichen Bezirk ein ausreichender öffentlich-gemeinnütziger Arbeitsnachweis vorhanden ist, so ist das Bedürfnis zu verneinen[2]). Der Arbeitsnachweis muß für die in Frage kommende Art von Arbeitern ausreichend sein[3]). Der Bezirk kann für verschiedene Berufe verschieden sein. Bisweilen ist der Bezirk überhaupt nicht abzugrenzen, z. B. bei internationalen Berufen, Kellnern, Bonnen, Bühnenangehörigen[4]).

6. Zurücknahme der Erlaubnis zum Gewerbebetriebe, Untersagung des Gewerbebetriebes.

Die Handlungen und Unterlassungen, welche die Unzuverlässigkeit in bezug auf den Gewerbebetrieb begründen, brauchen nicht gerade in dem Gewerbebetrieb vorgekommen zu sein. Als solche Handlungen sind u. a. anzusehen Verstöße gegen § 3 StVG., auch schwerere Übertretung der auf Grund des § 38 GO. oder der §§ 5 und 8 StVG. erlassenen Bestimmungen[5]), z. B. eine beharrliche Außerachtlassung der Kontrollvorschriften, die unterlassene oder nicht ordnungsmäßig vorgenommene Führung des Geschäftsbuches, sei es, daß sie aus bösem Willen oder mangelnder Befähigung erfolgte[6]). Als Beispiele strafbarer Handlungen, welche die Unzuverlässigkeit begründen, seien angeführt: schwere Urkundenfälschung, Betrug, Meineid. Als Fälle von Unzuverlässigkeit seien ferner angeführt: Mißbrauch des Geschäftsbetriebes zur Förderung unsittlicher Gespräche oder zu außerordentlichem Geschlechtsverkehr durch Gesindevermittler, Verdingung minderjähriger Mädchen an ausländische Schaubudenbesitzer ohne Genehmigung der Eltern, Unterschlagung von Reisegeldern, die der Vermittler dem Arbeitsuchenden aushändigen sollte, bewußte Verwendung unzuverlässiger Hilfspersonen oder Stellvertreter, Unterlassen von Bemühungen

---

[1]) Szczesny, § 2 Anm. 7 S. 37. Dagegen Neukamp, § 2 Anm. 4 S. 11. Fischer, § 2 Anm. 7, II.

[2]) Vgl. Ludwig, Der gewerbsmäßige Arbeitsnachweis S. 164.

[3]) Vgl. Ludwig, a. a. O. 165.

[4]) Szczesny, § 2 Anm. 6 S. 36.

[5]) So Szczesny, § 9 Anm. 2.

[6]) Entsch. des Bayr. VerwGerichtsH. v. 19. 6. 01, Gew.-Archiv III 56.

zum Zwecke der Vermittlung, ungesetzliche Vereinbarungen über die Verteilung der Vermittlungsgebühr.

7. Öffentliche Arbeitsnachweise.

Als öffentliche Arbeitsnachweise sind nur solche anzusehen, die von einer öffentlichen Korporation unterhalten werden. Gemeinnützige Arbeitsnachweise, die nur von einer öffentlichen Korporation unterstützt werden, sind nicht öffentliche. Vgl. Preuß. Verf. des Min. f. Handel u. Gew. v. 9. 8. 1910 (HMBl. 402), Ziff. 1; Kgl. Sächs. VO. zur Ausf. d. StVG. v. 27. 8. 1910 (GVBl. 215) § 2. Öffentliche Arbeitsnachweise können auf einem Tarifvertrage[1]) beruhen, doch sind tarifliche Arbeitsnachweise nicht ohne weiteres öffentliche (vgl. dazu Szczesny, §2 Anm. 7 S. 41). Der Sprechmeister einer Innung ist selbständiger Gewerbetreibender, wenn er die Stellenvermittlung auf seinen Namen und unter seiner Verantwortlichkeit ausübt, auch dann, wenn dies auf Rechnung der Innung geschieht (Hoffmann, StVG. S. 24; E. d. GK. v. 17. 3. 1904, GewArch. 3, 585; Szczesny, § 2 Anm. 7 S. 39.)

8. Beschränkungen der Gewerbefreiheit bei Ausübung des Stellenvermittlergewerbes.

Die öffentlichen rechtlichen Beschränkungen der Ausübung des Stellenvermittlergewerbes sind in §§ 3c, § 7 des StVG. angegeben.

Außerdem unterliegen die Stellenvermittler den bereits unter II A angeführten Beschränkungen der Vertragsfreiheit gemäß §§ 4—6 StVG.

Darüber hinaus kann die Landespolizeibehörde weitere Bestimmungen über den Umfang der Befugnisse und Verpflichtungen sowie über den Geschäftsbetrieb der Stellenvermittler erlassen.

§ 3 Abs. 1. Wer das Gewerbe eines Stellenvermittlers betreibt (gewerbsmäßig!), darf Gastwirtschaft, Schankwirtschaft, Kleinhandel mit geistigen Getränken (d. h. Verkauf über die Straße),

---

[1]) Tarifverträge sind Verträge zwischen Arbeitgeber oder Arbeitgebergesamtheiten mit Arbeitergesamtheiten, welche bezwecken, den gewerblichen Frieden durch Festlegung von Bedingungen für die abzuschließenden Arbeitsverträge aufrecht zu erhalten. Näheres s. Wölbling, Der Akkordvertrag und der Tarifvertrag, Berlin 1908 (J. Guttentag) S. 272 ff. Hugo Sinzheimer, Ein Arbeitstarifgesetz, München-Leipzig 1916 S. 39. Derselbe, Der korporative Arbeitsnormenvertrag, Bd. I S. 1 ff., auch Wölbling, Die gesetzliche Regelung des Tarifvertrages. Archiv für Sozialwissenschaft und Sozialpolitik Bd. XXIX S. 483. Derselbe, Soz. Praxis XVIII S. 372.

gewerbsmäßige Vermittlung von Wohn- oder Schlafstellen, Handel mit Kleidungs-, Gebrauchs-, Genuß-[1]) oder Verzehrungsgegenständen oder mit Lotterielosen, das Barbier- oder das Friseurgewerbe, das Geschäft eines Geldvermittlers, Pfandleihers oder Pfandvermittlers weder selbst noch durch andere betreiben. Zu den Kleidungs- und Gebrauchsgegenständen gehören auch die in dem nicht mehr geltenden Gesetz, betr. die Vermittlung der Schiffsleute, vom 2. Juni 1902 besonders aufgeführten Ausrüstungsgegenstände für Schiffsleute. Verboten ist der Betrieb des Nebengewerbes durch Stellvertreter, Angehörige oder Hausgenossen, auch wenn er formell für deren eigene Rechnung erfolgt (so Szczesny, § 3 Anm. 6 S. 47).

§ 3 Abs. 5. Der Stellenvermittler darf zu dem Arbeitgeber in keinem Dienst-[2]) oder Abhängigkeitsverhältnis stehen. Nach Ziff. 12 der Vorschriften vom 17. August 1910 ist es den Stellenvermittlern für Bühnenangehörige untersagt.

a) Unternehmungen der in Ziffer 1 dieser Vorschriften bezeichneten Art zu betreiben, an solchen Unternehmungen sich geschäftlich zu beteiligen, den Unternehmern Darlehne zu gewähren, mit ihnen besondere auf Geschäftsbesorgung gerichtete Verträge als Impressarien, Soloagenten usw. einzugehen, sowie in irgendeiner anderen Art mit ihnen in vertragliche Verbindung zu treten, die eine unparteiische Stellenvermittlung in Frage stellt;

b) die Tätigkeit eines Schauspielers oder eines sonstigen Angehörigen der in Ziffer 1 bezeichneten Gewerbe auszuüben, sich an einer solchen Tätigkeit geschäftlich zu beteiligen oder mit Bühnenangehörigen in der unter a bezeichneten Art in Verbindung zu treten;

c) Bühnenwerke zu verlegen oder eine auf die Ausführung solcher Werke abzielende Tätigkeit auszuüben;

d) Fachschulen, welche die Vorbereitung für die in Ziffer 1 bezeichneten Berufe bezwecken, zu betreiben, oder sich an dem Betriebe solcher zu beteiligen;

---

[1]) S. Szczesny § 3 Anm. 1 S. 46. Z. B. Zigarren und Tabak.

[2]) Nicht in einem Werkvertragsverhältnis, dagegen Fischer, § 2 Anm. 24 S. 129.

e) mit auswärtigen Stellenvermittlungen, die von den Regierungspräsidenten (im Landespolizeibezirke Berlin von dem Polizeipräsidenten) als unzuverlässig bezeichnet sind, in Verbindung treten;

f) Verträge zu vermitteln, in denen der Bühnenleiter die den Bühnenangehörigen versprochene Gage von vornherein durch bestimmte Abzüge (Rabatt, Prozentabzüge, Regiespesen usw.) kürzt. Hiervon werden etwaige Festsetzungen von Abzügen für Tage, an denen der Bühnenangehörige nicht auftritt, nicht berührt;

g) mit Bühnenleitern in geschäftliche Beziehungen zu treten, von denen sie wissen oder den Umständen nach annehmen müssen, daß sie Kürzungen des Gagenbetrages in der Absicht vornehmen, aus diesen Abzügen die ihnen zur Last fallenden Vermittlungsgebühren zu bestreiten.

Den Stellenvermittlern ist jede Vermittlungstätigkeit für eine Person, der sie eine die Erwerbstätigkeit des Arbeitnehmers vollständig in Anspruch nehmende Stellung vermittelt haben, verboten, solange nicht der erste für das bestehende Arbeits- oder Dienstverhältnis maßgebende Kündigungstermin verstrichen ist; es sei denn, daß von dieser Person offenbar ein gesetzlicher Grund des vorzeitigen Verlassens der Stellung nachgewiesen wird[1]).

Den Stellenvermittlern ist jede Einwirkung auf Arbeitnehmer dahin, daß diese ihre Stellung mit einer anderen vertauschen, sowie jede Einwirkung auf Arbeitgeber wegen Entlassung von Arbeitnehmern untersagt[2]).

Arbeitgeber und Arbeitnehmer, die eine Vermittlungstätigkeit des Stellenvermittlers nicht in Anspruch nehmen oder ablehnen oder sich weigern, die für die Vermittlung oder für die Eintragungen in das Geschäftsbuch erforderlichen Angaben zu machen, sind unverzüglich aus den Geschäftsräumen zu entfernen. Für die von solchen Personen unmittelbar abgeschlossenen Dienstverträge darf weder ein Ausweis erteilt noch eine Gebühr erhoben werden[2]).

---

[1]) Preuß. Vorschrift v. 16. 8. 10 Ziff. 11.

[2]) Mit Geldstrafe bis zu 600 M. oder Haft wird bestraft, wer es unternimmt, einen Arbeiter zum Bruche eines eingegangenen Arbeitsvertrages zu verleiten § 12 Ziff. 5 StVG.

9. Geschäftsräume des Stellenvermittlers.

Die Gewerbetätigkeit des Stellenvermittlers ist grundsätzlich an einen Geschäftsraum gebunden. In Preußen, Bayern und Sachsen, auch Reuß, ist vorgeschrieben, daß nicht die Wahl des ersten Geschäftsraumes, sondern auch der Wechsel des Geschäftsraumes anzuzeigen ist. Nach Ziff. 15 der Preuß. Vorschriften vom 16. August 1910 darf der Geschäftsbetrieb nicht in Räumen stattfinden, in denen ein anderes Gewerbe ausgeübt wird, auch darf der Zugang zu den Geschäftsräumen nicht durch Räume erfolgen, in denen ein anderes Gewerbe ausgeübt wird. Ferner kann die Ortspolizei den Geschäftsbetrieb in Häusern verbieten, in denen oder in deren unmittelbarer Nähe sich eine Gast- oder Schankwirtschaft oder eine Kleinhandlung mit geistigen Getränken befindet. Den Polizeibeamten ist zwecks Prüfung des Geschäftsbetriebes jederzeit Zutritt zu den Geschäftsräumen zu gewähren.

Am Eingange zu den Geschäftsräumen hat der Stellenvermittler nach preußischer Vorschrift[1]) seinen Familiennamen und wenigstens einen ausgeschriebenen Vornamen mit dem Zusatze „gewerbsmäßiger Stellenvermittler" anzubringen (vgl. Ziff. 6 der Preuß. Vorschriften über den Geschäftsbetrieb der gewerbsmäßigen Stellenvermittler für Bühnenangehörige vom 17. August 1910). In allen Anzeigen von Zeitungen, Anschlägen, Reklamen ist das Geschäftslokal genau anzugeben (Preuß. Vorschr. vom 16. August 1910 Ziff. 7. Ein Abdruck des Stellenvermittlergesetzes, der Ausführungsvorschriften und der Gebührentaxe ist in den Geschäftsräumen auszuhängen.

Dem Stellenvermittler ist das gewerbsmäßige Vermieten von Wohn- und Schlafstellen verboten. Es ist ihm aber nicht untersagt, unentgeltlich oder gegen Erstattung seiner Auslagen Stellensuchende bei sich aufzunehmen, wofür auf dem Lande und in kleineren Städten ein gewisses Bedürfnis besteht.

10. Führung von Geschäftsbüchern durch gewerbsmäßige Stellenvermittler. Sonstige Beurkundungen.

Durch die auf Grund von § 8 StVG. erlassenen Ausführungsvorschriften der Bundesstaaten wird den Stellenvermittlern eine

[1]) Preuß. Vorschrift v. 16. 8. 10 Ziff. 12.

Geschäftsbuch. Muster A.

Lfd. Nr.	Tag des Vertragsschlusses	Des Arbeitgebers: Zu- und Vorname.	Des Arbeitgebers: Stand.	Des Arbeitgebers: Wohnort, Straße, Nr.	Des Arbeitnehmers: Zu- und Vorname.	Des Arbeitnehmers: Bisherige Beschäftigung	Des Arbeitnehmers: Familienstand	Des Arbeitnehmers: Lebensalter.	Des Arbeitnehmers: Wohnort oder Aufenthaltsort, Straße, Nr.	Angabe der Behörde, die das Arbeitsbuch oder Gesindebuch ausgestellt hat. — Tag der Ausstellung.	Nummer des Ausweises für a) den Arbeitgeber; b) den Arbeitnehmer.
1.	2.	3.	4.	5	6	7.	8.	9.	10	11.	12.

Vertragsbedingungen: a) Art der vermittelten Stelle; b) Zahl der im Haush. befindl. Pers. — nur beim Gesinde auszufüllen —.	Vertragsbedingungen: Tägliche Arbeitszeit — beim Gesinde nicht auszufüllen —.	Vertragsbedingungen: Zeitpunkt, zu dem der Dienstantritt erfolgen soll.	Vertragsbedingungen: Vereinbarte Geldvergütung	Vertragsbedingungen: Angabe der Zeit, für die der Dienstvertrag geschlossen ist.	Vertragsbedingungen: Sonstige Vertragsbedingungen	Vertragsbedingungen: Kündigungsfrist	Vom Arbeitgeber gezahlte: Gebühr. M.	Vom Arbeitgeber gezahlte: bare Auslag. M	Vom Arbeitgeber gezahlte: Tag der Zahlung.	Vom Arbeitnehm gez.: Gebühr. M	Vom Arbeitnehm gez.: bare Auslag M	Vom Arbeitnehm gez.: Tag der Zahlung.	Datum der Zustimmung des gesetzl. Vertreters	Bemerkungen.
13.	14.	15.	16.	17.	18.	19.	20.	21.	22.	23.	24.	25.	26.	27

Geschäftsbuch für Aufträge der Arbeitnehmer. Muster B.

Lfd. Nr.	Tag des Auftrags	Des Auftraggebers: Zu- und Vorname.	Des Auftraggebers: bisherige Beschäftigung.	Des Auftraggebers: Familienstand.	Des Auftraggebers: Alter.	Des Auftraggebers: Geburtsort.	Des Auftraggebers: Aufenthaltsort, Wohnung, (Straße, Hausnummer).	Art der gesuchten Stellung.	Zeitpunkt, zu welchem die Stellung gesucht wird.	Betrag der beanspruchten Vergütung (Lohn) (Gehalt). M	Pf	Bei nachgewiesener Stellung Nr. des Geschäftsbuchs A	Bemerkungen.
1	2	3	4	5	6	7	8	9	10	11		12.	13.

Geschäftsbuch. Muster C.

Lfd. Nr.	Tag des Vertragsschlusses.	Name und Heimathafen des Schiffes	Name und Wohnort des Reeders oder seines Vertreters.	Des Arbeitnehmers: Zu- und Vorname.	Des Arbeitnehmers: bisherige Beschäftigung: a) Art der Beschäftigung	Des Arbeitnehmers: bisherige Beschäftigung: b) Name des Schiffes sowie Gattung und Heimathafen oder Name und Wohnort des Arbeitgebers	Des Arbeitnehmers: bisherige Beschäftigung: c) Tag der Beendigung des Dienstes.	Des Arbeitnehmers: Familienstand.	Des Arbeitnehmers: Lebensalter.	Des Arbeitnehmers: Wohnort oder Aufenthaltsort. Straße. Nr.
1	2	3.	4	5.	6.			7	8	9

Angabe der Behörde, die das Seefahrtsbuch ausgestellt hat. — Tag der Ausstellung	Vertragsbedingungen: Art der vermittelten Stelle.	Vertragsbedingungen: Zeitpunkt, zu dem der Dienstantritt erfolgen soll.	Vertragsbedingungen: Betrag der vereinbarten Heuervergütung	Vertragsbedingungen: Betrag des gewährten Vorschusses.	Vertragsbedingungen: Angabe der Zeit, für die der Dienstvertrag geschlossen ist.	Vertragsbedingungen: Sonstige Vertragsbedingungen.	Vom Arbeitgeber gezahlte: Gebühr. M.	Vom Arbeitgeber gezahlte: bare Auslagen. M.	Vom Arbeitgeber gezahlte: Tag der Zahlung.	Vom Arbeitnehm. gezahlte: Gebühr. M.	Vom Arbeitnehm. gezahlte: bare Auslagen M.	Vom Arbeitnehm. gezahlte: Tag der Zahlung.	Bemerkungen.
10	11.	12	13	14.	15	16	17	18	19	20.	21	22	23.

Nr. .... (Vorderseite.) **Muster D.**

Bis zur Beendigung des Dienstverhältnisses aufzubewahren.

Ausweis.

Nummer des Geschäftsbuchs A.	Des Arbeitgebers Zu- und Vorname, Stand und Wohnung.	Des Arbeitnehmers Zu- und Vorname.	Nur beim Gesinde auszufüllen: a) Art der Dienststellung; b) Zahl der im Haushalte befindlichen Personen.	Beim Gesinde nicht auszufüllen: a) Tägliche Arbeitszeit; b) Art der Arbeit.	Zeitpunkt, zu dem der Dienstantritt erfolgen soll.	Vereinbarte Geldvergütung.	Gewährleistete Eigenschaften a) des Arbeitnehmers, b) der Stelle, c) sonstige Vertragsabreden.	Angabe der Zeit, für welche der Dienstvertrag geschlossen ist.	Kündigungsfrist.
1.	2	3	4.	5.	6	7	8	9	10.

Gebühr . . . . M. .... in Buchstaben:
Auslagen . . . „ .... „ „ :
zusammen . . M. .... in Buchstaben:
Betrag erhalten.
...................., den .... 19......

Geschäftsbuch für Aufträge der Bühnenangehörigen. **Muster A.**

(Auftragsbuch.)

Lfd. Nr.	Tag des Auftrags.	Des Bühnenangehörigen				*) Beanspruchte Vergütung (Gehalt, Spielgeld usw.).	Art der gesuchten Beschäftigung	*) Zeit, für welche Beschäftigung gesucht wird.	Nummer des Abschlußbuchs (C), unter welcher der Abschluß nachgewiesen ist.	Bemerkungen.
		Vor- und Zuname.	Bühnenname.	Geburtsort.	Aufenthaltsort.					
1	2.	3a	3b.	4	5	6.	7	8	9	10.

*) Diese Spalten sind nur dann auszufüllen, wenn von dem Auftraggeber entsprechende Angaben gemacht werden.

Geschäftsbuch für Aufträge der Bühnenleiter. **Muster B.**

(Auftragsbuch.)

Lfd. Nr.	Tag des Auftrags.	Des Bühnenleiters a) Vor- und Zuname b) Stand c) Wohnort (Straße).	Bezeichnung der Stellung, für welche der Bühnenangehörige gesucht wird.	*) Zeitpunkt, zu welchem bzw. Zeit, für welche der Bühnenangehörige gesucht wird.	*) Betrag der zugesicherten Vergütung (Gehalt, Spielgeld usw.).	Nummer des Abschlußbuchs (C), unter welcher der Abschluß nachgewiesen ist.	Bemerkungen.
1.	2	3.	4.	5.	6.	7.	8.

*) Diese Spalten sind nur dann auszufüllen, wenn von dem Auftraggeber entsprechende Angaben gemacht werden.

Geschäftsbuch für abgeschlossene Vermittlungen. Muster C.

(Abschlußbuch.)

Lfd. Nr.	Tag des Abschlusses.	Des Bühnenangehörigen				Unternehmung, für welche abgeschlossen wird.	Art der Beschäftigung.	Vereinbarte Zeit des … der Beschäftigung.		Betrag der vereinbarten Vergütung (Gehalt, Spielgeld usw.)	Vermittlungsgeb.hr (in %)	a) Von dem Bühnenangehörigen b) von dem Bühnenleiter geleistete Zahlungen.				Nummer des Auftragsbuchs A. B	Bemerkungen.
		Vor- und Zuname.	Bühnen-Name	Geburtsort.	Aufenthaltsort.			Antritts	Endes			1. Gebühr.	2. bare Auslagen.	3. Summe der Spalten 12, 13.	4. Tag der Zahlung.		
												M | Pf.	M | Pf.	M. | Pf			
1	2.	3a.	3b	4	5.	6.	7.	8.	9.	10.	11.	12	13.	14	15.	16	17.

Geschäftsbuch. Muster A.

Lfd. Nr.	Tag des Eingangs.	Des Bestellers des Inserats			Kurze Inhaltsangabe des Inserats.	Nummer der Stellen- und Vakanzenliste, in der das Inserat veröffentlicht ist.	Gebühr		Bemerkungen.
		Zu- und Vorname.	Stand.	Wohnort (Straße, Hausnummer).			Betrag.	Tag der Zahlung	
1	2	3	4	5	6	7	8	9	10
							M. | Pf.		

Abonnentenbuch. Muster B.

Lfd. Nr.	Des Abonnenten			Dauer des Abonnements.	Gebühr		Bemerkungen.
	Zu- und Vorname.	Stand.	Wohnort (Straße Hausnummer).		Betrag.	Tag der Zahlung.	
1	2	3	4	5	6	7	8
					M. | Pf		

genau vorgeschriebene Buchführung auferlegt. Für männliche und weibliche Personen kann je ein besonderes Geschäftsbuch geführt werden. Das Buch muß dauerhaft gebunden, mit fortlaufenden Seitenzahlen versehen sein und vor dem Gebrauch von der Ortspolizei unter Beglaubigung der Seitenzahlen abgestempelt sein[1]). Im Geschäftsbuch dürfen weder Rasuren vorgenommen, noch Eintragungen unleserlich gemacht werden; auch darf das Geschäftsbuch weder ganz noch zum Teil vernichtet werden. Der Stellenvermittler hat die abgeschlossenen Dienstverträge unmittelbar im Anschluß an den Vertragsschluß unter fortlaufenden Nummern vollständig einzutragen. Der Eingang von Zahlungen ist im Laufe des Tages an dem sie eingehen, einzutragen. Das Geschäftsbuch ist alljährlich, sowie beim Einstellen des Gewerbebetriebes abzuschließen und 14 Tage nach Anfang des nächsten Kalenderjahres oder nach Einstellen des Gewerbebetriebes der Ortspolizei zur Bestätigung des Abschlusses einzureichen und 5 Jahre lang aufzubewahren. In ein zweites Geschäftsbuch sind die Aufträge der Arbeitsuchenden im Laufe des Tages, an welchem sie eingehen, in der Reihenfolge des Einganges unter fortlaufenden Nummern vollständig einzutragen. Die Bestimmungen betreffend das erste Buch finden auch auf das zweite Anwendung. Die am Schlusse des Kalenderjahres nicht erledigten Aufträge sind in das neue Buch zu übertragen.

Die Stellenvermittler haben im Anschluß an die Vermittlung in den Gesindebüchern an der vorgezeichneten Stelle ihren Vor- und Zunamen unter Angabe des Geschäftslokals einzutragen. Im übrigen ist es ihnen untersagt, in die Gesinde-, Dienstbücher, Quittungskarten oder sonstigen Legitimationspapiere Reklamezettel einzulegen oder ihre Adressen einzutragen[2]). Über alle ihnen geleisteten Zahlungen haben sie sofort Quittung zu erteilen. Sofern die Zahlung bei Abschluß eines Dienstvertrages erfolgt, muß die Quittung auf dem Ausweis erteilt werden[3]). Sofort nach Eintragung des Vertragsschlusses haben die Stellenvermittler über jede Vermittlung sowohl dem Arbeitgeber wie dem Arbeiter einen Ausweis nach Muster zu erteilen.

---

[1]) Preuß. Vorschrift v. 19. 8. 10 Ziff. 1ff.
[2]) Preuß. Vorschrift v. 19. 8. 10 Ziff. 8.
[3]) Preuß. Vorschrift v. 19. 8. 10 Ziff. 17.

Die Stellenvermittler, welche für weibliche Personen Stellen im Auslande vermitteln, haben der für ihren Gewerbebetrieb zuständigen Polizeibehörde ein Verzeichnis der Namen dieser Personen und der diesen vermittelten Stellen regelmäßig vorzulegen (§ 7 StVG.). Die Stellenvermittler, welche Stellen an Kellnerinnen und sonstige in Schankräumen tätige weibliche Personen, sowie für Ammen im Inlande vermitteln, haben der Ortspolizei regelmäßig Verzeichnisse der vermittelten Stellen einzureichen.

Auch die gewerbsmäßigen Herausgeber von Stellen- und Vakanzenlisten[1]) haben ein Geschäftsbuch und ferner ein Abonnentenbuch zu führen, in welches die Einnahme an Abonnentengebühren einzutragen sind. In den Inseraten sind die Nummern des Geschäftsbuchs anzugeben.

Stellen- und Vakanzenlisten müssen in Einzelnummern, Wochen- und Monatsabonnements beziehbar sein, andere Bezugsweisen sind unzulässig.

Den Herausgebern der Stellen- und Vakanzenlisten ist jede Tätigkeit, die auf die Zuweisung einer bestimmten Stelle an einen Stellensuchenden abzielt, verboten.

In die Stellen- und Vakanzenlisten dürfen nur solche Beschäftigungsangebote und Beschäftigungsarten aufgenommen werden, welche den Gewerbetreibenden von dem Beteiligten oder deren Beauftragten[2]) schriftlich oder telephonisch zugehen.

11. Stellvertreter und Hilfspersonal der Stellenvermittler.

Nach § 45 GO. können die Befugnisse zum stehenden Gewerbebetriebe durch Stellvertreter ausgeübt werden, diese müssen jedoch dem für das in Rede stehende Gewerbe insbesondere vorgeschriebenen Erfordernisse genügen. Nach Ziff. 9 der preußischen Vorschriften vom 16. August 1910 bestimmt die Ortspolizei, inwiefern eine Stellvertretung zulässig ist. Die Rechtsgültigkeit dieser Vorschrift wird bezweifelt, so von Szczesny, § 14 StVG.; dagegen Fischer, Neukamp, Hoffmann.

---

[1]) S. Preuß. Vorschriften über den Geschäftsbetrieb der Herausgeber von Stellen- und Vakanzenlisten vom 18. 8. 1910.

[2]) Fischer, Anm. 3 zum Erlaß v. 18. 8. 1910 S. 313.

Nach § 41 begreift die Befugnis zum selbständigen Betriebe eines stehenden Gewerbes das Recht in sich, in beliebiger Zahl Gesellen, Gehilfen und Arbeiter anzunehmen, doch gilt diese Vorschrift im ganzen Reich nur für Herausgeber von Vakanzenlisten, für die übrigen Stellenvermittler ist nach den Vollzugsvorschriften der Landeszentralbehörden[1]) die Beschäftigung von Hilfspersonal aller Art, auch von Familienangehörigen und ohne Rücksicht auf etwaiges Entgelt von der Erlaubnis der Polizeibehörde abhängig.

12. Gebühren.

Der Gebührentarif der Stellenvermittler für Bühnenangehörige ist in Preußen einheitlich vom Handelsminister durch Erlaß vom 19. August 1910 festgesetzt worden. Durch Erlaß desselben Ministers vom 17. Juni 1910 sind im übrigen für den Erlaß der Gebührentaxen hinsichtlich der gewerbsmäßigen Stellenvermittler für Schiffsleute die Regierungspräsidenten, hinsichtlich der übrigen gewerbsmäßigen Stellenvermittler die Ortspolizeibehörden für zuständig erklärt worden. Eine Gebühr darf nur erhoben werden, wenn der Vertrag infolge der Tätigkeit des Vermittlers zustande kommt. Haben beide Teile diese Tätigkeit in Anspruch genommen, so ist die Gebühr von dem Arbeitgeber und Arbeiter je zur Hälfte zu zahlen. Es ist nicht erforderlich, daß beide Teile den Auftrag ausdrücklich erteilt haben, es genügt vielmehr, daß sie sich stillschweigend die Vermittlung gefallen lassen[2]). Die Hingabe und Annahme des Mietstalers ist nach preußischem Recht nicht mehr notwendig. Erfolgt sie dennoch, so hat sie die Bedeutung einer Draufgabe und kann vom Lohn abgezogen werden, §§ 336, 337 BGB. Der Stellenvermittler darf aber nicht den Mietstaler auf die Gebühr des Dienstmädchens anrechnen und die andere Hälfte vom Dienstherrn verlangen[3]).

II. Das Recht der privaten nicht gewerbsmäßigen Stellenvermittlung.

1. Die private nicht gewerbsmäßige Stellenvermittlung kann eine entgeltliche und eine unentgeltliche sein. Beide Arten können gemeinnützigen Charakter haben, sofern nur mit dem Entgelt kein

[1]) So in Preußen, Bayern.

[2]) So Hoffmann, auch Szczesny.

[3]) Szczesny, § 5 Anm. 4.

Gewinn, sondern nur die Deckung der Unkosten beabsichtigt ist. Möglich ist eine Verschleierung der Gewerbsmäßigkeit, indem der Vermittler einen Verein bildet, dessen Mitglieder zwar unentgeltlich vermittelt werden, aber Vereinsbeiträge leisten, aus deren Erträgen ihm ein Gehalt als Vereinsangestellter zufließt. Deswegen verbieten die Vorschriften Preußens (wie anderer Bundesstaaten) über den Betrieb nicht gewerbsmäßiger Stellenvermittlungen vom 21. August 1910 den Vereinen, deren Zweck ausschließlich oder vorwiegend auf die Stellenvermittlung gerichtet ist, die Erhebung von Eintrittsgeldern oder Beiträgen (Ziff. 9). Die private nicht gewerbsmäßige Stellenvermittlung nimmt die Form einer gemeinnützigen Vermittlung an, wenn sie dem Zwecke dient, den gemeinen Nutzen zu fördern[1]), was keineswegs bei jedem nicht gewerbsmäßigen Arbeitsnachweis der Fall ist. Insbesondere ist das nicht der Fall bei den Interessentenarbeitsnachweisen der Arbeitgeber und Arbeiter, die in erster Linie den Vorteil ihrer Gruppe, oft zum Schaden der Gegner und meist ohne Rücksicht auf die Allgemeinheit anstreben, die oft genug durch die Tätigkeit dieser Interessentenarbeitsnachweise geradezu Schaden leidet, z. B. durch die mittels dieser Arbeitsnachweise betriebene Boykottierung, Aussperrung, Verschiebung von Arbeitskräften von Orten, wo sie dringend gebraucht werden usw.

2. Das öffentliche Recht der nicht gewerbsmäßigen Stellenvermittlung beruht einmal auf § 15 des StVG., welcher die Landeszentralregierungen ermächtigt, zu bestimmen,

> inwieweit die Vorschriften der §§ 3, 5 StVG. auf nicht gewerbsmäßig betriebene Stellen und Arbeitsnachweise anzuwenden sind und weitere Bestimmungen über den Umfang und die Befugnisse und Verpflichtungen und über den Betrieb dieser Nachweise zu erlassen.

Der Umfang dieser Ermächtigung ist nur insoweit beschränkt, als die Bestimmungen nicht gegen das StVG. und etwaige spätere Gesetze verstoßen dürfen, im übrigen wird angenommen, daß durch sie auch das bürgerliche Recht abgeändert werden kann[2]).

Während des Krieges sind einmal auf Grund des Belagerungszustandes Verordnungen der Generalkommandos ergangen, denen

---

[1]) Fischer, § 2 Anm. 8 IIc S. 105.

[2]) So Fischer, § 8 Anm. 5 I und § 15 Anm. 5. Szczesny, § 8 Anm. 1.

zufolge die nicht gewerbsmäßigen Arbeitsnachweise zweimal wöchentlich an den Tagen, an denen dem Kaiserlich Statistischen Amt Meldung erstattet wird, schriftlich unter Benutzung eines Vordrucks oder telephonisch die Zahl der Arbeitsgesuche und offenen Stellen mitzuteilen haben, die sie bis zum Zeitpunkt der Meldung nicht erledigen konnten und voraussichtlich binnen zwei weiteren Tagen nicht erledigen können. Außerdem wurden die nicht gewerbsmäßigen Arbeitsnachweise verpflichtet, auf Ansuchen der gemeindlichen Arbeitsnachweise oder der Zentralauskunftsstellen der Arbeitsnachweise oder der Landes- oder Provinzialarbeitsnachweisverbände weitere Aufschlüsse zwecks Erlangung eines genaueren Überblicks über die Lage des Arbeitsmarktes zu erteilen.

Die Kriegsvorschriften werden hier deshalb mit angeführt, weil die von ihnen geschaffene Grundlage vermutlich den Krieg überdauern und zu einer ständigen Einrichtung gemacht werden wird.

Auf Grund des § 15 StVG. haben die meisten Staaten Bestimmungen erlassen.

Ein Teil dieser Staaten beschränkt sich darauf, die Bestimmungen der §§ 3 und 5 StVG. auf die nicht gewerbsmäßigen Arbeitsnachweise auszudehnen. Ein Teil der Staaten unterwirft den Bestimmungen alle Arbeitsnachweise mit Ausnahme gewisser öffentlicher, wie z. B. Bayern und Elsaß-Lothringen, die nur die Gemeindearbeitsnachweise ausnehmen, Württemberg, das auch die an den Landesverbindungsdienst angeschlossenen Wanderarbeitsstätten ausschließt. Preußen und mit ihm in wörtlicher Übereinstimmung Anhalt, Hessen, Lübeck, Sachsen-Weimar geben ausführliche Bestimmungen, die sich aber nur beziehen auf die nicht gewerbsmäßigen Stellenvermittlungen, die Stellen für das Gesinde und die in der Landwirtschaft oder im Gast- und Schankwirtschaftsbetriebe beschäftigten Personen vermitteln, mit Ausnahme der gemeinnützigen Stellenvermittlungen öffentlicher Körperschaften und anderer gemeinnütziger Stellennachweise, welche aus öffentlichen Mitteln unterstützt werden.

Nach der preußischen Vorschrift ist die Betriebseröffnung der Ortspolizei anzuzeigen. Für die Erfüllung der polizeilichen Vorschriften ist ein verantwortlicher Geschäftsleiter anzustellen. Hilfspersonal, auch Familienangehörige, dürfen nur mit Erlaubnis der Polizei beschäftigt werden, und zwar nur solche Personen, die die erforderliche Zuverlässigkeit besitzen und keine der in § 3 StVG.

angeführten Gewerbe betreiben. Im Falle des Verlustes der erforderlichen Eigenschaften ist die Erlaubnis zu widerrufen. Auf die Geschäftsbücher findet die Bestimmung Ziff. 1—5 der Vorschriften vom 16. August 1916 Anwendung. Die Bezeichnung der Stellenvermittlung am Hauseingang und am Eingange zu den Geschäftsräumen muß den Namen des Vereins, der Gesellschaft oder Firma und des Geschäftsleiters und den Zusatz „nicht gewerbsmäßige Stellenvermittlung" enthalten. Es gelten auch ähnliche Bestimmungen, wie bei den gewerbsmäßigen Stellenvermittlern hinsichtlich der Anzeigen, der Geschäftsräume und des Betriebes von Gewerben durch die Geschäftsleiter und das Hilfspersonal (§ 3 StVG.) nach Ziff. 8, 10—14, 16 der Vorschrift vom 16. August 1910.

Vereine, deren Zweck ausschließlich oder vorwiegend auf die Stellenvermittlung gerichtet ist, dürfen weder Eintrittsgelder noch Beiträge erheben.

Die Gebühren werden von der Ortspolizei festgesetzt; sie dürfen nur so bemessen werden, daß sie lediglich zur Bestreitung der Unkosten der Stellenvermittlung ausreichen. Im übrigen finden § 4 StVG. und §§ 17—21 der Vorschriften vom 16. August 1910 Anwendung.

3. Vereinsrecht. Rechtspersönlichkeit der privaten gemeinnützigen Arbeitsnachweise.

Die nicht gewerbsmäßigen Arbeitsnachweise werden teils von Einzelpersonen, teils von Vereinen, und zwar bald nicht rechtsfähigen, bald rechtsfähigen, eingetragenen Vereinen oder Vereinen, denen die Rechtspersönlichkeit landesherrlich verliehen wurde, betrieben und unterhalten.

Die Vereine erhalten häufig Unterstützungen von öffentlichen Korporationen, Gemeinden und weiteren Kommunalverbänden, den amtlichen Vertretungen von Landwirtschaft, Handel und Gewerbe, den Landwirtschafts-, Handels- und Handwerkskammern u. a. Alsdann fällt das Verbot der Beitragserhebung fort. Sie nehmen alsdann oft den Charakter gemischt privater und öffentlicher Betriebe an.

Für die Rechtsstellung der Vereine ist maßgebend §§ 21ff. BGB. Sofern sie nicht eingetragen sind, haften die Mitglieder wie Gesellschafter gemeinschaftlich, §§ 54ff. BGB.; das gilt auch im Falle der Beteiligung öffentlicher Körperschaften, Gemeinden usw.

Diese pflegen sich durch Vereinbarung oder durch die Satzung einen besonderen Einfluß auf die Geschäftsführung zu sichern. In dem Falle des Zentralvereins für Arbeitsnachweis in Berlin, der seinen Betrieb jetzt an die Stadtgemeinde abgetreten hat, besaß die Stadt Berlin satzungsgemäß mehr als die Hälfte der Stimmen und war somit ausschlaggebend für den Geschäftsbetrieb.

Nur für Satzungsänderungen und für die Auflösung des Vereins reichte dieses Stimmrecht nicht aus, da nach § 41 BGB. für diesen Fall eine Mehrheit von drei Viecteilen der Stimmen vorgeschrieben ist. In Cöln hat sich die Stadtgemeinde das Recht vorbehalten, den Vorsitzenden des dortigen Arbeitsnachweises zu bestätigen.

Durch die Eintragung in das Vereinsregister erlangt ein Verein selbständige Rechtspersönlichkeit. Für seine Verbindlichkeiten haftet dann nur das Vereinsvermögen.

Hinsichtlich der Vereinigungen, welche die Erlangung günstiger Lohn- und Arbeitsbedingungen anstreben, der Arbeiter- und Arbeitgeberverbände, der Gewerkschaften usw. bestimmt § 152 GO., daß aus diesen Vereinigungen weder Klage noch Einrede stattfindet. Das trifft nach richtiger Ansicht nur insoweit zu, als diese Vereinigungen sich auf den genannten Zweck beschränken[1]). Und die Arbeitgeberverbände haben tatsächlich in vielen Fällen die Eintragung als Vereine verlangt. Ohne diese Eintragung ist aber die Rechtslage solcher Vereinigungen eine recht anfechtbare und das gilt auch von den von ihnen recht oft unterhaltenen, nicht gewerbsmäßigen Arbeitsnachweisen. Gleichwohl haben diese Nachweise eine große Bedeutung und nicht selten einen ausgezeichneten Geschäftsbetrieb. Die Geltendmachung von Rechtsansprüchen aus der Vermittlungstätigkeit dieser Vereine ist aber auf das äußerste erschwert. Soweit sie als nicht rechtsfähige Vereine anzusehen sind, können sie verklagt werden, aber nicht selbst klagen.

Anders ist die Rechtslage bei den sogenannten paritätischen Facharbeitsnachweisen. Sie haben ihren Namen daher, daß ihre Leitung oder ihre Beaufsichtigung einem Organ obliegt, an welchem Arbeitgeber und Arbeiter oder Arbeitgeber- und Arbeitervertreter in gleicher Zahl beteiligt sind, meist unter dem Vorsitz

[1]) Wölbling, Der Akkordvertrag und der Tarifvertrag S. 335.

einer Person, die weder Arbeitgeber noch Arbeiter sein darf, z. B. eines öffentlichen Beamten. Bisweilen sind Eigentümer, Träger der Einrichtung eine Arbeitgeber- und eine Arbeitervereinigung oder mehrere derartige Vereinigungen. Hier kommen wieder die Bedenken aus § 152 GO. in Frage. Kann man aber den Zusammenschluß einer derartigen Vereinigung als eine Einheit ansehen, wie z. B. bei der Tarifgemeinschaft, die nicht selten Träger des Nachweises ist, so kommt § 152 GO. nicht zur Anwendung. Die Träger des Arbeitsnachweises sind in diesen Fällen als Gesellschaft im Sinne des BGB. §§ 705—740 anzusehen.

Die dem Zentralverein für Arbeitsnachweis in Berlin früher angehörenden Facharbeitsnachweise waren Eigentum dieses Vereins. Nur die Leitung lag im Auftrage des Vereins einem paritätisch zusammengesetzten Kuratorium ob[1]).

III. Das öffentliche Recht der öffentlichen nicht gewerbsmäßigen Stellenvermittlung.

1. Sofern eine öffentliche Körperschaft eine Stellenvermittlung in der Absicht der Gewinnerzielung betreibt, unterliegt sie denselben rechtlichen Vorschriften wie die private gewerbliche Stellenvermittlung.

Die nicht gewerbsmäßige, öffentliche Stellenvermittlung, die man wohl in der Regel als eine gemeinnützige anzusprechen haben wird, hat aber eine wesentlich günstigere Rechtsstellung als die private, nicht gewerbsmäßige Stellenvermittlung. Sie unterliegt nach Reichsrecht im allgemeinen überhaupt keinen besonderen Einschränkungen, es seien denn solche, welche auch andere öffentliche Betriebe betreffen, so z. B. die Staatsaufsicht bei Gemeindebetrieben. Auf Grund des § 15 StVG. haben aber einige Bundesstaaten die öffentlichen Arbeitsnachweise denselben Vorschriften unterworfen, wie die sonstigen gemeinnützigen, so Bayern und Elsaß-Lothringen mit Ausnahme der gemeindlichen Arbeitsnachweise. Auch gewisse Meldungen und statistische Berichte sind den öffentlichen Arbeitsnachweisen ebenso auferlegt, wie den privaten gemeinnützigen.

---

[1]) Die Statuten der Facharbeitsnachweise des Zentralvereins für Arbeitsnachweise entsprachen im allgemeinen den abgedruckten Musterstatuten der Fachabteilungen und Arbeitsnachweise der Stadt Berlin.

Dahingegen werden den öffentlichen Arbeitsnachweisen gewisse besondere Vorrechte und Vorteile zugestanden. So sind sie gegen den störenden Wettbewerb der gewerbsmäßigen Stellenvermittlung nach § 2 Abs. 2 dadurch geschützt, daß die Erlaubnis zum Betriebe einer gewerbsmäßigen Stellenvermittlung zu versagen ist, wenn für den betreffenden Ort oder wirtschaftlichen Bezirk ein öffentlicher gemeinnütziger Arbeitsnachweis in ausreichendem Maße besteht [1]. Ferner ist der Träger des öffentlichen Arbeitsnachweises vor der Festsetzung von Gebührentaxen für die gewerbsmäßigen Stellenvermittler zu hören, § 5 StVG. Schließlich ist der Träger eines öffentlichen Arbeitsnachweises berechtigt, selbständig beim Vorliegen der Voraussetzungen des § 9 StVG. den Antrag auf Entziehung der Erlaubnis zum Betriebe einer gewerbsmäßigen Stellenvermittlung zu stellen.

2. Von großer Bedeutung für die Entwicklung des Arbeitsnachweises ist die auf Grund des Reichsgesetzes vom 4. August 1914 über die Ermächtigung des Bundesrates zu wirtschaftlichen Maßnahmen erlassene Bundesratsverordnung vom 14. Januar 1916, welche lautet:

§ 1. Die Landeszentralbehörden können Gemeinden oder Gemeindeverbände verpflichten, öffentliche unparteiische Arbeitsnachweise zu errichten und auszubauen, sowie zu den Kosten solcher von anderen Gemeinden oder Gemeindeverbänden errichteten Arbeitsnachweise beizutragen; sie können Anordnungen über die Einrichtung und den Betrieb solcher Arbeitsnachweise treffen.

§ 2. Diese Verordnung tritt mit dem Tage der Verkündung in Kraft. Der Reichskanzler bestimmt den Zeitpunkt des Außerkrafttretens.

Da naturgemäß die einmal eingerichteten öffentlichen Arbeitsnachweise nach Friedensschluß nicht wieder eingezogen werden können, so hat die Bundesratsverordnung eine über die Kriegszeit hinaus dauernde Bedeutung.

3. Die Einrichtung öffentlicher Arbeitsnachweise gehört nach der GO. §81a und 100c zu den vorgeschriebenen Aufgaben der Innungen. Diese Aufgabe kann gemäß §§ 101, 104 GO. auch von Innungsausschüssen und Innungsverbänden übernommen werden [2].

---

[1] Fischer, StVG. § 2 Anm. 8. Szczesny, § 2 Anm. 5. Neukamp, § 2 Anm. 2 und 3. v. Köhler, § 2 Anm. 7.

[2] v. Landmann, GO. § 101 Anm. 2, § 104 Anm. 3. v. Rohrscheidt, GO.

Eine gewisse Regelung des öffentlichen Arbeitsnachweises für einen beschränkten Kreis von Personen stellen in einigen Bundesstaaten die Bestimmungen über die Regelung der Wanderarbeitsstätten, d. h. Einrichtungen für Arbeitslose vor, welche sich auf der Wanderung befinden und den Arbeitslosen Herberge und Arbeitsgelegenheit bieten. In Preußen sind die Verhältnisse der Wanderarbeitsstätten durch das Gesetz vom 29. Juni 1907, in Bayern durch einen Erlaß vom Jahre 1903 geregelt. Nach diesem Gesetz können in Provinzen, welche das Wanderarbeitswesen zu ordnen unternehmen, Land- und Stadtkreise durch Beschluß des Provinziallandtages verpflichtet werden, Wanderarbeitsstätten einzurichten, zu unterhalten und zu verwalten. Die Wanderarbeitsstätten haben die Aufgabe, mittellosen, arbeitsfähigen Männern, die außerhalb ihres Wohnorts Arbeit suchen, Arbeit zu vermitteln und vorübergehend gegen Arbeitsleistung Beköstigung und Obdach zu gewähren. Der Provinziallandtag erläßt eine Ordnung über die Einrichtung, Unterhaltung und Verwaltung der Wanderarbeitsstätten, Gemeinden und Gutsbezirke, in denen eine Wanderarbeitsstätte eingerichtet wird, sind auf Erfordern des Kreisausschusses gegen Entschädigungen zur Mitwirkung bei der Verwaltung und zur Hergabe passender Räume verpflichtet, soweit solche schon bisher einem gleichen Zwecke dienten.

4. Im übrigen haben die Bundesstaaten die Einrichtung öffentlicher Arbeitsnachweise den Gemeinden, weiteren Kommunalverbänden und anderen öffentlichen Körperschaften, insbesondere den Landwirtschaftskammern überlassen und selbst lediglich Anregungen gegeben und Richtlinien für den Ausbau der öffentlichen Arbeitsnachweise aufgestellt, auch deren Zusammenschluß zu gemeinsamen Arbeiten auf gewissen territorialen Gebieten gefördert. Die Grundgedanken dieser Erlasse gehen dahin, daß zunächst in den größeren Städten Arbeitsnachweise errichtet werden sollen, welche ihre Dienste unentgeltlich oder gegen geringe Gebühren anbieten und sich des Vertrauens der Arbeitgeber und Arbeiter erfreuen. Es werden deshalb unparteiische Leiter, d. h. Personen, die weder gewerbliche Arbeitgeber noch gewerbliche Arbeiter sind, empfohlen, auch sollte diesen möglichst ein Kollegium, bestehend aus Arbeitgebern und Arbeitern beigeordnet werden[1]). In Bayern wurden in allen

[1]) Erlasse der preußischen Minister des Innern und für Handel und Ge-

wichtigen Gemeinden Gemeindearbeitsämter errichtet, welche in fünf Bezirke eingeteilt wurden, denen je ein städtisches Arbeitsamt als Hauptvermittlungsstelle vorstehen sollte. Die fünf Bezirke wurden zu dem Verband bayrischer Arbeitsnachweise zusammengeschlossen[1]).

Die Gemeinde-, Kreis-, Provinzialarbeitsnachweise sind kommunale Einrichtungen, deren Rechtsstellung nach den kommunalen Verwaltungsgesetzen, in erster Linie nach den Städte- und Landgemeindeordnungen zu beurteilen sind und daher das bunte Bild verschiedenartiger Gestaltungen wie die Gemeinde- und kommunalen Verbände selbst aufweisen.

In den Gemeinden unterstehen sie mittelbar oder unmittelbar dem verwaltenden Gemeindevorstand, den kollegialen Magistraten oder, wie z. B. in der Rheinprovinz und in einigen Bundesstaaten, dem die Verwaltung bureaukratisch führenden Bürgermeister. Bei der Wichtigkeit des Arbeitsnachweises hat man meist besonderen städtische Kollegialbehörden, mit Unterordnung unter den Gemeindevorstand geschaffen, welche den Arbeitsnachweis selbständig leiten. Ein gut entwickelter Arbeitsnachweis in einer größeren Stadt wird gewöhnlich einer kollegialen Deputation aus Mitgliedern des Gemeindevorstandes und der Gemeindevertretung, der Stadtverordnetenversammlung bestehen, der außerdem gewöhnlich Bürgerdeputierte aus Arbeiter- und Arbeitgeberkreisen angehören. Nach der preußischen Städteordnung werden der Vorsitzende und die Magistratsmitglieder vom Bürgermeister, die Stadtverordneten und Bürgerdeputierten von der Stadtverordnetenversammlung bestimmt[1]). Da aber die Verpflichtung, als Bürgerdeputierte gewerbliche Arbeitgeber und Arbeiter zu wählen, eine Beschränkung des Wahlrechts der Stadtverordnetenversammlung bedeutet, so muß diese Bestimmung gemäß § 11 StO. für die sechs östlichen Provinzen vom 30. Mai 1853 durch ein Ortsstatut, d. h. einen der Bestätigung durch die Regierung bedürfenden Gemeindebeschluß des Magistrats und der Stadtverordneten festgelegt werden[2]). Dieser Deputation liegt

---

werbe vom 31. Juli 1894, 8. März 1898 und 18. November 1902 (Min. f. die ges. innere Verwaltung S. 206, 77).

[1]) Erlasse v. 20. 8. 1903, 16. 4. 1907, 28. 11. 1907, 17. 8. 1908, abgedruckt im Jahrbuch Deutscher Arbeitsnachweise.

[2]) Einer ortsstatutarischen Bestimmung bedarf es auch, wenn die Be-

gemeinhin nur die obere Leitung ob, sie stellt die allgemeinen Grundsätze für die Vermittlung und die Hausordnung auf, berät über die Weiterentwicklung des Arbeitsnachweises, stellt den Vermittler und das sonstige Personal im Auftrage des Magistrats an oder bringt sie in Vorschlag, beaufsichtigt die Verwaltung und entscheidet über die Beschwerden.

Die Nachweisanstalt selbst pflegt einem oder mehreren besonderen Leitern zu unterstehen, die man, da sie wichtige obrigkeitliche Funktionen zu erfüllen haben, als Gemeindebeamte möglichst auf Lebenszeit wird anstellen müssen. Für die weibliche Abteilung empfiehlt sich die Anstellung einer besonderen weiblichen Leiterin, doch wird man den ganzen Arbeitsnachweis einem gemeinsamen oberen Beamten unterstellen. Daneben kann man mit größerer oder geringerer Selbständigkeit weitere Abteilungen einrichten. Der Leiter des Arbeitsnachweises wird zweckmäßig zu den Deputationssitzungen mit beratender Stimme zugezogen.

Besonders kommen hier die sogenannten Facharbeitsnachweise, d. h. Abteilungen für die verschiedenen Gewerbezweige in Frage. Diese streben nicht mit Unrecht, wegen der erforderlichen besonderen Kenntnisse jedes einzelnen Gewerbes nach einer möglichst selbständigen Verwaltung. Diese hat sich in Berlin in der Weise ermöglichen lassen, daß die Facharbeitsnachweise als Abteilungen des städtischen Arbeitsnachweises errichtet wurden. Für ihre Leitung und Beaufsichtigung wurden besondere Kuratorien gebildet, die sich aus Arbeitgebern und Arbeitern zusammensetzen, die von gewissen Gruppen der Arbeitgeber und Arbeiter gewählt werden. Vorsitzender des Kuratoriums ist ein Mitglied der Deputation oder mit deren Genehmigung ein anderer höherer städtischer Beamter. Die Vermittlungs- und sonstigen Beamten werden von den Kuratorien lediglich vorgeschlagen, jedoch vom Magistrat oder der Deputation angestellt, so daß sie also der Disziplin des Magistrats unterstellte städtische Angestellte sind.

Die Vermittler müssen nach den statutarischen Bestimmungen für die einzelnen Abteilungen aus dem Gewerbe hervorgegangen

---

nennung von Deputationsmitgliedern dem Gewerbegericht, den Arbeiter- und Arbeitgeberverbänden, der Handels-, Handwerks- und Landwirtschaftskammer übertragen werden soll.

sein. Die Statuten der Facharbeitsnachweisabteilungen unterliegen der Bestätigung durch die Deputation.

Zu den Kosten der Fachabteilungen pflegen die gewerblichen Verbände Beiträge zu zahlen, während im übrigen die gesamten Kosten von der Stadt getragen werden, die dadurch die Eigentümerin der Abteilungen ist.

Während die Leiter des Arbeitsnachweises zweckmäßig Gemeindebeamte sind, wird es sich bei den Vermittlern empfehlen, sie auf Privatdienstvertrag anzustellen, wenigstens soweit sie aus dem Gewerbe hervorgehen und von den Kuratorien vorgeschlagen werden, denn es werden meist nicht die gleichen Anforderungen an diese Personen gestellt werden können wie an die Gemeindebeamten. Durch vertragliche Zusicherung von Ruhegehältern kann ihre Stellung sehr der der Gemeindebeamten angenähert werden. Freilich wäre es das Ideal, den Vermittlern, auch den aus dem Gewerbe hervorgehenden, den Charakter von Gemeindebeamten zu verleihen und dadurch ihre wirtschaftliche Unabhängigkeit ganz sicherzustellen, die eine nicht unwesentliche Vorbedingung für die Unparteilichkeit ist. Man wird vielleicht hierzu im Laufe der Zeit kommen, indem man auch für die aus dem Gewerbe hervorgehenden Vermittler Gelegenheit zu einer weiteren Vorbildung schafft.

Um übrigens die grundsätzlich vorgeschriebene lebenslängliche Anstellung zu vermeiden, können die Gemeinden in Preußen durch Gemeindebeschluß (ev. Ortsstatut) festlegen, daß der Arbeitsnachweis als Betriebsverwaltung im Sinne von § 9 des Gemeindebeamtengesetzes vom 30. Juli 1899 gelten soll. Die bei den Betriebsverwaltungen tätigen Gemeindebeamten können auf Kündigung angestellt werden.

Die Rechtsstellung der nicht als Gemeindebeamte angestellten Personen beruht auf § 611—632 BGB.

Die Pflichten der Vermittler ergeben sich, soweit sie Beamte sind, aus den Gemeinde- und Disziplinargesetzen[1]), sodann aus der ihnen obliegenden Vermittlungstätigkeit, welche eine unparteiische

[1]) In Preußen Gesetz betr. die Dienstvergehen der nicht richterlichen Beamten usw. v. 21. Juli 1852. Wegen der Rechte und Pflichten der Gemeindebeamten vgl. Wölbling, Das Recht der Gemeindebeamten und Angestellten. Berlin 1913; auch Berliner Gemeinderecht, herausgegeben vom Magistrat Bd. II (Berlin 1913).

und prompte sachgemäße sein soll. Die auf Dienstvertrag angestellten Vermittler haben im wesentlichen dieselben Verpflichtungen, nur daß sie sich ihnen durch die rechtmäßige Kündigung des Dienstvertrages entziehen können, während der Beamte sein Dienstverhältnis nur durch Entlassung beenden kann.

5. Pflichten der öffentlichen Arbeitsnachweise.

Die Tätigkeit des öffentlichen Arbeitsnachweises muß sich innerhalb der der öffentlichen Verwaltung gestellten Grenzen, bei Gemeinden innerhalb der Grenzen der Gemeindeverwaltung halten und kann von den Aufsichtsinstanzen in diese Schranken gewiesen werden, wie überhaupt die Landeszentralbehörden auf Grund von § 15 StVG. in der Lage sind, Bestimmungen über die Befugnisse und Pflichten der öffentlichen Arbeitsnachweise zu treffen. Mit diesen Pflichten werden sich die durch die Arbeitgeber und Arbeiter verfolgten, oft von ihnen in gemeinsamen Verträgen, Tarifverträgen festgelegten Absichten und Bestrebungen nicht immer vereinbaren lassen. Namentlich bezwecken diese Vereinbarungen mitunter, bestimmte Gruppen von gewerblichen Arbeitern oder Unternehmern von der Vermittlung auszuschließen oder sie zurückzusetzen. Es kann ja nun wohl mitunter die Pflicht einer Gemeinde sein, für eine besonders der Fürsorge bedürftige Gruppe ihrer Einwohner besondere Einrichtungen zu treffen. Ein derartiges öffentliches Interesse liegt aber bei den Sondervereinbarungen der Arbeitgeber und Arbeiter nicht vor. Daraus ergeben sich bei der Durchführung des Arbeitsnachweises mittels paritätischer Kommission nicht selten Schwierigkeiten. Der Vorteil der paritätischen Einrichtung ist aber so groß, daß man den übereinstimmenden Wünschen der Beteiligten nicht ohne dringende Notwendigkeit widersprechen sollte und bei taktvollem Verfahren wird man diese Wünsche schließlich mit den Gemeindeaufgaben und Interessen ohne Rechtsverletzung in Einklang bringen können.

6. Die Melde- und Anzeigepflicht.

Auf Anregung des Reichskanzlers vom 12. Mai 1915 haben die Bundesregierungen vereinbart, auf Grund von §15 des StVG. durch die Landeszentralbehörden übereinstimmende Bestimmungen über die Anzeige- und Meldepflicht zu erlassen[1]), die etwa folgenden Inhalt haben:

[1]) Denkschrift über Maßnahmen auf dem Gebiete des Arbeitsnachweises v. 27. 11. 15. Reichstag, 13. Legislatur-Periode II. Session 1914/15 Nr. 151.

1. Alle nicht gewerbsmäßig betriebenen Arbeitsnachweise haben dem Kaiserlichen Statistischen Amte in Berlin (Wilhelmstraße) eine Anzeige über die Bezeichnung des Arbeitsnachweises, Angabe der Personen oder Körperschaften, die ihn unterhalten, Betriebsstätte, Namen des Geschäftsleiters, Fernsprechnummer und Geschäftsstunden zu erstatten. Jede Veränderung, sowie die Eröffnung eines neuen Nachweises ist binnen 3 Tagen in gleicher Weise anzuzeigen. (Das Verzeichnis dieser Nachweise, zusammengestellt von Claus, ist vom Kaiserlichen Statistischen Amt herausgegeben worden.)

2. Die nicht gewerbsmäßigen Arbeitsnachweise mit Ausnahme der Arbeitsnachweise für kaufmännische, technische und Bureauangestellte haben an zwei Stichtagen in der Woche die Zahl derjenigen Arbeitsgesuche und offenen Stellen, die bis zum Zeitpunkt der Meldung nicht erledigt werden konnten und voraussichtlich bis zum Erscheinen des Arbeitsmarktanzeigers, welcher gleichfalls vom Kaiserlichen Statistischen Amt an jedem Montag und Donnerstag herausgegeben wird, nicht erledigt sind, auf Meldekarten, die vom Kaiserlichen Statistischen Amt geliefert werden, zu melden. Die Meldungen müssen an jedem Montag und Donnerstag mit der ersten Post eintreffen. Jeder nicht gewerbsmäßige Arbeitsnachweis hat einen Geschäftsführer zu bestellen, der für die Meldungen verantwortlich ist.

Von der Meldepflicht können die Arbeitsnachweise befreit werden, die ihre nicht erledigten Aufträge dem örtlichen öffentlichen Arbeitsnachweis oder einer anderen Sammelstelle melden. Die Nichtbefolgung dieser Vorschriften ist nach § 16 des StVG. mit Geldstrafe bis zu 150 M. oder mit Haft bedroht.

Die Melde- und Auskunftpflicht der nicht gewerbsmäßigen Arbeitsnachweise an die örtlichen öffentlichen Arbeitsnachweise, Arbeitsnachweisverbände und Zentralauskunftstellen, welche auf Grund des Kriegszustandes und der Gesetze über den Belagerungszustand durch die Generalkommandos im Jahre 1916 angeordnet wurde, wurde bereits oben erwähnt[1]).

7. Strafrechtliches.

---

[1]) Monatliche Berichterstattung, Denkschrift über Maßnahmen auf dem Gebiete des Arbeitsnachweises S. 30.

Die Durchführung der Gewerbeordnung und des Stellenvermittlergesetzes ist durch eine Reihe von strafrechtlichen Bestimmungen gesichert, auf welche hinsichtlich des Stellenvermittlergesetzes verwiesen wird (vgl. S. 49). Aus der Gewerbeordnung kommen §§ 47 8 in Betracht.

Wichtig ist auch § 153 GO., welcher Gefängnisstrafe bestimmt für die Drohung gegen Personen, welche sich von Vereinigungen oder Vereinbarungen zum Zwecke der Erlangung günstiger Lohn- und Arbeitsverhältnisse lossagen wollen. Hierhin gehört unter Umständen die Androhung des Ausschlusses von der Arbeitsvermittlung wegen Vereinbarung gewisser Arbeitsbedingungen.

Verwiesen sei auch auf die Strafandrohung der Bundesratsverordnung vom 14. Juni 1916.

Drittes Kapitel.

Die Organisation des öffentlichen Arbeitsnachweises und der ihm eingegliederten nichtgewerbsmäßigen Arbeitsnachweise.

1. Nachdem das Stellenvermittlungsgesetz die Beförderung des öffentlichen Arbeitsnachweises als Ziel der Verwaltung aufgestellt hatte, haben die Reichsregierung und die Bundesstaaten hauptsächlich durch Anregungen auf die Gemeinden und Kommunalverbände sich bestrebt, das ganze Reichsgebiet mit einem Netze öffentlicher Arbeitsnachweise zu überziehen, mit dessen Hilfe ein Überblick über den Arbeitsnachweis und eine gleichmäßige Organisation der Arbeit geschaffen werden sollte. Die Anregungen haben auch auf weitere Kreise gewirkt in dem Sinne, daß sich einmal gemeinnützige Vereine der Stellenvermittlung annahmen, andererseits die Arbeitgeber- und Arbeitervereine Arbeitsnachweise begründeten. Alle diese Einrichtungen haben überwiegend nützlich gewirkt und daher wäre es verfehlt gewesen, sie bei der Organisation des öffentlichen Arbeitsnachweises nicht mitzubenutzen. Man hat

sie daher dem öffentlichen Arbeitsmarkt möglichst eng angegliedert, bisweilen unter gleichzeitiger Förderung mit öffentlichen Mitteln sie mit den Aufgaben des öffentlichen Arbeitsnachweises betraut und so setzt sich die öffentliche Arbeitsnachweisorganisation in Deutschland aus einem Gewebe privater und öffentlicher Einrichtungen zusammen. Die Organisation hat deshalb nichts Künstliches, sondern sie ist natürlich aus dem Boden gewachsen und mit den Wünschen und Anschauungen der beteiligten Volkskreise eng verknüpft und das gibt ihr die Gewähr der Dauer und einer gesunden Fortentwicklung und es ist kein Fehler, daß diese Entwicklung sich nicht selten unter lebhaften Kämpfen nicht nur der Interessenten beider Gruppen, der Arbeitgeber und Arbeiter untereinander, sondern auch beider vereint gegen die öffentliche Verwaltung gerichtet vollzieht, bleibt man sich dabei doch meist in dem Streben nach dem Ziele einig, den Arbeitsmarkt als Ganzes zu ordnen und zu regeln und dadurch die Arbeitsleistung des deutschen Volkes zu erhalten und zu fördern. Es ist zu erwarten, daß durch das Miteinanderarbeiten der verschiedenen Formen des Arbeitsnachweises unter gegenseitiger Befruchtung immer mehr eine Gleichmäßigkeit und Annäherung des Betriebes und Verfahrens an den öffentlichen Arbeitsnachweis erzielt wird und daß schließlich das ganze Gebilde zu einem einheitlichen öffentlichen Körper zusammenwächst, in dem genügend Raum bleibt zur freien Betätigung der dem Erwerbsleben angehörenden privaten Kräfte.

2. Die zentrale Organisation des Reiches.

Verfassungsmäßig gehört die Regelung der Arbeitsvermittlung zu den Aufgaben des Reiches und somit erfolgt die Bearbeitung der dem Reich obliegenden Aufgaben, der Vorbereitung der Gesetzgebung und der Kontrolle ihrer Durchführung durch das Reichsamt des Innern. Darüber hinaus greift aber das Reichsamt des Innern auch selbst in die Entwicklung und Durchführung des Arbeitsnachweises ein.

Das geschieht einmal durch die dauernde Führung einer Reichsstatistik durch das dem Reichsamt des Innern unterstellte Kaiserliche Statistische Amt, ferner durch die Herausgabe des Arbeitsmarktanzeigers und seit Kriegsbeginn durch die Reichszentrale der Arbeitsnachweise.

Der von dem Kaiserlichen Statistischen Amt herausgegebene Arbeitsmarktanzeiger soll allen Arbeitsnachweisen ein Mittel an die Hand geben zum Ausgleich des von ihnen selbst nicht zu erledigenden Restes von Arbeitsuchenden und offenen Stellen mehr als bisher miteinander in Fühlung zu treten und dadurch die Vermittlungstätigkeit der Arbeitsnachweise, der Arbeitsnachweisverbände und der Reichszentrale zu erleichtern. Er schafft ein Bindeglied zwischen den privaten und öffentlichen Arbeitsnachweisen, befördert die zwischenörtliche Vermittlung und gibt einen Überblick über den Arbeitsmarkt. Er ist nach den Gebieten der Arbeitsverbände und innerhalb derselben alphabetisch nach Orten gegliedert und enthält außerdem ein Verzeichnis der Berufe, von denen größere Zahlen gemeldet sind. Der Arbeitsmarktanzeiger ist nur für den Gebrauch der Arbeitsnachweise bestimmt und soll den einzelnen Arbeitgebern und Arbeitern nicht zugänglich gemacht werden.

Über die Entwicklung des Arbeitsmarktes nach den Ergebnissen der Berichterstattung wird ferner im Reichsarbeitsblatt fortlaufend berichtet.

Die Reichszentrale der Arbeitsnachweise ist zunächst nur für den Krieg bestimmt. Sie wird vielleicht in höherem Maße in Wirksamkeit treten bei der Demobilisierung und sie wird dann kaum spurlos verschwinden können.

Auch sie soll eine Verbindung zwischen den einzelnen Arbeitsnachweisen herstellen und ferner sollte sie einige besondere Kriegsaufgaben erfüllen, wie die Bergung der Ernte, den Heimtransport italienischer Arbeiter und die Unterbringung der aus den Festungsgebieten entfernten Bevölkerung; auch die Beschaffung von Arbeitern für die Festungsarbeiten und die Heranziehung der Kriegsgefangenen zur Arbeit.

Eine zwar nicht der Reichsverwaltung angehörige, aber von ihr und von der preußischen Regierung geförderte, für das ganze Reich bestimmte Arbeitsnachweiseinrichtung bildet die Deutsche Arbeitszentrale.

Neuerdings haben sich die karitativen Stellenvermittlungen zu dem Reichsverbande sozialkaritativer Stellenvermittlung zusammengeschlossen (Satzung s. S. 97).

Eine für das ganze Reich einheitliche Organisation ist für die kaufmännischen Angestellten durch die Gemeinnützige kaufmännische

Stellenvermittlung geschaffen worden[2]). Mit Unterstützung der Reichsregierung verfolgt der Verband deutscher Arbeitsnachweise ein privater Verein, die Förderung des planmäßigen Ausbaues der Arbeitsvermittlung in Deutschland. Dem Verbande kann als Mitglied jeder Arbeitsnachweis oder Arbeitsnachweisverband beitreten, der lediglich gemeinnützige Zwecke verfolgt.

3. Die Arbeitsnachweiszentralen der Bundesstaaten.

In den einzelnen Bundesstaaten sind die Landeszentralstellen für Handel und Gewerbe, für die Landwirtschaft nnd für die Kommunalaufsicht die obersten Instanzen für den Arbeitsnachweis. Ihnen liegt der Erlaß von Bestimmungen zur Durchführung des Stellenvermittlergesetzes und die Organisation des öffentlichen Arbeitsnachweises innerhalb ihrer Landesgebiete ob. Die kleinen Bundesstaaten nehmen aber in der Organisation des Arbeitsnachweises im allgemeinen dieselbe Stellung ein, welche die preußischen Provinzen oder auch kleinere Verwaltungsgebiete in der Organisation des Arbeitsnachweises ausfüllen.

In Preußen und Bayern besteht eine Zusammenfassung der genannten Arbeitsnachweise dieser Staaten in Gestalt des Preußischen Arbeitsnachweisverbandes und des Verbandes bayrischer Arbeitsnachweise, dem aber die bayrische Pfalz nicht angehört.

Der Preußische Arbeitsnachweisverband mit dem Sitze in Magdeburg ist eine Vereinigung der preußischen Provinzialarbeitsnachweisverbände und der Stadt Berlin.

In Württemberg ist durch Erlasse der Regierung vom 15. Dezember 1895 und vom 28. Juni 1898 die Zentralisation des Arbeitsnachweises durchgeführt. Das Stuttgarter Arbeitsamt ist die Zentralstelle für alle übrigen Arbeitsnachweise.

In Elsaß-Lothringen ist das Arbeitsamt in Straßburg durch Erlaß des Kaiserlichen Ministeriums vom 21. Juli 1903 zur Landeszentrale erhoben worden.

4. Die Provinzialverbände[2]).

---

[1]) Der Arbeitsnachweis in Deutschland. Zeitschrift des Verbandes Deutscher Arbeitsnachweise IV 1384.

[2]) Zusammenstellung über die Verhältnisse und die Tätigkeit der preußischen Arbeitsnachweisverbände v. 5. 12. 1913, preuß. Abg.-Haus 22. Leg.-Per II. Sess. 1914 Nr. 10.

In den Provinzen Preußens und den norddeutschen Bundesstaaten liegt das Schwergewicht der Arbeitsnachweisorganisation in den provinziellen Arbeitsnachweisverbänden, in die die kleineren Bundesstaaten z. T. eingeschlossen sind. Einzelne dieser Verbände gehen über mehrere Provinzen hinaus, z. B. der Mitteldeutsche Arbeitsnachweisverband mit seinem Sitz in Frankfurt a. M., der Märkische Verband, der außer der Provinz Brandenburg auch Berlin umfaßt und der Thüringische Arbeitsnachweisverband. Die preußischen Arbeitsnachweisverbände haben wie der Verband Deutscher Arbeitsnachweise die Aufgabe der Förderung des gemeinnützigen Arbeitsnachweises. Zur Erreichung dieses Zweckes streben sie in erster Linie die Durchführung des zwischenörtlichen Arbeitsnachweises an, sodann die Errichtung neuer Arbeitsmachweise, die gemeinsame Förderung der Interessen ihrer Mitglieder, die Erörterung allgemeiner Fragen, auch die Unterhaltung eigener Arbeitsnachweise, wie z. B. der Märkische Arbeitsnachweisverband. Auch die Förderung von gemeinnützigen Rechtsberatungsstellen haben sich einzelne Verbände zur Aufgabe gemacht.

In den provinziellen Verbänden pflegt die Provinz durch den Landeshauptmann vertreten zu sein, auch pflegt der Oberpräsident zu den Sitzungen eingeladen zu werden. Die Provinzen pflegen sich auch durch Geldunterstützungen an den Verbänden zu beteiligen.

In Anlehnung an die Provinzialverbände sind in Norddeutschland die Zentralauskunftstellen der Arbeitsnachweise zunächst für die Dauer des Krieges gegründet worden. Diese bezwecken einen Zusammenschluß aller Arbeitsnachweise des Gebietes, auch der Interessentenarbeitsnachweise der Arbeitgeber und Arbeiter.

5. Die Zentralauskunftstellen.

Die Zentralauskunftstellen sollen einmal Auskunft erteilen über die auf ihrem Gebiet vorhandenen Arbeitsnachweise, sodann sollen sie den Ausgleich der unerledigten Aufträge zwischen den einzelnen angeschlossenen Arbeitsnachweisen besorgen. An sie sind daher die unerledigten Aufträge von den nicht gewerbsmäßigen Arbeitsnachweisen zu melden. Eine wichtige Aufgabe der Zentralauskunftstellen ist zurzeit die Begutachtung der Anträge auf Zurückstellung vom Heeresdienst und schließlich sind die Zentralauskunftstellen in Aussicht genommen für die Zurückführung der Arbeiter zu den Arbeitsstellen nach Friedensschluß.

Einzelne Zentralauskunftstellen, so die Zentralauskunftstelle für Berlin und die Provinz Brandenburg, sind unabhängig von den Provinzialverbänden.

Die landwirtschaftlichen Arbeitsnachweise werden in der Regel von der Landwirtschaftskammer unterhalten.

Durch die provinzielle Regelung aller Arbeitsnachweisverbände erwachsen den Oberpräsidenten wichtige Funktionen bei der Organisation des Arbeitsnachweises. Im übrigen liegt aber die Aufsicht über die Arbeitsnachweise in Preußen der Regierung, in Berlin dem Polizeipräsidenten ob. Soweit es sich um Gemeindearbeitsnachweise handelt, ist Aufsichtsinstanz die Gemeindeaufsichtsbehörde, also je nach dem Charakter der Gemeinde der Landrat, der Regierungspräsident oder der Oberpräsident. Nach § 12 der Vorschriften vom 21. August 1910 über den Betrieb nicht-gewerbsmäßiger Stellenvermittlungen kann der Regierungspräsident, in Berlin der Polizeipräsident nicht gewerbsmäßige Stellenvermittlungen von der Beobachtung der genannten Vorschriften entbinden.

Für die Festsetzung der Gebührentaxen sind in Preußen zuständig für die Stellenvermittlung für Bühnenpersonal der Minister für Handel und Gewerbe, für Schiffsleute die Regierungspräsidenten, im übrigen die Ortspolizeibehörden.

In Bayern sind die öffentlichen Arbeitsnachweise in fünf Bezirke zusammengefaßt, denen je ein städtisches Arbeitsamt als Zentralstelle vorsteht. Da in Bayern wie überhaupt in Süddeutschland der öffentliche Arbeitsnachweis die herrschende Form des Arbeitsnachweises ist, so ist dort die Organisation einfacher als in Preußen.

Deshalb hat Bayern auch keine besonderen Zentralauskunftstellen, sondern die Funktionen derselben sind einfach den Zentralstellen der Bezirke übertragen worden.

6. Die örtlichen Arbeitsnachweise.

Die unterste Stufe der Arbeitsnachweisorganisation der einzelnen Arbeitsnachweise ist die wichtigste. Mehr und mehr übernehmen die Gemeinden, besonders durch die Bundesratsverordnung vom 14. Juni 1916 veranlaßt, die Errichtung öffentlicher Arbeitsnachweise selbst in die Hand. Ihre Rechtslage wurde bereits in Kapitel 2 B. III erörtert. Es handelt sich hierbei nicht nur um eine gewerbliche Aufgabe der Gemeinden, obwohl diese im Vordergrunde steht, sondern auch um Aufgaben der Landwirtschaft, der Dienstbotenvermittlung, der Vermittlung von Krankenpflegepersonal u. a. m.

Gerade auf dieser Organisationsstufe des Arbeitsnachweises finden wir ein sehr gemischtes System vor, neben reinen Gemeindeanstalten hat man in einzelnen Städten einen mehr oder minder privaten Konzern der vorhandenen Arbeitsnachweise geschaffen, z. B. in Cöln, Dresden, Wiesbaden.

In Berlin hatte vor der am 1. April 1917 erfolgten Übernahme des Arbeitsnachweises durch die städtische Verwaltung hauptsächlich der von der Stadtgemeinde unterstützte und zuletzt durch sein Statut eng mit der städtischen Verwaltung verschmolzene Zentralverein für Arbeitsnachweis die Funktion des kommunalen Arbeitsnachweises ausgeübt. Die wichtigsten Bestimmungen der Satzung dieses Vereins lauten:

Der Verein bezweckt Arbeitgebern Arbeitsuchende und Arbeitern Arbeitgeber nachzuweisen und außerdem Herbergen und sonstige Einrichtungen zum Wohle der arbeitenden Klassen zu treffen. Mitglied wird jeder, der für die Vereinszwecke eine einmalige Zahlung von 300 M. leistet oder sich zur Zahlung eines laufenden Beitrags von 4 Mk. jährlich verpflichtet. Außerdem ist die Stadt Berlin als Mitglied besonders aufgeführt.

Der Verein wird durch einen von 30 Mitgliedern bestehenden Vorstand geleitet, von diesen 14 von der Generalversammlung gewählt, 3 vom Magistrat zu Berlin, 10 und zwar je 5 Arbeitgeber und 5 Arbeiter vom Ausschuß des Gewerbegerichts für Gutachten und Anträge. Der Vorstand wählt aus seiner Mitte einen Vorsitzenden, einen Schatzmeister und einen Schriftführer. Der Vorsitzende leitet die Verhandlungen des Vorstandes und der Generalversammlung.

Er beruft den Vorstand so oft dies die Lage der Geschäfte erfordert, insbesondere binnen 14 Tagen, wenn der Magistrat oder 12 Vorstandsmitglieder es verlangen. Der Magistrat kann verlangen, daß bestimmte Gegenstände auf die Tagesordnung gesetzt werden. Die Stadt Berlin hat im Vorstand und in der Generalversammlung stets eine Stimme mehr als die Hälfte der anwesenden Mitglieder. Wenn sich der Verein auflöst oder seine Tätigkeit einstellt, so kann die Stadt Berlin in alle seine Rechte gegen bloße Übernahme der Verpflichtung des Vereins eintreten.

Um den überwiegenden Einfluß der Stadt zu mildern, war die Ausübung des städtischen Stimmrechts einer Deputation übertragen worden, welcher wiederum Arbeitgeber und Arbeiter als Mitglieder angehören[1]).

---

[1]) Ein weiteres Beispiel für die Organisation eines gemein-

Die Verbindung mit den dem Verein angeschlossenen Facharbeitsnachweisen wurde dadurch hergestellt, daß der Verein die Mittel für diese Facharbeitsnachweise unter Zahlung von Beiträgen der beteiligten Verbände hergab und daß der Vorsitz in dem paritätischen Verwaltungskuratorium durch ein Vorstandsmitglied des Zentralvereins geführt wurde.

Nach der Verstadtlichung liegt die Oberleitung des Arbeitsnachweises der Deputation für Arbeitsnachweis ob und die Oberleitung der Facharbeitsnachweise, welche als Fachabteilungen bezeichnet werden und somit Gemeindeeinrichtungen geworden sind, erfolgt durch paritätische Kuratorien, deren Leitung einem Mitgliede der Deputation oder mit deren Genehmigung einem anderen höheren städtischen Beamten obliegt[1]).

---

nützigen Arbeitsnachweises in Vereinsform ist der Zentralarbeitsnachweis in Dresden.

[1]) Für die Satzungen der Fachabteilung dient folgendes Muster:

Musterstatut.

§ 1. Zur Verwaltung und Beaufsichtigung des Arbeitsnachweises der Stadt Berlin, Fachabteilung für .... wird ein Kuratorium gebildet. Dasselbe besteht aus mindestens je vier Vertretern der Arbeitgeber und Arbeitnehmer sowie mindestens je 1 Ersatzmann, dem Vorsitzenden und dem stellvertretenden Vorsitzenden.

§ 2. Die Vertreter der Arbeitgeber und Arbeitnehmer sowie deren Ersatzmänner werden von .... gewählt.

Wählbar zum Vertreter der Arbeitgeber sind nur Personen, welche .....
....
wählbar zum Vertreter der Arbeitnehmer sind nur solche ....
....

Kommt eine Wahl der Vertreter der Arbeitnehmer oder Arbeitgeber nicht zustande, so können diese Vertreter durch die Deputation für Arbeitsnachweis ernannt werden.

Der Vorsitzende es Kuratoriums sowie sein Stellvertreter werden von den dem Kuratorium angehörigen Vertretern der Arbeitgeber und Arbeitnehmer aus er Zahl er Deputation für Arbeitsnachweis angehörigen Mitglie ern, ausnahmsweise mit Genehmigung ieser Deputation aus den Reihen anderer höherer Beamten der Stadt Berlin gewählt. Es darf der Vorsitzende weder Arbeitgeber noch Arbeitnehmer sein.

Bei zeitweiliger gleichzeitiger Behinderung des Vorsitzenden und seines Stellvertreters wird ein Vertreter durch den Vorsitzenden der Deputation für

Die Vermittlung erfolgt im allgemeinen kostenlos, die vor dem Kriege vom Zentralverein erhobene Einschreibgebühr von 20 Pf. ist zunächst für die Kriegsdauer abgeschafft. Beim Dienstboten arbeitsnachweis werden aber Gebühren erhoben.

Die technische Leitung des gesamten Arbeitsnachweises ist einem Direktor unterstellt. Dieser hat die Anweisungen der Deputation zu befolgen. Ihm untersteht ein Oberinspektor des Arbeitsnachweises für die männliche Abteilung, welcher zugleich in Behinderungsfällen sein Vertreter ist und eine Leiterin der weiblichen Abteilung. Daneben sind noch vorgesehen leitende Beamte der Abteilung für Kriegsbeschädigte, für die Vermittlung städtischer Arbeiter und für einzelne größere Facharbeitsnachweise.

Arbeitsnachweis aus der Zahl der Mitglieder der Deputation für Arbeitsnachweis mit der Wahrnehmung der Geschäfte des Vorsitzenden betraut.

Die Wahlperiode für sämtliche Mitglieder des Kuratoriums einschließlich der Vorsitzenden beträgt zwei Jahr.

Die Ersatzmänner treten an die Stelle der während der Dauer der Wahlperiode ausscheidenden sowie der zeitweise behinderten Vertreter.

Arbeitnehmer erhalten für jede Sitzungsstunde 2 M. Entschädigung.

§ 3. Das Kuratorium ist beschlußfähig bei Anwesenheit von mindestens je einem Vertreter der Arbeitgeber und Arbeitnehmer, sowie des Vorsitzenden oder seines Stellvertreters.

Beschlüsse werden mit einfacher Stimmenmehrheit gefaßt. Stimmengleichheit wird der Ablehnung gleich erachtet. Der Vorsitzende hat nur beratende Stimme.

Bei Abstimmungen muß stets die gleiche Zahl Arbeitgeber und Arbeitnehmer stimmen. Sind hierbei von einer Kategorie mehr Mitglieder vorhanden als von der anderen, so haben sich die jüngsten Mitglieder der ersteren Kategorie der Abstimmung zu enthalten.

Die Ersatzmänner sind zu allen Sitzungen des Kuratoriums einzuladen und können den Sitzungen mit beratender Stimme beiwohnen.

Ein Vertreter der Deputation für Arbeitsnachweis ist befugt, den Sitzungen mit beratender Stimme beizuwohnen.

Die Sitzungen des Kuratoriums werden nach Bedarf einberufen. Auf den Antrag von drei Mitgliedern des Kuratoriums muß innerhalb 8 Tagen von dem Vorsitzenden eine Sitzung einberufen werden.

§ 4. 1. Dem Kuratorium steht die Aufsicht über den gesamten Betrieb des Arbeitsnachweises zu. Dasselbe hat zu diesem Zwecke regelmäßige Revision des Betriebes durch die Mitglieder und Ersatzmänner des Kuratoriums einzurichten.

2. Das Kuratorium entscheidet über Beschwerden der den Arbeitsnachweis benutzenden Arbeitgeber und Arbeitnehmer. Die Entscheidung kann auch durch

Die Vermittler müssen nach den Satzungen der Facharbeitsnachweise dem Gewerbe angehören, während für die übrigen Vermittler keine Beschränkung in der Auswahl besteht. Sie werden von den Kuratorien vorgeschlagen und vom Magistrat angestellt.

Die Leitung und Beaufsichtigung der Facharbeitsnachweise, insbesondere die Aufstellung der Vermittlungsgrundsätze, liegt den Kuratorien ob.

Die Vermittlungsgrundsätze werden bei den Facharbeitsnachweisen durch besondere Geschäftsordnungen festgesetzt. Die äußere Ordnung des Betriebs regelt die Hausordnung[1]).

Die Innungsarbeitsnachweise sind Einrichtungen der Innungen und unterstehen der Verwaltung derselben. Die Gesellenausschüsse.

Eine besondere Erscheinung sind die Arbeitsnachweise für Kriegsbeschädigte. Sie waren eine Folge der Kriegsbeschädigten-

---

den Vorsitzenden nach Anhörung je eines Mitgliedes der Arbeitgeber und Arbeitnehmer des Kuratoriums erfolgen. Gegen die Entscheidung ist stets die weitere Beschwerde an die Deputation für Arbeitsnachweis zulässig.

3. Das Kuratorium berät über alle den Arbeitsnachweis berührenden Angelegenheiten. Insbesondere setzt das Kuratorium die Norm für die Einrichtungen und die Art des Geschäftsbetriebes des Arbeitsnachweises fest.

4. Die Vermittler müssen dem Gewerbe angehören. Das Kuratorium macht die Vorschläge für die Anstellung der Vermittler des Arbeitsnachweises. Ihre Anstellung erfolgt durch die Stadtgemeinde Berlin.

5. Das Kuratorium ist verpflichtet, dem Statistischen Amt der Stadt Berlin für Zwecke der Statistik die notwendigen Angqben, insbesondere über die erfolgten Arbeitsangebote, Arbeitsnachfragen und Arbeitsvermittlungen zu machen. Die allgemeinen Grundsätze für die statistischen Aufnahmen werden von dem Vorstande der Deputation für Arbeitsnachweis festgesetzt.

§ 5. Die Kosten des Arbeitsnachweisbetriebes werden durch die Stadt Berlin getragen. Die angeschlossenen Vereine zahlen einen besonders zu vereinbarenden Zuschuß.

§ 6. Abänderungen des Statuts beschließt das Kuratorium mit $^2/_3$ Majorität der anwesenden Mitglieder; die Abänderungen bedürfen der Zustimmung der Deputation für Arbeitsnachweis.

§ 7. Der Deputation für Arbeitsnachweis und den beteiligten 4 Verbänden steht das Recht zu, jederzeit nach vorheriger sechsmonatiger Kündigung von den nach Maßgabe dieses Statuts getroffenen Vereinbarungen zurückzutreten.

Vorstehendes Statut ist vom Kuratorium in seiner Sitzung am .... beschlossen worden.

[1]) Hausordnung des Zentralarbeitsnachweises Dresden: Graack, Ein Deutscher Arbeitsnachweis in seiner geschichtlichen Entwicklung, S. 143.

fürsorge, die von dem Grundsatze ausging, die Kriegsbeschädigten nach Möglichkeit wieder für das bürgerliche Leben zu ertüchtigen und daraus ergab sich für die überwiegende Mehrheit der Schluß, sie wieder der wirtschaftlichen Arbeit, dem Dienst in Handel, Gewerbe, Industrie, Landwirtschaft usw. wieder zuzuführen. Dazu gehörte in erster Linie die Vermittlung geeigneter Arbeitsstellen. Mit Rücksicht auf die beschränkte Erwerbsfähigkeit der Kriegsbeschädigten mußte diese Art der Arbeitsvermittlung in erster Linie davon ausgehen, die Möglichkeit für ihre Beschäftigung, die Beschaffung und Ausfindigmachung geeigneter Stellen in die Hand zu nehmen.

7. Die Organisation des Arbeitsnachweises in den einzelnen Berufen.

Die Organisation des Arbeitsnachweises weist erhebliche Verschiedenheiten bei den einzelnen Berufen auf. Während der Arbeitsnachweis des einen Berufs einheitlich durch das ganze Reichsgebiet geregelt ist, haben andere Berufe eine provinzielle Regelung, wie vielfach die Landwirtschaft, wieder andere eine örtliche. Es kommt aber auch nicht selten vor, daß die Regelung die politischen Verwaltungsgrenzen unbeachtet läßt und sich über ein größeres zusammenhängendes Wirtschaftsgebiet erstreckt, so erstrecken sich sämtliche Berliner Facharbeitsnachweise auf das ganze Gebiet von Großberlin. Auch der Arbeitsnachweis für die Gastwirtschaft in Dortmund umfaßt ein größeres Gebiet.

Der Zentralarbeitsnachweis in Dresden umfaßt den Bezirk der Kreishauptmannschaft Dresden.

Vielfach sind zwar die Arbeitsnachweise selbst nicht zentral organisiert, es ist aber durch allgemeine ganz Deutschland umfassende Tarifverträge zwischen Arbeitgebern und Arbeitern vereinbart worden, an allen Orten, wo das betreffende Gewerbe seinen Sitz hat, Arbeitsnachweise, und zwar gewöhnlich in paritätischer Form zu errichten.

Viertes Kapitel.

Die Arbeitsnachweisverbände.

Überblick.

Wir haben bereits wiederholt die einzelnen Arten der Arbeitsnachweisverbände berührt. Sie erfordern eine besondere Behandlung, da sie eine eigenartige private, oder vielmehr gemischt private und öffentliche Ergänzung des öffentlichen Arbeitsnachweises darstellen.

Der umfassendste Verband ist der Verband Deutscher Arbeitsnachweise. Daneben gibt es Verbände, die sich die Regelung eines einzelnen Zweiges des Arbeitsnachweises zur Aufgabe machen, so wird der Verein für entlassene Strafgefangene, der sich die Arbeitsbeschaffung für diese Gruppe von Arbeitsuchenden zur Aufgabe macht, in dem Verbande der Deutschen Schutzvereine für entlassene Gefangene zusammengeschlossen.

Die Preußischen Arbeitsnachweisverbände bilden den Preußischen Arbeitsnachweisverband, die bayrischen den Verband bayrischer Arbeitsnachweise.

Im übrigen bestehen meist für preußische Provinzen oder kleinere Bundesstaaten oder für mehrere derselben umfassende Gebiete Arbeitsnachweisverbände, welche die gemeinnützige und öffentliche Stellenvermittlung ihrer Gebiete zusammenfassen, die zwischenörtliche Vermittlung regeln, im übrigen sich aber mit der eigentlichen Vermittlungstätigkeit nur ausnahmsweise befassen.

Ein Ergebnis des Krieges sind die Zentralauskunftstellen. Auch sie stellen eine Zusammenfassung dar. Ihr räumliches Gebiet ist von verschiedenem Umfang. Bald umfassen sie ganze Provinzen in Anlehnung an die provinziellen Arbeitsnachweisverbände, bald beziehen sie sich auf kleinere Städte. Ihre Aufgabe als Verbände ist es, außer der gemeinnützigen und öffentlichen Stellenvermittlung auch die Interessentenarbeitsnachweise der Arbeitgeber und Arbeiter in die gemeinsame Organisation einzubeziehen.

Zum Schluß seien die Arbeitsgemeinschaften der Arbeitgeber- und Arbeiterverbände für die Zwecke der Kriegsbeschädigtenfürsorge, insbesondere für die Arbeitsvermittlung von Kriegsbeschädigten, zum Teil aber auch für die Zurückführung der heimkehrenden Krieger nach Friedensschluß erwähnt. Die Arbeitsgemeinschaften sind Vereinigungen der Arbeitgeber- und Arbeiterverbände der einzelnen Gewerbe. Die Geschäftsführung liegt in Händen von Kommissionen, die in gleicher Zahl aus Arbeitgebern und Arbeitern zusammengesetzt sind und bisweilen einen unparteiischen, d. h. weder den Arbeitgebern und den Arbeitern angehörigen Vorsitzenden haben. Bisweilen haben die bestehenden paritätischen Facharbeitsnachweise die Geschäfte der Arbeitsgemeinschaften übernommen. Die Arbeitsgemeinschaften erstrecken sich bei einzelnen Gewerben über das ganze Reich, bei anderen nur über Provinzen oder einzelne Gemeinden.

1. Der Verband Deutscher Arbeitsnachweise.

Der Verband Deutscher Arbeitsnachweise ist ein Verein mit dem Sitze in Berlin. Sein Zweck ist die Förderung des planmäßigen Ausbaues der Arbeitsvermittlung auf gemeinnütziger Grundlage, insbesondere

1. Die Förderung
   a) der Errichtung öffentlicher Arbeitsnachweise und räumlicher Arbeitsnachweisverbände,
   b) des Austausches der Erfahrungen der einzelnen Arbeitsnachweise vornehmlich in Verwaltungsfragen,
   c) der Statistik über die Betriebsergebnisse und der Berichterstattung über die Lage des Arbeitsmarktes,
   d) eines geordneten Zusammenwirkens der Arbeitsnachweise und Arbeitsnachweisverbände zur Herbeiführung eines Ausgleiches von Arbeitsangebot und Arbeitsnachfrage zwischen den verschiedenen Orten und Gebietsteilen des Reichs, sowie zwischen Stadt und Land,
   e) der Lehrstellenvermittlung und Berufsberatung,
   f) der Arbeitsvermittlung für Wandernde und sonstiger mit dem Arbeitsnachweise in Zusammenhang stehender Einrichtungen,
2. Die Vertretung der gemeinsamen Interessen nach außen,
3. Die Veranstaltung von Tagungen zur Erörterung allgemeiner Fragen des Arbeitsnachweises.

Mitglieder des Verbandes sind: alle Arbeitsnachweise, die einem der in § 4 bezeichneten Verbände angehören.

Der Verband wird durch den Verbandsausschuß und den Verbandsvorstand verwaltet.

Der Ausschuß besteht aus je einem Vertreter der angeschlossenen Arbeitsnachweisverbände. Dem bayrischen Verband steht das Recht zu, zwei Vertreter zu entsenden. Der Ausschuß kann sich durch Zuwahl von höchstens drei Personen ergänzen.

Die Geschäftsführer der Arbeitsnachweisverbände können an den Sitzungen des Ausschusses mit beratender Stimme teilnehmen.

Die Verbandsversammlung besteht aus Vertretern der dem Verbande angehörigen Arbeitsnachweise. Die Verbandsversammlung entscheidet über alle Angelegenheiten des Verbandes, soweit sie nicht dem Ausschuß oder dem Vorstande überwiesen sind. Der Ausschuß besteht aus 15 Mitgliedern, die von der Verbandsversammlung auf 4 Jahre gewählt werden. Der Ausschuß hat die Verbandsversammlung vorzubereiten und deren Beschlüsse auszuführen. Er stellt die allgemeinen Grundsätze für die Führung der Geschäfte fest, ferner liegt ihm die Feststellung des Jahreshaushaltes, die Prüfung der Jahresrechnung, die Entlastung des Vorsitzenden und Geschäftsführers ob. Der Vorstand hat die Geschäfte des Ausschusses vorzubereiten und auszuführen.

Im Anschluß an die ordentlichen Verbandsversammlungen sollen Arbeitsnachweiskonferenzen stattfinden, in welchen über die Tätigkeit und über die Erfahrung der Arbeitsnachweise berichtet und über Fragen, welche für den Arbeitsnachweis von Bedeutung sind, verhandelt werden soll.

Das Verbandsorgan ist der „Arbeitsnachweis in Deutschland", die Fortsetzung des früheren Verbandsorganes „Der Arbeitsmarkt".

Der Verband wird durch laufende Unterstützungen des Reiches gefördert und in der Regel gutachtlich über die beabsichtigten Maßnahmen der Reichsregierung auf dem Gebiete des Arbeitsnachweises gehört.

2. Die katholischen karitativen Stellenvermittlungen Deutschlands haben sich zu dem Reichsverbande karitativer Stellenvermittlung zusammengeschlossen, deren Satzung lautet:

§ 1. Die katholischen sozial-karitativen Stellenvermittlungen Deutschlands schließen sich zu einem Verbande zusammen, der den Namen trägt: „Reichsverband sozial-karitativer Stellenvermittlungen."

§ 2. Zweck des Verbandes ist 1. die Förderung der sozial-karitativen Stellenvermittlung und der einzelnen sozial-karitativen Arbeitsnachweise in sämtlichen deutschen Bundesstaaten; 2. die gegenseitige Zusammenarbeit und der Austausch der Erfahrungen; 3. die Vertretung nach außen und die Wahrung der Interessen der sozial-karitativen Stellenvermittlung; 4. der Zusammenschluß der sozial-karitativen Stellenvermittlungen zu Diözesan- bzw. zu Landesverbänden.

§ 3. Diesen Zweck sucht der Verband zu erreichen: 1. durch gemeinsame Beratungen; 2. durch geeignete Veröffentlichungen; 3. durch einheitliche Statistik; 4. durch Aufstellung gemeinsamer Leitsätze zur Führung der Stellenvermittlung; 5. durch Abhaltung bzw. Anregung von Unterrichtskursen für die mit der Stellenvermittlung betrauten Persönlichkeiten.

§ 4. Mitglieder des Reichsverbandes sind als Unterverbände die Diözesan- bzw. die Landes- und Provinzialverbände. Die Selbständigkeit der einzelnen Unterverbände wird durch den Beitritt nicht berührt. Sozial-karitative Zentralorganisationen des katholischen Deutschlands können dem Reichsverband als Mitglieder beitreten. Der Beitrag der Mitglieder wird durch Beschluß des Verbandsausschusses geregelt.

§ 5. An der Spitze des Verbandes steht die Verbandsleitung. Sie besteht aus dem Verbandsvorstand und aus dem Verbandsausschuß. Der Verbandsvorstand besteht aus dem Vorsitzenden und zwei Stellvertretern. Der Verbandsausschuß besteht aus dem Verbandsvorstand und den Vertretern der angeschlossenen Verbände. Sitz der Verbandsleitung ist Frankfurt a. M., die Geschäftsstelle ist die Zentralstelle des Nationalverbandes der katholischen Mädchenschutzvereine. Die Tätigkeit der Verbandsleitung und der Geschäftsstelle, sowie das Verhältnis des Reichsverbandes zu den angeschlossenen Organisationen im einzelnen wird durch die Geschäftsordnung festgelegt. Die Geschäftsordnung wird durch den Vorstand mit Genehmigung der Mitgliederversammlung aufgestellt.

§ 6. Alljährlich findet eine Mitgliederversammlung statt, an der auch die Mitarbeiterinnen der karitativen Stellenvermittlungen mit beratender Stimme teilnehmen können. Die Einladung zur alljährlichen Mitgliederversammlung erfolgt durch den Verbandsvorstand vier Wochen vor der Tagung. Anträge an die Mitgliederversammlung sind drei Wochen vorher einzusenden und acht Tage vorher den Ausschußmitgliedern zu übersenden. Gelegentlich der Mitgliederversammlung findet eine Ausschußsitzung statt. Nach Bedarf kann auch während des Jahres eine Ausschußsitzung einberufen werden.

§ 7. Das Geschäftsjahr des Verbandes ist das bürgerliche Jahr.

3. Der Preußische Arbeitsnachweisverband[1]).

Die provinziellen preußischen Arbeitsnachweisverbände, auch der Mitteldeutsche Arbeitsnachweisverband und später der Arbeitsnachweis der Stadt Berlin haben sich am 22. November 1913 zu dem PreußischenArbeitsnachweisverband zusammengeschlossen. Zweck des Verbandes ist, ohne Beeinträchtigung des Wirkungskreises des Verbandes Deutscher Arbeitsnachweise und der Selbständigkeit der angeschlossenen Verbände, die Förderung des öffentlichen, gemeinnützigen Arbeitsnachweises im preußischen Staate, die Erörterung der gemeinsamen Angelegenheiten seiner Mitglieder in wiederkehrenden Beratungen und die Wahrnehmung ihrer Interessen gegenüber den zuständigen Stellen. Beitrittsberechtigt sind diejenigen Arbeitsnachweisverbände, welche preußische Gebietsteile umfassen. Organe des Verbandes sind das Präsidium und die Verbandsversammlung. Das Präsidium besteht aus dem Vorsitzenden und seinen beiden Vertretern, welche von der Verbandsversammlung gewählt werden. Die Verbandsversammlung wird nach Bedarf einberufen. Sie muß auf Antrag von 3 Mitgliedern einberufen werden. Die Kosten werden auf die Mitglieder verteilt. Der Aus-

[1]) Statut siehe Schriften des Verbandes Deutscher Arbeitsnachweise Bd. XIII S. 72ff.

tritt kann nur nach 6monatlicher Kündigung zum Schluß des Geschäftsjahres, also zum 31. März, geschehen.

Die Verbandsversammlung kann von den Mitgliedern nach Belieben beschickt werden, doch hat jeder Verband nur eine Stimme.

4. Der Verband bayrischer Arbeitsnachweise umfaßt Bayern mit Ausschluß der Pfalz.

5. Die Landes- bzw. Provinzialverbände.

Die Landes- und Provinzialverbände der Arbeitsnachweise bezwecken die Förderung des gemeinnützigen Arbeitsnachweises auf ihrem Gebiete. Ihre Hauptaufgabe ist die Förderung der zwischenörtlichen Vermittlung, im übrigen haben sie u. a. folgende Aufgaben gestellt:

Die Errichtung neuer Arbeitsnachweise und die Belebung der vorhandenen anzuregen, eine Statistik über die Ergebnisse der Arbeitsvermittlung und die Arbeitslosen zu führen, die gemeinsamen Interessen der Verbandsmitglieder zu fördern, den Verkehr mit anderen Verbänden zu regeln und Besprechungen über Fragen des Arbeitsnachweises und verwandter Gebiete zu veranstalten.

Verzeichnis der gegenwärtig bestehenden provinziellen und Landes-Arbeitsnachweisverbände.

1. Ostpreußischer Arbeitsnachweisverband, Sitz: Königsberg i. Pr., Klapperwiese 3. Verbandsgebiet: Provinz Ostpreußen.
2. Westpreußischer Arbeitsnachweisverband, Sitz: Danzig, Landeshaus. Verbandsgebiet: Provinz Westpreußen.
3. Verband der Arbeitsnachweise in der Provinz Posen, Sitz: Posen, Sapiehaplatz 9, Verbandsgebiet: Provinz Posen.
4. Verband Pommerscher Arbeitsnachweise, Sitz: Stettin, Landeshaus. Verbandsgebiet: Provinz Pommern.
5. Schlesischer Arbeitsnachweisverband, Sitz: Breslau, Landeshaus. Verbandsgebiet: Provinz Schlesien.
6. Verband Märkischer Arbeitsnachweise, Sitz: Berlin, Am Köllnischen Park 3. Verbandsgebiet: Provinz Brandenburg und Berlin.
7. Verband Mecklenburgischer Arbeitsnachweise, Sitz: Güstrow i. M., Spaldingplatz 15. Verbandsgebiet: Großherzogtümer Mecklenburg-Schwerin und Mecklenburg-Strelitz.
8. Arbeitsnachweisverband Sachsen-Anhalt, Sitz: Magdeburg, Regierungsstraße Nr. 28. Verbandsgebiet: Provinz Sachsen und Herzogtum Anhalt.
9. Mitteldeutscher Arbeitsnachweisverband, Sitz: Frankfurt a. M., Gr. Friedbergerstraße Nr. 28. Verbandsgebiet: Provinz Hessen-Nassau, Großherzogtum Hessen, Fürstentum Waldeck und die rheinpreußischen Kreise Kreuznach und Wetzlar.

10. Verband Schleswig-Holsteiner Arbeitsnachweise, Sitz: Schleswig, Prinzenpalais. Verbandsgebiet: Provinz Schleswig-Holstein.
11. Hanseatischer Arbeitsnachweisverband, Sitz: Hamburg, Gr. Bleichen 61/63 (Gewerbekammer). Verbandsgebiet: Hansastädte Hamburg, Bremen und Lübeck.
12. Verband Niedersächsischer Arbeitsnachweise, Sitz: Hannover, Hedwigstraße 12. Verbandsgebiet: Provinz Hannover, Herzogtum Oldenburg, Herzogtum Braunschweig, Fürstentum Schaumburg-Lippe, Kreis Rinteln.
13. Verband Westfälischer Arbeitsnachweise E. V., Sitz: Münster i. W., Landeshaus. Verbandsgebiet: Provinz Westfalen und Fürstentum Lippe.
14. Rheinischer Arbeitsnachweisverband E.V., Sitz: Cöln, Mauritiuswall 66. Verbandsgebiet: Die Rheinprovinz und das Fürstentum Birkenfeld.
15. Verband Elsaß-Lothringischer Arbeitsämter. Sitz: Straßburg i. Els., Schloßplatz 5. Verbandsgebiet: Elsaß-Lothringen.
16. Verband Badischer Arbeitsnachweise. Sitz: Karlsruhe, Zähringerstraße 100. Verbandsgebiet: Großherzogtum Baden.
17. Staatl. Landeszentrale für Arbeitsnachweis für das Königreich Württemberg. Sitz: Stuttgart, Schmalestraße 11. Verbandsgebiet: Königreich Württemberg.
18. Verband Bayrischer Arbeitsnachweise. Sitz: München, Thalkirchenstraße 54. Verbandsgebiet: Königreich Bayern (einschl. der Pfalz).
19. Verband Thüringischer Arbeitsnachweise. Sitz: Jena, Unterm Markt 8. Verbandsgebiet: Thüringische Bundesstaaten.
20. Verband der öffentlichen gemeinnützigen Arbeitsnachweise des Königreichs Sachsen. Sitz: Leipzig, Königstr. 15. Verbandsgebiet: Königreich Sachsen.

Der Bezirk der Preußischen Arbeitsnachweisverbände umfaßt im allgemeinen eine Provinz. In fünf Fällen (Rheinprovinz, Westfalen, Hessen, Sachsen, Hannover) begreift er darüber hinaus auch anschließende, nichtpreußische Gebietsteile. Zu den Mitgliedern der Verbände gehören neben den gemeinnützigen Arbeitsnachweisen, Städten und Kreisen, mehrfach auch Landesversicherungsanstalten, fast überall auch die Provinzen, in Hessen-Nassau die Bezirksverbände Cassel und Wiesbaden, ferner viele Handelskammern und Handwerkskammern und sämtliche Landwirtschaftskammern. Die Provinzverwaltungen und öffentlichen Körperschaften sind an der Verwaltung der Verbände fast überall in besonderem Maße beteiligt. Die Oberpräsidenten gehören dem Vorstande an, oder entsenden satzungsgemäß Vertreter zu den Sitzungen. Vorsitzende sind höhere Staats-, Provinzial- oder Gemeindebeamten.

Die Arbeitsnachweisverbände sind ins Leben gerufen worden, um das lückenhafte Netz gemeinnütziger Arbeitsnachweise zu vervollständigen und den Ausgleich zwischen dem Überfluß an Arbeitern in den größeren und mittleren Städten und dem Arbeitermangel in kleinen Gemeinden und auf dem Lande herbeizuführen. Sie befassen sich auch mit der Veranstaltung von Unterrichtskursen für die Arbeitsnachweisverwalter und von Verwalterkonferenzen, sowie die Beschaffung der für die Vermittlungstätigkeit erforderlichen technischen Einrichtungen, Anmeldungskarten, Rundschreiben, Formulare, Reklameplakate, Kartenkasten u. dgl. Auch die Lehrstellenvermittlung haben sie zum Teil in den Bereich ihrer Tätigkeit gezogen.

Sie stehen in Beziehungen zu den Herbergen zur Heimat und den Wanderarbeitsstätten. Für das Zusammenarbeiten mit den Landwirtschaftskammern haben diese im Februar und Juli 1913 mit den Verbänden folgende Grundzüge aufgestellt:

1. Die Landwirtschaftskammern beteiligen sich an der Bildung von Arbeitsnachweisverbänden und deren Bestrebungen.

2. In den Verbänden stehen die allgemeinen öffentlichen Arbeitsnachweise und die Arbeitsnachweise der Landwirtschaftskammern als öffentliche, gemeinnützige Arbeitsnachweise völlig gleichberechtigt nebeneinander. Die Arbeitsnachweisverbände befassen sich lediglich mit der Vermittlung inländischer Arbeitsnachweisverbände.

3. Die Verbände wirken darauf hin, daß diejenigen öffentlichen Arbeitsnachweise, in denen die Vermittlung landwirtschaftlichen Personals einen größeren Umfang angenommen hat, Fachabteilungen bilden, in denen die Landwirtschaftskammer mitwirkt.

4. Die Verbände wirken dahin, daß in kleineren Orten, wo Fachabteilungen nicht gebildet werden und das Nebeneinanderbestehen zweier Facharbeitsnachweise unzweckmäßig wäre, die allgemeinen öffentlichen Arbeitsnachweise sich bei der Vermittlung landwirtschaftlichen Personals nach den mit der Kammer vereinbarten Grundsätzen richten. In gleicher Weise wird nach Vereinbarung bei den Arbeitsämtern der Landwirtschaftskammern den Verwaltungsgrundsätzen der allgemeinen Arbeitsnachweise, bei der Vermittlung nicht landwirtschaftlichen Personals Rechnung getragen.

5. Die Verbände wirken darauf hin, daß die allgemeinen öffentlichen Arbeitsnachweise bei der Vermittlung landwirtschaftlichen Personals alle über die eigentliche Vermittlungstätigkeit hinausgehenden Aufgaben, z. B.: Schlichtung, Ausarbeitung von Vertragsformularen, der zuständigen Landwirtschaftskammer überlassen, soweit nicht Abweichungen nach Ziffer 8 vereinbart werden.

6. Die Verbände suchen unparteiisch auf eine Annäherung der Verwaltungsgrundsätze bei den Arbeitsnachweisen beider Träger, insbesondere auch in der Gebührenfrage, hinzuwirken.

7. Die Verbände erheben die Sicherstellung der Unparteilichkeit in der Verwaltung und im Betriebe des Arbeitsnachweises zum Betrieb. Sie erkennen an, daß diese Unparteilichkeit auch ohne die paritätische Form des Arbeitsnachweises gewährt werden kann.

8. Für das Zusammenarbeiten der einzelnen Arbeitsnachweise bleiben beiden Trägern Sonderabmachungen überlassen.

Fünftes Kapitel.

Die Stellung der Arbeitgeber und Arbeiter zum Arbeitsnachweis.

I. Vorbemerkung.

Jeder Leiter eines Arbeitsnachweises muß über die Stellung der Arbeitgeber und Arbeiter, sowie ihrer Verbände genau unterrichtet sein, da der Erfolg der Arbeitsnachweise nicht unwesentlich von dieser Haltung abhängt. Eine genaue Kenntnis des Standpunktes der am Arbeitsnachweis Beteiligten ermöglicht es, Reibungen zu vermeiden, die dem Arbeitsnachweis viel Mühe und Arbeit verursachen können. Der Arbeitsnachweis kann ferner, wenn er auch an sich nicht berufen ist, die Rolle der Gewerbegerichte bei der Beilegung von Arbeiterstreitigkeiten zu spielen, verhüten, daß die Arbeitsvermittlung zum Ausgangspunkt für derartige Streitigkeiten wird und damit kann er viel zum gewerblichen Frieden beitragen, während eine ungeschickte, die Stellung und die Empfindungen der Arbeitgeber und Arbeiter nicht genügend berücksichtigende Handhabung der Arbeitsvermittlung diesen Frieden ständig gefährdet.

Es ist nicht Aufgabe des Arbeitsnachweises, fortwährend einen einseitigen theoretischen Standpunkt und seinen Beruf zur Heilung aller möglichen sozialen Übel zu betonen, er wird vielmehr am segensreichsten wirken, wenn er sich auf seine eigentliche Aufgabe nach Möglichkeit beschränkt, diese aber mit der größten Sorgfalt und Liebe zur Sache in Kenntnis aller Bedürfnisse der Arbeitgeber und Arbeiter und ihrer Verbände erfüllt, ohne in dem Irrtum zu verfallen, daß er berufen und in der Lage wäre, die aus dem Gegensatz von Arbeitgebern und Arbeitern sich ergebenden Übelstände restlos zu beseitigen. Durch eine kluge und prompte Erfüllung der ihm übertragenen Aufgaben trägt er unmerklich, aber in höchst wirksamer Weise zur Gesundung des Verhältnisses zwischen Arbeitgeber und Arbeiter bei, während eine marktschreierische soziale Kurpfuscherei wenn sie auch nicht selten die Anerkennung derjenigen Partei einbringt, die davon im Augenblick ihren Vorteil hat, für die Allgemeinheit nur von größtem Nachteil ist.

Bei der Betrachtung der Stellung der Arbeitgeber und Arbeiter gehen wir zunächst von der Haltung der Arbeiter aus, weil deren Verbände zuerst dem Arbeitsnachweis ihre Aufmerksamkeit geschenkt haben, sodann werden wir die umfangreiche Wirksamkeit der Arbeitgeberverbände in Betracht ziehen, um schließlich die gemeinsamen Einrichtungen der Arbeitgeber und Arbeiter auf dem Gebiete des Arbeitsnachweises kennen zu lernen. Die Haltung der einzelnen Gruppen und Berufe der Arbeitgeber und Arbeiter ist eine verschiedene. Auch darauf wird sich die Darstellung erstrecken und schließlich werden wir die einzelnen Streitfragen erörtern, die sich aus dem Verhältnis der Arbeitgeber und Arbeiter zum Arbeitsnachweis ergeben.

II. Die Stellung der Arbeiter zum Arbeitsnachweis.

1. Überblick. Die verschiedenen gewerkschaftlichen Richtungen haben bisher jede ihre selbständige Stellung vertreten. Erst während des Krieges haben sie gegenüber der Frage der gesetzlichen Regelung des Arbeitsnachweises eine gemeinsame Haltung angenommen. Seit dieser Zeit haben sie sich auch im allgemeinen gemeinsam an den paritätischen Facharbeitsnachweisen beteiligt, was vereinzelt auch schon vorher der Fall war. Überhaupt beschränkten vorher sich die Streitigkeiten der Arbeitgeber und Arbeiter hinsichtlich des Arbeitsnachweises auf die Facharbeitsnachweise, während die Ver-

mittlung der ungelernten Arbeiter, sowie der jugendlichen, Erwerbsbeschränkten, auch im allgemeinen der weiblichen Arbeiter, keinen Gegenstand grundsätzlicher Meinungsverschiedenheiten mit den Arbeitgebern und Arbeitern bildete.

Die Vermittlungstätigkeit der gewerkschaftlichen Arbeitsnachweise ist statistisch schwer zu erfassen, weil es sich einmal um viele kleinere Geschäftsbetriebe handelt, die nicht in der Lage sind, regelmäßig zu berichten und weil andererseits die Vermittlung der Gewerkschaften vielfach keine bureaumäßige ist, sondern auf mündlichen Mitteilungen von Kollegen zu Kollegen beruht, die sich der Kontrolle entziehen. Die Zahl der Vermittlungen der Arbeitsnachweise wurde von Michalke[1]) auf 300000 im Jahre 1908 geschätzt, davon kommen 200—210000 auf die freien Gewerkschaften, 20—30000 auf die christlichen Gewerkschaften und die Hirsch-Dunckerschen Gewerkvereine und 50—60000 auf die nicht gewerkschaftlichen Kellnervereine.

2. Die freien Gewerkschaften.

Grundlegend für die Stellung der freien Gewerkschaften zum Arbeitsnachweis ist die Resolution des 3. Gewerkschaftskongresses in Frankfurt a. M. vom Jahre 1899, welche lautet:

„Die gewerkschaftliche Arbeitsvermittlung ist ein wertvolles Mittel zur Hebung der Lage der Arbeiter und zur Sicherung ihrer wirtschaftlichen Existenz. Der Kongreß hält deshalb nach wie vor an dem grundsätzlichen Standpunkt fest, daß der Arbeitsnachweis den Arbeiterorganisationen gebührt.

Die Mitwirkung von Staat und Gemeinde bei der Arbeitsvermittlung kann deshalb nur darauf beschränkt sein, die Mittel für die dazu notwendige Einrichtung und deren Erhaltung zur Verfügung zu stellen. Der Kongreß erkennt dagegen an, daß es unter den gegenwärtig bestehenden Verhältnissen an manchen Orten für eine Reihe von Berufen von Vorteil sein kann, sich an kommunalen Arbeitsnachweisen zu beteiligen. Dieselben sind jedoch nach folgenden Grundsätzen auszugestalten:

a) Verwaltung durch eine, aus in gleicher Zahl von den Arbeitgebern und Arbeitnehmern je in freier Wahl gewählten direkten Vertretern zusammengesetzte Kommission, unter Leitung eines unparteiischen Vorsitzenden;

b) Führung der Geschäfte durch aus den Reihen der Arbeiter hervorgegangene Beamte; Wahl derselben durch die Verwaltungskommission;

c) Ablehnung der Vermittlung von Arbeitskräften an solche Arbeitgeber und Dienstherren, welche notorisch ihre Pflichten als Arbeitgeber nicht er-

[1]) Dr. Otto Michalke, Die Arbeitsnachweise der Gewerkschaften im Deutschen Reich, Berlin 1912 (Georg Reimer) S. 12.

füllen, sowie an solche Arbeitgeber, welche bei ausbrechenden Differenzen mit ihren Arbeitern in keine Verhandlungen eintreten wollen;

d) genaue Feststellungen über die Lohnbedingungen und Veröffentlichung derselben mit den übrigen Ergebnissen der Arbeitsnachweisstatistik;

e) vertragsmäßige Verpflichtung der Arbeitgeber, die vor dem Arbeitsamt angegebenen Arbeits- und Lohnbedingungen nach erfolgter Einstellung auch zu erfüllen, um den Arbeiter oder Dienstboten vor Täuschung oder Benachteiligung zu schützen;

f) vollständige Gebührenfreiheit und Übernahme der gesamten Kosten auf die Gemeinde- oder Staatskasse.

Wo kommunale Arbeitsämter errichtet werden, hat die organisierte Arbeiterschaft ihren berechtigten Einfluß geltend zu machen und für die Durchführung vorstehender Forderungen einzutreten, ohne daß die einzelne Gewerkschaft verpflichtet werden kann, den etwa bestehenden, gut funktionierenden Facharbeitsnachweis ohne besonderen Grund aufzuheben. Derartige Facharbeitsnachweise sind jedoch möglichst mit dem städtischen Arbeitsamt in Verbindung zu bringen, um eine vollständige Arbeitsnachweisstatistik zu ermöglichen.

Paritätische Arbeitsnachweise sind nicht zu verwerfen, wenn es dadurch den Arbeitern gelingt, zugleich ihre Lohn- und Arbeitsverhältnisse günstiger und stabiler zu gestalten.

In den Arbeitsnachweisen der Innungen fällt den gewerkschaftlich organisierten Arbeitern ebenfalls die Aufgabe zu, diese, wenn sie einmal geschaffen, nach Möglichkeit im Interesse der Arbeiter auszugestalten."

Der 6. Gewerkschaftskongreß in Hamburg vom Jahre 1908 beschäftigte sich darauf mit den Mißständen der gewerbsmäßigen Stellenvermittlung und kam von diesem Standpunkte aus zu einer freundlicheren Haltung zum öffentlichen Arbeitsnachweis. Die dort gefaßte Resolution lautet:

„Die gänzliche Ausschaltung dieser volkswirtschaftlich schädlichen Existenzen (der Vermittler) ist im Interesse Hunderttausender von Arbeitern dringend geboten und ein vollkommener Ersatz hierfür durch Errichtung öffentlicher, von gemeinnützigen Gesichtspunkten aus geleiteter gebührenfreier Arbeitsnachweise zu schaffen. Die Stellenvermittlung und der Arbeitsnachweis sind durch Reichsgesetz einheitlich zu regeln, und sind neue Konzessionen an gewerbsmäßige Stellenvermittler, Gesindevermieter usw. nach einer durch Gesetz zu bestimmenden Übergangszeit nicht mehr zu erteilen.

Die vom Staat oder der Kommune zu errichtenden Arbeitsnachweisanstalten müssen auf der Grundlage vollkommenster Selbstverwaltung aufgebaut sein, überhaupt allen denjenigen Anforderungen entsprechen, die vom Frankfurter Gewerkschaftskongreß als Vorbedingung aufgestellt worden sind."

Einen weiteren Ausbau der gewerkschaftlichen Forderungen enthält folgende Entschließung des 8. Gewerkschaftskongresses vom Jahre 1911:

„Die Arbeitslosenfürsorge ist eine öffentliche Pflicht, die das ungesäumte und tatkräftige Eingreifen von Reich, Staat und Gemeinde im Wege der Gesetzgebung und Verwaltung erfordert.

Eine umfassende Arbeitslosenfürsorge ist nur möglich auf der Grundlage ständiger Einrichtungen der Arbeitslosenstatistik, der Arbeitsvermittlung und der Arbeitslosenversicherung und im Zusammenwirken mit den gewerkschaftlichen Organisationen der Arbeiterklasse.

Die Arbeitslosenstatistik ist dauernd mit Hilfe der Gewerkschaften aufzunehmen.

Die Arbeitsvermittlung ist durch das Verbot der privatgewerblichen Stellenvermittlung und durch Errichtung öffentlicher, gemeinnütziger und gebührenfreier Arbeitsnachweise unter paritätischer Leitung zu fördern. Bei Streiks und Aussperrungen ist jede Vermittlung von Arbeitskräften desselben Berufs an bestreikte oder aussperrende Arbeitgeber einzustellen. Den Gewerkschaften wird empfohlen, ihre Arbeitsnachweise als „Facharbeitsnachweise" der öffentlichen Arbeitsvermittlung anzuschließen.

Die Arbeitslosenversicherung ist auf der bewährten Grundlage der gewerkschaftlichen Arbeitslosenunterstützung dergestalt zu organisieren, daß das Reich den Gewerkschaften einen Teil der für die Arbeitslosenfürsorge gemachten Aufwendungen zurückvergütet, ohne sie in ihrer freien Selbstverwaltung zu beeinträchtigen. Der Kongreß empfiehlt erneut allen Gewerkschaften den Ausbau ihrer Einrichtungen zur Unterstützung der Arbeitslosen.

In staatlichen und gemeindlichen Zuschüssen zur gewerkschaftlichen Arbeitslosenfürsorge erkennt der Kongreß einen geeigneten Weg zur Verallgemeinerung der öffentlichen Arbeitslosenfürsorge im Sinne einer reichseinheitlichen Regelung."

Einen weiteren Fortschritt stellt der gemeinsame Antrag der Gewerkschaften aller Richtungen vom 4. April 1916 an den Reichstag dar, welcher im neunten Kapitel abgedruckt ist.

Die Arbeitsvermittlung der freien Gewerkschaften in den einzelnen Gewerben[1]).

In dem engeren Baugewerbe, bei den Maurern, Zimmerern und den Aushilfsarbeitern herrscht die Umschau und daher sind die gewerkschaftlichen Arbeitsnachweise auf diesem Gebiete ohne erhebliche Bedeutung, eine größere Rolle spielt der Arbeitsnachweis bei den Dachdeckern, der meist paritätisch entwickelt ist, ebenso haben die Maler und verwandten Berufe, die Stukkateure, allgemein paritätische Arbeitsnachweise. In der Metallindustrie herrschen die Arbeitgebernachweise vor, doch gibt es auch schon bedeutende Ar-

---

[1]) Nach Michalke, a. a. O. S. 36 bis 202.

beitsnachweise der Arbeiter, so in Berlin, die besonders die bestqualifizierten Spezialarbeiter vermitteln. Die Holzindustrie hat allgemein paritätische Arbeitsnachweise auf tariflicher Grundlage. Bei den Böttchern, Weinküfern und Hilfsarbeitern bestehen nur zum Teil Arbeitsnachweise. Die organisierten Glaser sind verpflichtet, ihren Verbandsarbeitsnachweis zu benutzen, der aber in Tarifverträgen durch die Arbeitgeber z. T. allgemein anerkannt ist. Bei den Barbieren und Friseuren herrscht der Innungsnachweis vor. In der Hut- und Pelzwarenindustrie haben die freien Gewerkschaften einen durchgebildeten Arbeitsnachweis. Da dieser sich aber gleichwohl nicht lückenlos durchsetzte, hat die Gewerkschaft beschlossen, für den paritätischen Arbeitsnachweis einzutreten. Im Schneidergewerbe herrscht die Umschau, doch gibt es gewerkschaftliche und paritätische Nachweise, ebenso ist es im Schuhmachergewerbe und in der Textilindustrie. Im Transport- und Verkehrsgewerbe bestehen z. T. gut gehende Gewerkschaftsarbeitsnachweise; in Berlin wurde 1917 ein bedeutsamer paritätischer Arbeitsnachweis begründet. Für die Seeleute kommen die Heuerbureaus der Reeder und die gewerbsmäßige Vermittlung der Heuerbase in Betracht; doch unterhält der Zentralverband der seemännischen Arbeiter Deutschlands einen Stellennachweis in Stettin.

Die ungelernten Fabrikarbeiter werden überwiegend durch die öffentlichen und gemeinnützigen Arbeitsnachweise vermittelt.

Bei den Glasarbeitern und -arbeiterinnen ist der einzige bedeutende Nachweis der des Verbandes der Flascheninduſtriellen mit der Zentrale in Deutschland. Der Verband der Porzellan- und verwandten Arbeiter und Arbeiterinnen unterhält nennenswerte Arbeitsnachweise nur in Berlin und Frankfurt a. M.

Bei den Töpfern und Berufsgenossen herrscht trotz provinzieller Anerkennung der paritätischen Facharbeitsnachweise die Umschau. Bei den Bäckern und Fleischern herrschen die Innungsarbeitsnachweise neben der Umschau vor. Bei den Brauern bestehen gutgehende tarifliche Arbeitsnachweise in einer Anzahl großer Städte, im übrigen herrscht die Umschau. Der Deutsche Tabakarbeiter-Verband hat den Arbeitsnachweis über ganz Deutschland organisiert. Der Verband der Zigarrenarbeiter und Kistenkleber hat einen Zentralarbeitsnachweis in Hamburg und die mehr lokalen Vermittlungen der Zentralstellen. Bei den Buchbindern bestehen gewerkschaftliche und tarifliche Arbeitsnachweise. Die Lederarbeiter haben sich für den paritätischen Nachweis entschlossen, doch überwiegt noch die Umschau. Die Sattler und Portefeuiller stehen dem paritätischen Arbeitsnachweis sympathisch gegenüber. Die Tapezierer haben z. T. eigene Nachweise, z. T. haben sie sich den städtischen Nachweisen angeschlossen.

Die Tarifgemeinschaft der Buchdrucker unterhält ein Netz paritätisch organisierter Facharbeitsnachweise, welches ganz Deutschland umspannt. Die darauf bezüglichen Bestimmungen, welche als Beispiel einer tariflichen Regelung von Wichtigkeit sind, sind S. 116 abgedruckt.

Dem Beispiele der Buchdrucker sind die übrigen graphischen Gewerbe gefolgt.

Im Gastwirtsgewerbe herrscht noch die gewerbsmäßige Stellenvermittlung, doch besteht auch schon eine Anzahl paritätischer und öffentlicher Nachweise, auch der Verband deutscher Gastwirtsgehilfen unterhält Arbeitsnachweise.

Die Vermittlung im Gärtnereigewerbe erfolgt vielfach durch Inserate, z. T. auch durch Arbeitgebernachweise. Der Allgemeine Deutsche Gärtnerverein unterhält eine Anzahl von Arbeitsnachweisen, welche gleichmäßig organisiert sind und regelmäßig an eine Zentralstelle statistische Meldungen machen.

Der Verband der Bureauangestellten und Verwaltungsbeamten der Krankenkassen und Unfallversicherungen unterhält einige Arbeitsnachweise mit geringen Vermittlungszahlen. Im übrigen erfolgt die Einstellung überwiegend durch Umschau, bei den Angestellten der Rechtsanwälte durch Niederlegung der Anstellungsgesuche in den Anwaltszimmern der Gerichte. Der Verband der Gemeinde- und Staatsarbeiter unterhält einen Zentralarbeitsnachweis in Berlin mit einer Zweigstelle in Dresden.

Keinen Arbeitsnachweis unterhält der Verband der Bergarbeiter Deutschlands. Für diese Arbeiter ist maßgebend der Arbeitsnachweis des Zechenverbandes.

3. Die Deutschen Gewerkvereine (Hirsch-Duncker).

Die Deutschen Gewerkvereine haben ihren Standpunkt zur Frage der Arbeitsnachweise in folgender Entschließung ihres 13. Verbandstages in Magdeburg niedergelegt: „Die Arbeitsvermittlung bildet eine notwendige Ergänzung der organisierten Arbeitslosenunterstützung; sie wird sich am fruchtbarsten und erfolgreichsten in gewerblicher und sozialer Beziehung erweisen auf dem Boden der Freiwilligkeit in Gemeinschaft mit Arbeitgeber- und Arbeitnehmervereinen und -verbänden. In dieser Form verdient sie die erste Stelle. Staatliche und kommunale Arbeitsnachweise, die als Ersatz und Ergänzung der ersten Form eingerichtet werden, erfüllen nur dann ihren Zweck als Wohlfahrtseinrichtungen, wenn in ihrer Verwaltung den Arbeitgebern und Arbeitnehmern ein ausreichendes Mitbestimmungsrecht eingeräumt wird."

Die bestehende einseitige Arbeitsvermittlung der deutschen Gewerkvereine hat einen nur geringen Umfang. Zu erwähnen sind nur die Gewerkvereine der deutschen Bildhauer und verwandten Berufe und der allerdings 1911 aus dem Verbande der Gewerkvereine ausgetretene Verein der deutschen Kaufleute mit deren zentralisierten Stellenvermittlungen. Die Satzung für die Stellenvermittlung der Kaufleute lautet:

1. Jeder Stellensuchende hat sich an das Hauptbureau in Berlin zu wenden, um einen Bewerbungs-Vordruck einzufordern. 2. Der Vordruck ist genau und gewissenhaft auszufüllen und zurückzusenden. 3. Verstöße gegen die Bestimmungen, welche mit dem Bewerbungsformular dem Stellensuchenden zugehen, ziehen zunächst die sofortige Unterbrechung aller Bemühungen der Stellenvermittlung nach sich. Außerdem kann auf Beschluß des geschäftsführenden Ausschusses das Mitglied auf ein Jahr von der Benutzung der kostenfreien Stellenvermittlung ausgeschlossen werden. 4. Die Benutzung der Stellenvermittlung steht jedem Mitgliede zu, sobald 2 Monatsbeiträge gezahlt sind. Mitglieder, die mehr als 2 Monatsbeiträge schulden, sind von der Stellenvermittlung ausgeschlossen. 5. Die Bewerbung erlischt nach Ablauf von drei Monaten vom Datum der Anmeldung an gerechnet und muß, wenn sie durch drei weitere Monate in Kraft bleiben soll erneuert werden.

4. Die Christlichen Gewerkschaften.

Die Christlichen Gewerkschaften stehen grundsätzlich auf dem Boden des paritätischen Arbeitsnachweises. Zu erwähnen sind aber die einseitigen Arbeitsnachweise der christlichen Bauarbeiter, des Deutschen Gärtnerverbandes, des Zentralverbandes der Arbeiter und Arbeiterinnen in den graphischen Gewerben und in der Papierbranche, des Verbandes deutscher Kellner-Lokalvereine, des Zentralverbandes christlicher Keram- und Steinarbeiter Deutschlands, des Deutschen Verbandes der Krankenpfleger und Pflegerinnen, des Zentralverbandes christlicher Lederarbeiter Deutschlands, des christlichen Metallarbeiterverbandes Deutschlands, des Zentralverbandes der Nahrungs- und Genußmittelindustrie Deutschlands (Düsseldorf), des Zentralverbandes der Staats-, Gemeinde-, Verkehrs-, Hilfs- und sonstiger Industriearbeiter Deutschlands (Aschaffenburg), des Verbandes christlicher Zigarrenarbeiter Deutschlands (Düsseldorf).

5. Die kaufmännische Stellenvermittlung.

Die kaufmännische Stellenvermittlung liegt im wesentlichen in den Händen der kaufmännischen Vereine. Diese Vereine umfassen zum Teil nicht nur Angestellte, sondern auch Prinzipale. Diese Stellenvermittlung bezieht sich nicht auf weibliche Personen, auch die überwiegende Mehrheit des neueren kaufmännischen Personals, z. B. des Personals der Warenhäuser, nicht inbegriffen.

Am 26. April 1916 haben eine große Anzahl kaufmännischer Vereine sich auf Veranlassung des Reichsamts des Innern auf folgenden Beschluß geeinigt:

1. Die Verbände und Vereine bilden unter dem Namen gemeinnützige kaufmännische Stellenvermittlung der Verbände, Sitz Berlin, eine Stellenvermittlungsgemeinschaft.
2. Grundlage der Gemeinschaftsarbeit ist der Stellenaustausch. Sämtliche Verbände verpflichten sich, die offenen Stellen zweimal wöchentlich an die Zentralstelle in Berlin zu melden, die sie in einer jeden Dienstag und Freitag erscheinenden Stellenliste zu veröffentlichen hat.
3. Für Mitglieder der angeschlossenen Verbände — und während des Krieges bis 6 Monate nach Friedensschluß auch für Nichtmitglieder — erfolgt die Vermittlung kostenfrei. Nach dieser Zeit zahlen Nichtmitglieder eine einmalige Gebühr von 3 M. bei einem Jahresgehalt von 1080—1500 M., 4 M. bei einem Jahresgehalt von 1500—2100 M. und 5 M. bei einem Jahresgehalt von 2100 M. Gehälter bis einschließlich 1080 M. bleiben von dieser Gebühr frei.

   Die Leitung der Zentralstelle hat der Verein junger Kaufleute in Berlin, Beuthstraße 20, übernommen[1]).

Die angeschlossenen Vereine haben sich verpflichtet, während des Vertragsverhältnisses keinerlei Tätigkeit für die Errichtung

[1]) Die Satzung ist in Nr. 10 des 3. Jahrganges in der „Arbeitsnachweis in Deutschland" S. 220f. abgedruckt, ebendaselbst auch die Bestimmungen über den Austausch.

städtischer, öffentlich-rechtlicher Stellennachweise auszuüben und sich nicht an solchen Bestrebungen in zustimmendem Sinne zu beteiligen.

Die Bestimmungen über den Zustand der offenen Stellen, den Bezug der Stellenliste und die Bearbeitung der Stellen lauten:

III. Die Stellung der Arbeitgeber[1]).

Unter Arbeitgebernachweisen wollen wir die von Arbeitgeberseite lediglich in Verfolgung ihres eigenen Interesses unterhaltenen Arbeitsnachweise verstehen, doch können in diesem Zusammenhange die Arbeitsnachweise derjenigen öffentlichen Korporationen nicht unerwähnt bleiben, welche sich lediglich aus selbständigen Unternehmern zusammensetzen, die Arbeitsnachweise der Landwirtschaftskammern und der Innungen. Die Delegiertenversammlung des Zentralverbandes Deutscher Industrieller hat im Jahre 1898 unter Würdigung des Wertes der von Arbeitgebern geleiteten Arbeitsnachweise es für eine unumgängliche Notwendigkeit erklärt, daß diese Arbeitsnachweise auch in Zukunft ausschließlich in den Händen der Arbeitgeber verbleiben. Im Jahre 1899 richtete der Gesamtverband Deutscher Metallindustrieller eine Eingabe an den Staatssekretär des Innern, in der es heißt: Ein Ausfluß des Rechts, Herr in seinem Betriebe zu sein, ist unbedingt das Recht des Arbeitgebers, seine Arbeiter lediglich nach seinem Ermessen auszuwählen und einzustellen. Für eine Mitwirkung bzw. Mitbestimmung der Arbeiter in dieser Beziehung gibt es weder Raum noch Recht, und wo in Verkennung der Grundbedingungen für die Entwicklung unserer Wirtschaftsordnung beides den Arbeitern eingeräumt wurde, da wurden unhaltbare Zustände gezeitigt. Das im Jahre 1904 gebildete Kartell der Hauptstelle Deutscher Arbeitgeberverbände und des Vereins deutscher Arbeitgeberverbände wurde mit der Ausbreitung der Arbeitgebernachweise betraut. Infolgedessen veranstalten die beiden Vereinigungen regelmäßig gemeinsame Arbeitsnachweiskonferenzen. Diese Konferenzen haben als Grundgedanken der Arbeitsnachweise aufgestellt, die Vermittlung nach der wirtschaftlichen Brauchbarkeit und Tüchtigkeit der Arbeiter unter Berücksichtigung ihrer berechtigten Ansprüche auszuüben. Empfohlen wird der Nachweis mit Benutzungszwang für die Mitglieder, weil dieses

[1]) Vgl. hierzu Zahnbrecher, Die Arbeitsnachweise in Deutschland Nürnberg 1914. Keßler, Der Arbeitsnachweis der Arbeitgeberverbände.

allein die Beherrschung des Arbeitsmarktes ermöglicht. Durch Zusammenarbeiten der einzelnen Arbeitsnachweise soll allmählich der zwischenörtliche Verkehr gefördert und ein Ausgleich zwischen Angebot und Nachfrage an Orten mit Überfluß gegenüber solchen mit Mangel an Arbeitskräften herbeigeführt werden. Mehr und mehr haben die Arbeitgebernachweise die Aufgabe der Arbeitsvermittlung gegenüber ihrer ursprünglichen Aufgabe als Kontrollbureaus und als Einrichtung für die Beschaffung von Arbeitswilligen bei Streiks in den Vordergrund gestellt.

Nach der Art des Geschäftsbetriebes unterscheidet man bei den Arbeitgebernachweisen zwei Systeme, das Hamburger und das Berliner System.

a) Das Hamburger System

Die Verbandsmitglieder haben die Pflicht, bei Bedarf von Arbeitskräften sich ausschließlich des Arbeitsnachweises zu bedienen und nur solche Arbeiter einzustellen, die sich durch einen Nachweisschein als vom Nachweis zugesandt legitimieren können. Bei Bestellungen von Arbeitskräften wird vor allem Gewicht gelegt auf genaue Angabe des Berufs, ob gelernte oder ungelernte, ob Durchschnittsarbeiter oder ganz besonders qualifizierte gewünscht werden (Einteilung nach Kategorien). Ferner werden Angaben über das Alter des ev. einzustellenden Arbeiters verlangt, über Lohnverhältnisse und sonstige Arbeitsbedingungen. Dem Arbeitsuchenden wird bei Meldung am Nachweisschalter eine Legitimation abverlangt (Arbeitszeugnis, Entlassungsschein, Ausweiskarten über Kranken- und Invalidenversicherung), minderjährige Arbeitsuchende müssen außerdem ein in Ordnung gehaltenes Arbeitsbuch vorweisen können. Die Arbeitsuchenden werden ihrer Anmeldung nach in einem „Meldejournal" nach Namen, Gewerbe und Wohnort eingetragen. Aus der Reihe der in dem Meldejournal vermerkten Arbeitsuchenden wählen die Beamten unter Berücksichtigung der Wünsche der Arbeitgeber und der Arbeitnehmer die ihnen für die einzelnen offenen Stellen geeignet erscheinenden Leute aus. Der Betreffende erhält sodann einen Arbeitsnachweisschein ausgehändigt, der auf eine ganz bestimmte Stelle lautet und eine eintägige Gültigkeit hat. Mit diesem Nachweisschein versehen hat sich der Arbeitsuchende unverzüglich zu dem auf dem Schein genannten Arbeitgeber zu begeben.

Wird der Zugewiesene nicht eingestellt, so erhält er von der betreffenden Firma den Nachweisschein mit einem diesbezüglichen Vermerk zurück und meldet sich möglichst sofort wieder im Bureau des Arbeitsnachweises, wo er dann ohne weiteres wieder als Arbeitsuchender in den Listen weitergeführt wird, ohne daß er aber seinen früher inne gehabten Platz im Meldejournal verliert.

b) Das Berliner System

Hat ein Arbeiter auf Grund des Nachweisscheines bei einem Arbeitgeber Arbeit angenommen, findet sich aber nicht zur Arbeit ein, so erhält er gewöhnlich für die Dauer von zwei Wochen keinen neuen Nachweisschein ausgestellt, mit anderen Worten, er kann, wenn der Nachweis obligatorisch ist, zwei Wochen lang von keiner Verbandsfirma eingestellt werden. Zu dieser Bestimmung führte vor allem die Absicht, den Kontraktbruch möglichst zu beschränken, nach dieser Hinsicht erzieherisch auf die Arbeiter einzuwirken. In ganz besonderen Fällen ist es den Arbeitgebern erlaubt, auch ohne den Arbeitsnachweis einen Arbeiter einzustellen; jedoch obliegt ihm die Verpflichtung, einen solchen ohne Nachweisschein angenommenen Arbeiter nach erfolgter Einstellung ins Nachweisbureau zu schicken.

Um den Interessen der Arbeitgeber möglichst wirksam zu dienen, nimmt der Arbeitsnachweis neben der Aufsicht über die Leistungsfähigkeit der sich meldenden Arbeiter zugleich auch eine Prüfung bezüglich anderer Eigenschaften der Arbeitsuchenden vor, die vom Standpunkt des Arbeitgebers aus als wesentlich erachtet werden.

Jeder Arbeiter, der in der Lage ist, sich über Art und Dauer seiner bisherigen Tätigkeit durch Vorlegung von Abgangsbescheinigungen gehörig auszuweisen, kann im Bureau des Verbandsnachweises einen Erlaubnisschein, genannt „Nachweisschein" erhalten, der den Inhaber berechtigt, in einem Betrieb der Verbandsmitglieder beschäftigt zu werden. Arbeitsuchende, die während der letzten 6 Monate nur wenig oder gar nicht in ihrem Beruf beschäftigt waren, erhalten nur dann einen Nachweisschein, wenn sie sich genügend darüber ausweisen können, weshalb sie nicht gearbeitet und wo sie sich während dieser Zeit aufgehalten haben. Personen, die der Nachweisstelle als Arbeitsscheue, Trunkenbolde, Renitente bekannt sind, wird der Zutritt zur Arbeitsnachweisstelle untersagt.

Es ist beim Verband Berliner Metallindustrieller zu unterscheiden zwischen folgenden Gruppen:

1. Arbeiter, die direkt durch den Nachweis eingestellt werden,
2. Arbeiter, denen der Arbeitsnachweis keine Arbeit verschaffen konnte, und die daher nach Ausstellung eines Nachweisscheines sich selbst Arbeit suchen, daneben natürlich aber auch jederzeit im Nachweis erscheinen können, um sich nach Arbeit zu erkundigen.
3. Arbeiter, die ohne jede Vermittlung des Nachweises eingestellt werden und die dann auf dem Einstellungsformular dem Nachweis gemeldet werden müssen.

Nach der Geschäftsordnung sind die Mitglieder verpflichtet, für die Einstellung von Arbeitnehmern stets die Vermittlung der Nachweisstelle in Anspruch zu nehmen, der sie die benötigten Arbeitnehmer unverzüglich, d. h. spätestens innerhalb 24 Stunden, auch etwaige Deckung des Bedarfes anzuzeigen haben. Sie dürfen Arbeitnehmer nur einstellen, wenn sich dieselben im Besitze einer von der Nachweisstelle ausgestellten gültigen Legitimation (Nachweisschein) befinden.

Nach Zahnbrecher gab es 1914 folgende Arbeitgebernachweise:

	Nachweise	Nachweisstellen überhaupt
1. Landwirtschaft	4	17
2. Bergbau	1	19
3. Steine und Erden	4	4
4. Metallindustrie	27	36
5. Textilindustrie	8	8
6. Papierindustrie	5	5
7. Lederindustrie	3	3
8. Holz- und Schnitzstoffe	9	9
9. Nahrungs- und Genußmittel	6	6
10. Bekleidungsgewerbe	15	15
11. Baugewerbe	51	63
12. Verkehrsgewerbe	22	38
13. Gemischt-gewerbliche Arbeitsnachweise	24	33
Summa:	179	256

Eine besondere Bedeutung hat der Arbeitsnachweis für den rheinisch-westfälischen Steinkohlenbergbau (Zechennachweis)[1]). Dieser Arbeitsnachweis hat nicht nur die Aufgabe, den Arbeitsuchenden Arbeit nachzuweisen, sondern auch erforderlichen Falles Arbeitskräfte heranzuziehen. Außerdem soll er dem Kontraktbruch entgegenarbeiten. Die Leute werden ohne Rücksicht auf das Alter vermittelt. Nicht mehr voll Erwerbsfähige sind auf ihrer bisherigen Zeche als Knappschaftsinvalide mit leichter Arbeit unterzubringen. Die Kontraktbrüchigen werden 14 Tage lang von der Zuweisung ausgeschlossen. Gegen diese Aussperrung kann sich der Arbeiter beschweren.

IV. Gemeinschaftliche Arbeitsnachweise der Arbeitgeber und Arbeiter, paritätische und tarifvertragliche Arbeitsnachweise.

1. Wie die Arbeiter im allgemeinen sich zu dem Grundsatze bekehrt haben, die Arbeitsnachweise gemeinsam mit den Arbeitgebern zu unterhalten oder zu leiten, so haben auch große Arbeitgebergruppen diesen Grundsatz angenommen, so z. B. die graphischen Gewerbe, das Holzgewerbe, einzelne Gruppen des Baugewerbes, wie die Stukkateure, Dachdecker.

Zum Teil haben Arbeitgeber und Arbeiter den Grundsatz des gemeinschaftlichen, paritätischen, d. h. von Arbeitgebern und Arbeitern geleiteten Arbeitsnachweises in Tarifverträgen festgelegt, so z. B. die Buchdrucker und andere graphische Gewerbe, sowie die Holzbearbeitung.

Diese Arbeitsnachweise werden z. T. von den Angehörigen des Gewerbes ganz selbständig ohne Anlehnung an den öffentlichen oder sonstigen gemeinnützigen Arbeitsnachweis unterhalten, wie z. B. bei den Buchdruckern, z. T. nur in dem öffentlichen Arbeitsnachweis angeschlossen, sei es, daß sie gleichwohl eine gewisse Selbständigkeit und eigene Verwaltung haben, sei es, daß der öffentliche Arbeitsnachweis einfach die Funktion eines Tarifarbeitsnachweises übernommen hat.

Nur die völlig selbständigen den Tarifämtern angeschlossenen Arbeitsnachweise der Buchdrucker haben ihre Rechts- und Ver-

[1]) Näheres, insbesondere über die Erörterungen des Reichstages und des preußischen Abgeordnetenhauses über den Zechennachweis bei Zahnbrecher, a. a. O. S. 229—256.

waltungsgrundlagen in folgenden tariflichen Bestimmungen, welche zugleich ein Muster für eine äußerst fein durchgebildete Arbeitsvermittlung sind:

Auszug aus dem Deutschen Buchdruckertarif. Gültig vom 1. 1. 1912 bis 31. 12. 1916.

§ 92. 1. An allen größeren Druckorten, insbesondere da, wo ein Schiedsgericht besteht, ist ein nach Angabe des Tarifsamtes zu verwaltender und dem betr. Kreisamt unterstellter Arbeitsnachweis zu errichten. Für die Verwaltung des Arbeitsnachweises sind bis auf weiteres die Bestimmungen im zweiten Anhang maßgebend. Die Deckung der Kosten der Arbeitsnachweise wird durch das zuständige Kreisamt geregelt; jedoch soll von der Erhebung besonderer Nachweisgebühren tunlichst Abstand genommen werden.

2. Die Arbeitsnachweise dienen der Beschaffung tarifzugehöriger Arbeitskräfte für tarifzugehörige Prinzipale. Die Eintragung in die Listen des Arbeitsnachweises oder die Vermittlung von Gehilfen darf nicht von der Zugehörigkeit oder Nichtzugehörigkeit derselben zu einer Organisation oder Kasse abhängig gemacht werden.

3. Die Benutzung anderer Arbeitsnachweise als die von der Tariforganisation installierten Arbeitsnachweise ist für die Mitglieder der Tarifgemeinschaft unzulässig.

4. Die Geschäftsführung des Arbeitsnachweises erfolgt durch einen von der Prinzipalität und Gehilfenschaft am Sitze des Arbeitsnachweises gewählten Verwalter.

5. Die Aufsicht über die Arbeitsnachweise ist einem Prinzipal und einem Gehilfen am Sitze des Arbeitsnachweises gemeinsam zu übertragen. Ist am Sitze des Nachweises gleichzeitig ein Schiedsgericht, so können im Einverständnis mit den Kreisvertretern die Vorsitzenden desselben die Aufsicht führen. Die aufsichtführenden Personen sind dem Tarifamt namhaft zu machen.

Bestimmungen über die Arbeitsnachweise.
(Siehe Abt. VIII § 92.)

Organisatorische Bestimmungen.

§ 1. 1. Jedem Arbeitsnachweis ist ein bestimmter Bezirk zugewiesen, dessen Begrenzung auf Vorschlag der Kreisämter dem Tarifamte überlassen ist. Über diesen Bezirk hinausreichende Vermittlungen von Arbeitslosen dürfen nur auf Veranlassung der Zentralstelle des Kreises erfolgen.

2. Der Arbeitsnachweis am Vororte des Tarifkreises oder nach Bestimmung des Tarifamtes der Arbeitsnachweis eines anderen Druckortes des betreffenden Tarifkreises ist als Zentralstelle für die ihm zugeteilten Arbeitsnachweise anzusehen. Offene Stellen und Konditionslose sind seitens der Verwalter der einzelnen Arbeitsnachweise des Kreises rechtzeitig der Kreiszentralstelle mitzuteilen, die Angebot und Nachfrage in ihrem Bezirk zu regeln hat.

§ 2. Der Arbeitsnachweis hat nur an Mitglieder der Tarifgemeinschaft Arbeitskräfte und nur tarifzugehörigen Gehilfen Stellung nachzuweisen. (Siehe auch Abt. VII, § 82d, Ziff. 1—3.)

§ 3. Die Arbeitsnachweise erhalten einheitliche Bücher durch das Tarifamt. In diese Bücher erfolgt die Eintragung der Stellensuchenden sowie die Nachweisung von Arbeitsgelegenheit nach laufender Nummer und unter Berücksichtigung der Bestimmungen der §§ 11—22.

§ 4. Zur Arbeitsvermittlung bzw. Zuweisung einer Arbeitsgelegenheit haben sich die Arbeitsnachweise nur der ihnen vom Tarifamt überwiesenen Arbeitskarte zu bedienen. Derjenige Prinzipal, der den zugewiesenen Gehilfen einstellt, ist verpflichtet, dem Gehilfen die Arbeitskarte abzunehmen, und der Gehilfe ist verpflichtet, auch ohne besondere Aufforderung, diese Karte dem Prinzipal oder seinem Vertreter zu übergeben. Die Rücksendung der Karte an den Arbeitsnachweis hat der Prinzipal zu bewirken.

§ 5. 1. Bei tariflichen Differenzen muß auf gemeinsame Anweisung der beiden Kreisvertreter oder des Tarifamtes die Vermittlung für die betreffenden Prinzipale oder Gehilfen eingestellt werden, und zwar bis zum ordnungsmäßigen Austrag des Streitfalles. Hierüber muß dem Arbeitsnachweis ungesäumt durch die beiden Kreisvertreter oder das Tarifamt Mitteilung gemacht werden.

2. Solche Gehilfen, welche bei Streitigkeiten wegen Ein- und Durchführung des Tarifs, solange dieselben vom Tarifamt nicht als beendet erklärt sind, in den betreffenden Druckereien in Arbeit treten, dürfen auf die vom Tarifamt zu bestimmende Dauer, und zwar mindestens während eines Jahres, in die Listen der Arbeitsnachweise behufs Arbeitsvermittlung nicht aufgenommen werden.

§ 6. 1. Die Aufsicht über ordnungsgemäße Verwaltung der Arbeitsnachweise, soweit dieselben sich an den Kreisvororten befinden, liegt den Kreisvertretern ob. Für die Arbeitsnachweise an anderen Orten ernennt das Kreisamt die aufsichtführenden Personen.

2. Die Mitglieder des Tarifamtes sind jederzeit zur Aufsicht berechtigt.

§ 7. Streitigkeiten, welche infolge Vermittlung bei den einzelnen Arbeitsnachweisen zwischen Prinzipalen und Gehilfen ausbrechen, unterliegen nach Anhörung der Kreisvertreter der Entscheidung des Tarifamtes. Die Entscheidung des Tarifamtes ist endgültig.

§ 8. 1. Beschwerden gegen die Verwaltung eines Arbeitsnachweises am Sitze eines Kreisamtes sind prinzipalseitig an den Prinzipals-, gehilfenseitig an den Gehilfen-Vorsitzenden zu richten. Handelt es sich um die Verwaltung des Arbeitsnachweises einer Druckstadt, die nicht Sitz eines Kreisamtes ist, so ist die Beschwerde seitens der betreffenden Parteien zunächst an den mit der Aufsicht des Arbeitsnachweises betrauten Prinzipal bzw. Gehilfen am Orte zu richten, alsdann an die Vorsitzenden des Kreisamtes. Über die Beschwerdesache zu entscheiden, ist das Recht der beiden mit der Aufsicht Betrauten bzw. in zweiter Instanz der beiden Vorsitzenden des Kreisamtes. Können auch diese über den Entscheid sich nicht einigen, dann entscheidet das Tarifamt endgültig.

2. Dem Tarifamte ist von allen eingelaufenen Beschwerden durch die Kreisämter Kenntnis zu geben.

§ 9. Die Kostendeckung der Arbeitsnachweise regeln die Kreisämter, ein jedes für seinen Kreis. Die Benutzung der Arbeitsnachweise erfolgt bis auf weiteres kostenlos.

Das Tarifamt als Zentrale unter den Arbeitsnachweisen.

§ 10. 1. Die Verwalter sämtlicher Arbeitsnachweise sind im Besitz von Meldekarten, die allwöchentlich am Sonnabend an das Tarifamt und an die Kreiszentralstelle zur Post zu geben sind. Aus diesen Meldekarten müssen etwaige offene Stellen sowie die Zahl der auf dem betreffenden Nachweise vorhandenen Setzer und Drucker zu ersehen sein.

2. Den Ausgleich zwischen Angebot und Nachfrage der einzelnen Arbeitsnachweise übernimmt nach diesen wöchentlichen Meldungen auf dem schnellsten Wege das Tarifamt, sofern die Kreiszentralstelle nicht bereits hierzu imstande war.

3. Über den Stand der Arbeitslosenziffer und die Zahl der vermittelten Arbeitslosen erstattet das Tarifamt fortgesetzte Vierteljahrsberichte in den amtlichen Organen der Tarifgemeinschaft.

Vermittlung von Arbeitslosen in offene Stellen.

§ 11. Die Vermittlung von Arbeitsgelegenheit geschieht nur durch den nächstgelegenen Arbeitsnachweis.

§ 12. Bei der Vermittlung von Arbeitskräften ist nach der Reihe der erfolgten Anmeldung zu verfahren. Ein Abweichen hiervon ist dem Verwalter nur gestattet, wenn es sich um Zuweisung von Arbeitskräften für Spezialarbeiten handelt, und wenn der nach der Liste zunächst Unterzubringende den gestellten Anforderungen nachweislich nicht gerecht werden kann. Die Zuweisung bereits früher beschäftigter und auf dem Arbeitsnachweis eingetragener Gehilfen hat auf Verlangen der Firmen durch den Nachweis zu erfolgen. Zu diesem Zwecke ist es den betreffenden Prinzipalen unter Einverständnis der Kreisvertreter gestattet, Einsicht in die Liste der Arbeitsnachweise zu nehmen.

§ 13. Gehilfen, welche anderweitig als vom Arbeitsnachweis Kondition erhalten, haben dies sofort schriftlich oder mündlich dem Verwalter unter Rückreichung ihrer Meldekarte anzuzeigen, andernfalls haben sie zu gewärtigen, daß sie bei wieder eintretender Arbeitslosigkeit nicht zur Eintragung kommen.

§ 14. Zureisende Gehilfen werden nach erfolgter Anmeldung beim Arbeitsnachweise unter den gleichen Bedingungen vermittelt wie die übrigen Arbeitslosen (siehe aber § 17).

§ 15. 1. Jeder beim Arbeitsnachweis Angemeldete ist verpflichtet, die ihm vom Verwalter angewiesene Kondition, auch wenn es sich am Aufenthaltsorte um eine Aushilfskondition handelt, zu den tarifmäßigen Lohnsätzen anzunehmen, ausgenommen wenn diese seinen Fähigkeiten offenbar nicht entspricht. Zur Konditionsannahme nach außerhalb kann ein Gehilfe, sofern er Familienernährer ist, nicht gezwungen werden. Der Prinzipal dagegen ist verpflichtet, die ihm vom Arbeitsnachweis zugewiesenen Gehilfen, soweit es sich um eine

Aushilfskondition handelt, einzustellen, vorausgesetzt, daß der zugewiesene Gehilfe über die entsprechenden Fähigkeiten verfügt, und daß nicht sonst triftige Gründe einer Einstellung entgegenstehen.

2. Bei Konditionsangeboten von Firmen derjenigen Orte, an denen ein Arbeitsnachweis nicht besteht, ist seitens der Firmen die ungefähre Dauer der Kondition anzugeben; dauert die letztere nur bis zu vier Wochen, so ist der betreffende Prinzipal verpflichtet, die Hin- und Rückfahrt III. Klasse zu entschädigen; der Betrag für die Hinfahrt ist dem Arbeitsnachweise vor Überweisung des Gehilfen zuzustellen. Dauert die Kondition länger als vier und bis zu acht Wochen, dann ist dem Gehilfen nur die Hinfahrt zu entschädigen. Verläßt ein Gehilfe in der Zwischenzeit die Kondition freiwillig, dann ist er auf Verlangen des Prinzipals verpflichtet, das empfangene Reisegeld zurückzubezahlen, oder auf den Empfang des zur Rückreise bestimmten Fahrgeldes zu verzichten.

§ 16. 1. Hat eine Kondition nur 6 Tage und darunter gedauert, so bleibt der Betreffende im Besitz seiner bisherigen Meldenummer; hat eine Kondition länger als eine, jedoch nicht über drei Wochen gedauert, so rückt der sich wieder Meldende in die Mitte der eingetragenen Arbeitslosen, vorausgesetzt, daß in beiden Fällen die Stellung nicht freiwillig aufgegeben oder die Entlassung aus grober Pflichtverletzung erfolgt ist. Hierüber hat sich der betreffende Gehilfe durch das vorgeschriebene Formular auszuweisen.

2. Derjenige Gehilfe, der sich innerhalb einer Woche vom Arbeitsaustritt an gerechnet krank meldet, wird in der Liste der Arbeitslosen gestrichen, und rechnet die Arbeitslosigkeit erst wieder vom Tage der Gesundschreibung. War ein Gehilfe nur eine Woche krank, so erhält er seine Nummer wieder zurück; war er bis zu vier Wochen krank, so kommt er in die Mitte der eingetragenen Arbeitslosen; war er über vier Wochen krank, so hat er keinen Anspruch auf Vergünstigung und erhält die laufende Nummer der Meldekarten.

3. Bei unterlassener Anmeldung und bei solchen sich Meldenden, die ihre letzte Kondition ohne Vermittlung des Arbeitsnachweises erhielten, fallen diese Vergünstigungen fort.

4. Diejenigen auf dem Arbeitsnachweis eingetragenen Gehilfen, die während ihrer Konditionslosigkeit zu einer kurzen militärischen Übung eingezogen werden, sollen nach Beendigung derselben in die Liste des Arbeitsnachweises wieder an ihren früher eingenommenen

Bedenken gegen die Angliederung tariflicher Arbeitsnachweise an den öffentlichen Arbeitsnachweis.

Es sind vielfach Bedenken gegen die Angliederung der tariflichen Arbeitsnachweise an den öffentlichen Arbeitsnachweis aufgetaucht. Die Tarifverträge fordern nicht selten, daß die organisierten Arbeiter, aber auch die organisierten Arbeitgeber, welche den Tarifvertrag geschlossen haben und den Arbeitsnachweis auf ihre Kosten unterhalten, von den Außenseitern bevorzugt werden sollen. Ein noch wichtigerer Grund für dieses Verfahren ist der Umstand, daß der Arbeitsnachweis das beste, praktisch oft das einzige Mittel ist, um den Tarifvertrag zwangsweise durchzuführen. Dem dürfen die Anhänger der Tarifverträge und daher auch die öffentlichen Behörden nicht widerstreben. Natürlich sollen die öffentlichen Einrichtungen allen Einwohnern zugänglich sein. Aber es handelt sich hier um gemischt öffentliche und private Unternehmungen und um Dinge, die stärker sind als die öffentliche Verwaltung, die jedenfalls die öffentliche Verwaltung nicht unberücksichtigt lassen kann, ohne ihre eigenen Interessen zu verletzen, die mit der Förderung des gewerblichen Friedens durch die Tarifverträge und die Mitwirkung der Arbeitgeber und Arbeitnehmer bei der Arbeitsvermittlung eng verknüpft sind. Man kann dem nicht mit der Phrase begegnen, die tariflichen Arbeitsnachweise könnten außerhalb des öffentlichen Arbeitsnachweises bestehen oder die Gemeinden sollten neben den tariflichen Arbeitsnachweisen öffentliche, jedermann gleichmäßig zugängliche Arbeitsnachweise errichten. Das würde nur eine Zersplitterung des Arbeitsnachweises bedeuten. Das Richtige ist demgegenüber, daß die öffentliche Verwaltung unter schonendem Ausgleich der Interessen eine möglichst enge Verbindung der tariflichen Arbeitsnachweise mit dem öffentlichen Arbeitsnachweis herstellen muß, womit nicht gesagt ist, daß jeder tarifliche Arbeitsnachweis gesund ist und Förderung verdient. Auch die Verhängung von Sperren durch den Arbeitsnachweis wird im Verbande des öffentlichen Arbeitsnachweises zum Gegenstande sorgfältiger Prüfung gemacht werden müssen. Auch der öffentliche Arbeitsnachweis muß mitunter zum Ausschluß von der Vermittlung schreiten. Insofern ist ihm das Prinzip einer Sperre, eines Boykotts nicht völlig fremd. Einfach liegt die Frage, wenn es sich um eine an sich unerlaubte, zu Schadenersatz verpflichtende Sperre handelt. Diese darf der öffentliche Arbeitsnachweis natürlich nicht mitmachen. Daran würde er ohne weiteres durch die Aufsichtsbehörde gehindert werden können, mag auch die Sperre durch die tariflichen — dann aber in dieser Beziehung nichtigen — Vereinbarungen gefördert werden. Aber selbst eine an sich erlaubte Sperre wird der öffentliche Arbeitsnachweis nicht immer mitmachen dürfen. Grundsatz wird immer sein, daß der öffentliche Arbeitsnachweis den Tarifvertrag daraufhin prüft, ob seine Vereinbarungen mit dem öffentlichen Interesse vereinbar sind, ob die Durchführung eines Tarifvertrages mehr im öffentlichen Interesse liegt, als die Durchführung der allgemeinen Grundsätze des öffentlichen Arbeitsnachweises. Dabei ist die Verschiedenartigkeit der Verhältnisse der einzelnen Gewerbe zu berücksichtigen, die eine uniforme Ausgestaltung aller Zweige des öffentlichen Arbeitsnachweises nicht zuläßt, jedenfalls zurzeit noch nicht zuläßt. Das gilt auch von der tariflichen Vereinbarung, Arbeit nur zu tariflichen Bedingungen zu vermitteln. Ein solcher Arbeitsnachweis kann nur dann der Allgemeinheit aufgezwungen werden, wenn der Tarifvertrag von der ganz überwiegenden Mehrheit aller Mitglieder des betreffenden Gewerbes anerkannt ist und wenn seine Bedingungen der Billigkeit entsprechen[1]).

Das sogenannte Nummernsystem wird wohl von keiner Seite so aufgefaßt, daß jeder Erscheinende nach der Reihenfolge der Meldung vermittelt werden müßte, ohne Rücksicht auf die Eignung der Stelle, sondern es kann nur so aufgefaßt werden, daß bei gleicher Eignung die Reihenfolge der Meldung entscheidet, wobei allerdings der Arbeitsnachweis die Eignung nicht immer so eingehend prüfen kann, wie es das Interesse des einzelnen Betriebes erfordert. Hieraus ergeben sich aber keine unlösbaren Schwierigkeiten, vor allen Dingen wird von keinem Arbeitsnachweis verlangt, daß der Arbeitgeber einen untüchtigen Arbeiter behält und ob er tüchtig ist oder nicht, das wird sich meist erst bei der Arbeit herausstellen. Die fortgesetzte Verfeinerung der Technik des Arbeitsnachweises wird der Mängel, die einer sorgfältigen Auswahl bei der Vermittlung, und zwar nach beiden Richtungen, sowohl nach Arbeitgeber- wie nach Arbeiterseite entgegenstehen, bald Herr werden.

V. Verhalten der Arbeitsnachweise bei Streiks und Aussperrungen.

Von großer Wichtigkeit ist es für die Arbeitgeber und Arbeiter, wie sich die Arbeitsnachweise bei Streiks und Aussperrungen verhalten, denn einmal können die Arbeitsnachweise die Interessen der einen Partei durch ihr Verhalten erheblich fördern, ja ausschlaggebend für den Ausgang des Arbeitskampfes sein und auf der anderen Seite können sie die Maßnahmen der Kämpfenden in empfindlicher Weise durchkreuzen.

---

[1]) Vgl. Soziale Praxis XXII, 610f.; XXIII, 289—293.

Am einfachsten liegen die Verhältnisse bei denjenigen Arbeitsnachweisen, die gerade zu dem Zweck gegründet wurden, um als Waffe im Falle eines Arbeitsstreiks zu dienen, sei es nun zu Angriffs- oder zu Verteidigungszwecken. Es sind das sowohl Arbeitgeber- wie Arbeiternachweise. Auf Arbeitgeberseite haben diese Arbeitsnachweise zur Aufgabe die möglichst bequeme Zuführung notwendiger Arbeitskräfte, insbesondere sog. Streikbrecher, die Kontrolle über streikende oder gesperrte Arbeiter und die Ausschließung der Agitatoren. Diese Aufgaben sind für die Dauer arbeitsfriedlicher Zeiten jetzt bei den Arbeitgebernachweisen zurückgetreten. Sobald aber ein Kampf ausbricht, werden sie auch künftig diesen Aufgaben dienen.

Die Arbeiternachweise dienen einmal der Gewinnung neuer Mitglieder für die Gewerkschaften, sie bezwecken ferner, die Löhne hochzuhalten; deshalb lehnen sie die Vermittlung zu gewissen niedrigen Löhnen ab und suchen ihren Mitgliedern die besten Stellen in den Betrieben zu erobern. Sie bemühen sich wohl auch, ihre Vertrauensmänner in geeigneter Weise auf die Betriebe zu verteilen. Schließlich dienen sie der Kontrolle der Arbeitslosen zum Zwecke der Arbeitslosenunterstützung.

Im Falle von Lohnkämpfen treten sie ganz auf die Arbeiterseite. Sie suchen zu verhindern, daß die Arbeiter bei den bestreikten Arbeitgebern in Arbeit treten. Sie werden dabei durch die Gewerkschaftsleitungen unterstützt durch Vermerke in der Arbeiterpresse, wodurch der Name der bestreikten Firma bekannt gegeben wird mit dem Zusatz: „Vor Zuzug wird gewarnt“. Andererseits suchen sie die streikenden Arbeiter bei nicht bestreikten Firmen unterzubringen, bei allgemeinen Streiks an Orten, wo nicht gestreikt wird.

Bei Aussperrungen von Arbeitgeberseite ist das Verhalten entsprechend. Man sucht die ausgesperrten Arbeiter in anderen Betrieben, unter Umständen in anderen Gewerben unterzubringen. Die Arbeitsnachweise der Gewerkschaften wirken auch bei der Auszahlung der Streikunterstützungen mit.

Die Aufgabe der Arbeitgebernachweise bei Lohnkämpfen wurde schon erwähnt. Diese Arbeitsnachweise sind die Organe, mit deren Hilfe die Arbeitgeberverbände die Aussperrungen und die Verteidigung gegen Streiks durchführen. Die Betriebe teilen dem Arbeitsnachweis die Namen der streikenden und ausgesperrten Arbeiter mit und diese werden in eine Liste eingetragen, die sog.

„schwarze Liste", auf Grund deren den betreffenden Arbeitern jede Vermittlung versagt wird. Anders nutzen die Arbeitgebernachweise, um bei Lohnkämpfen an Stelle der am Kampf beteiligten andere, arbeitswillige Arbeiter z. T. aus dem Auslande zu beschaffen.

Der geschäftsführende Ausschuß des Verbandes Deutscher Arbeitsnachweise hat im Jahre 1912 für das Verhalten der öffentlichen Arbeitsnachweise bei Streiks und Aussperrungen folgendes Verfahren empfohlen:

a) Entweder machen die Arbeitsnachweise weder den Arbeitgebern noch den Arbeitnehmern Mitteilung, oder

b) solche Mitteilung erfolgt gleichmäßig an beide Parteien, d. h. von Streiks an die Arbeiter und von Aussperrungen an die Arbeitgeber[1]).

Sechstes Kapitel.

Geschäftsführung der öffentlichen und öffentlich unterstützten gemeinnützigen Arbeitsnachweise.

a) Allgemeines.

Für die Geschäftsführung der öffentlichen Arbeitsnachweise fehlt es an allgemeinen Vorschriften, während derartige Vorschriften in ziemlicher Zahl für gewerbsmäßige Stellenvermittlung vor-

[1]) Der Zentralarbeitsnachweis in Dresden hat folgende Grundsätze für das Verhalten bei Streiks und Aussperrungen aufgestellt:

1. Bei Streiks und Aussperrungen dauert die Arbeitsvermittlung fort.

2. Werden Streiks oder Aussperrungen, bzw. streikende oder ausgesperrte Arbeiter dem Zentralarbeitsnachweise durch eine Arbeiterorganisation, eine Unternehmerorganisation oder einen Arbeitgeber schriftlich gemeldet, so hat der Arbeitsnachweis zunächst bei der Gegenpartei Rückfrage zu halten. Solange keine Rückäußerung erfolgt, ist die erste Meldung maßgebend. Ebenso verliert ein Widerspruch gegen die erste Meldung seine Wirksamkeit, wenn einer etwaigen telephonischen oder mündlichen Mitteilung nicht innerhalb 36 Stunden eine schriftliche Mitteilung folgt. Der Vermittlungsbeamte gibt dann während der Dauer solcher Arbeitskonflikte auf diesbezügliche Anfrage sowohl den Ar-

handen sind[1]). Nur für diejenigen nicht gewerbsmäßigen Stellenvermittlungen, die Stellen für das Gesinde oder für die in der Landwirtschaft oder im Gast- und Schankwirtschaftsgewerbe beschäftigten Personen vermitteln, gibt es Vorschriften auf Grund des § 15 des StVG. Immerhin können die Vorschriften für diese und die gewerbsmäßige Stellenvermittlung einen Anhalt abgeben für die gleichmäßige Ausgestaltung der öffentlichen Stellenvermittlung. Diese wird sich auch die Erfahrungen der gemeinnützigen privaten Stellenvermittlung zunutze machen müssen, da diese schon auf eine längere Zeit des Bestehens zurückblickt als die öffentlichen Vermittlungen. Aber auch auf die Erfahrungen der Interessentennachweise wird man zurückgreifen müssen, insbesondere die der Arbeitgeber, welche in den letzten Jahren reiche Mittel und gediegene Arbeitskräfte auf die Ausgestaltung ihres Arbeitsnachweise verwendet haben.

Es ist unmöglich, den Geschäftsbetrieb aller öffentlichen Arbeitsnachweise nach einem Schema einzurichten. Sie müssen sich vielmehr den einzelnen Berufen und Gewerben anpassen, auch den Sitten

---

beitern als auch den Unternehmern, welche die Vermittlung in Anspruch nehmen, von dieser Meldung in folgender Weise Kenntnis:

Werden von einem Arbeitgeber Arbeiter verlangt, so ist ihm gegebenenfalls mitzuteilen: „Wir haben arbeitswillige Gehilfen, diese sind jedoch durch Streiks oder Aussperrung arbeitslos geworden, beziehentlich sollen es geworden sein.“ Sucht ein Arbeitnehmer Arbeit, so ist ihm gegebenenfalls mitzuteilen: „Wir haben offene Stellen, diese sind jedoch durch Streike oder Aussperrung frei geworden, beziehentlich sollen frei geworden sein.“

Die Wahrung der reinen Parität ist deshalb nur dann möglich, wenn

a) seitens der Arbeiterorganisationen dem Zentralarbeitsnachweise die gesperrten Firmen schriftlich mitgeteilt werden, und

b) seitens der Arbeitgeber dem Zentralarbeitsnachweise ein Verzeichnis der ausgesperrten oder streikenden Arbeiter übermittelt wird.

3. In eine Prüfung der Berechtigung eines Streiks oder einer Aussperrung tritt der Zentralarbeitsnachweis nicht ein.

4. Die Mitteilung unter 2 erlischt entweder durch schriftlichen Bescheid der anmeldenden Organisation oder des Arbeitgebers, und wenn nach Rückfrage des Arbeitsnachweises die Gegenseite diese Meldung bestätigt.

5. Das Streikpostenstehen, sowie das eigenmächtige Verteilen oder Ankleben von agitatorischen Flugblättern im Bereiche der Geschäftsstelle des Arbeitsnachweises, und zwar innerhalb der Räume, wie auch draußen am Hause selber ist verboten und hat die Entziehung des Arbeitsnachweises zur Folge.

[1]) S. Fischer, StVG.

der Landerteile. Dabei sind auch die Gewohnheiten der Gewerbetreibenden und Arbeiter zu berücksichtigen. Der Arbeitsnachweis muß insofern etwas Kaufmännisches haben, als er den Betrieb der Arbeitgeber unterstützen soll und eine derartige Unterstützung ist nicht denkbar, wenn nicht der Arbeitsnachweis sich den kaufmännischen und gewerblichen Sitten anpaßt. Er muß auf der anderen Seite auch etwas Fürsorgliches haben, weil er nicht nur die Produktion fördern, sondern auch die Existenzbedingungen der arbeitenden Klasse erleichtern soll. Beides steht in Wechselwirkung miteinander, denn ohne einen gesunden und zufriedenen Arbeiterstand ist keine erfolgreiche Produktion, und ohne leistungsfähige Unternehmungen ist auch kein gesunder Arbeiterstand denkbar.

Die Stellenvermittlung ist nun aber auch ein Organ des einheitlichen Arbeitsmarktes des ganzen Deutschen Reiches, deswegen muß dahin gestrebt werden, ihr auch ein gewisses einheitliches Gepräge zu geben, denn sonst ist ein Zusammenarbeiten aller Arbeitsnachweise des Deutschen Reiches, wie sie nun auch schon vom Reiche durch das Kaiserlich Statistische Amt und das Reichsamt des Innern, durch die Reichsarbeiter-Zentrale und durch den vom Reich unterstützten Verband deutscher Arbeitsnachweise in Angriff genommen worden ist, nicht denkbar. Auch in dieser Beziehung muß also ein Ausgleich zwischen den verschiedenen Bedürfnissen der einzelnen Interessenten der Arbeiter und Arbeitgeber und den Ansprüchen eines einheitlichen Arbeitsmarktes angestrebt werden. Das private und öffentliche Recht der Stellenvermittlung gibt Anhaltspunkte für die Ausgestaltung des Betriebes, insbesondere sind auch die Gemeindegesetze zu berücksichtigen, welche gewisse Vorschriften für die öffentlichen Betriebe der Gemeinden aufstellen.

b) Oberleitung, Angestellte, Beamte und Vermittler.

1. Oberleitung.

Die Träger, d. h. die Eigentümer der Arbeitsnachweiseinrichtungen können in die Einzelheiten des Arbeitsnachweises nicht unmittelbar eingreifen. Es handelt sich bei dem Arbeitsnachweis um zahlreiche kleine Geschäfte, die aber gleichwohl nicht schematisch erledigt werden können, sondern bei denen auch eine möglichst individuelle Behandlung erfolgen muß, denn es dreht sich bei der Vermittlung einer Stelle um das Wohl und Wehe eines Arbeiters, einer Arbeiterfamilie ebensosehr, wie um die Existenz und die Entwicklung der einzelnen Betriebe, mögen sie nun groß oder klein sein. In großen Betrieben wird zwar der Arbeiter mehr zur Nummer. Das gilt aber auch nur mit sehr großer Einschränkung. Es gilt nicht, ganz und gar nicht, von den hochqualifizierten Arbeitern, noch weniger von den Ingenieuren, Technikern, Kaufleuten, aber auch bei den übrigen Arbeitern ist man mehr und mehr darauf aus, jeden nach seiner Individualität auszunützen, denn nur so kann die höchste Leistung der Industrie, der Landwirtschaft, des Handels erzielt werden. Deshalb werden sich die Träger des Arbeitsnachweises, soweit es sich nur irgend um bedeutendere Einrichtungen handelt, auf die Oberleitung zu beschränken haben: Auf die Organisation, die Aufstellung der Grundsätze des Arbeitsnachweises, die Geschäftsordnung, die Dienstordnung der Beamten, die Hausordnung, die Aufbringung der Mittel, die Herrichtung der Räume, Anstellung und Beaufsichtigung der Beamten, auf die Entscheidung auf Beschwerden und Vermittlung, in Streitfällen der Arbeitgeber und Arbeitnehmer in bezug auf die Arbeitsnachweise, auch Erweiterung des Betriebes auf neue Erwerbsgruppen.

Die Oberleitung wird zweckmäßig eine kollegiale sein müssen. Die Kollegien müssen möglichst die Personengruppen umfassen, welche bei dem Arbeitsnachweis in Betracht kommen. Dazu gehören einmal die Vertreter der öffentlichen oder privaten Organisationen, welche den Arbeitsnachweis unterhalten. Bei dem Staat oder der Gemeinde werden dies öffentliche Beamte sein müssen, Mitglieder der Gemeindevorstände (Magistrate). In deren Händen muß der Vorsitz des Kollegiums liegen, denn bei aller Freiheit, die man der Entwicklung und Betätigung des Arbeitsnachweises geben muß, muß derselbe doch fest in der Hand seines Trägers liegen, denn es handelt sich bei dem Arbeitsnachweis vielfach um auseinanderstrebende Kräfte, welche nur durch eine starke Organisation zusammenzuhalten sind.

Bei kleineren Gemeinden wird der Gemeindevorstand (Magistrat) selbst die Oberleitung des Arbeitsnachweises in die Hand nehmen müssen. Es ist undenkbar, diese Oberleitung lediglich einer einzelnen Person oder gar einem untergeordneten Beamten zu überlassen, da der Arbeitsnachweis tief in die Wirtschaftsverhältnisse der Bürger eingreift und auch den Betrieb der öffentlichen Verwaltung erheblich zu stören vermag. In größeren Gemeinden wird die Leitung in die Hand einer **Deputation** oder **Kommission** zu legen sein. In diesen Deputationen wird das ehrenamtliche Element eine große Rolle spielen müssen, denn nur so ist es möglich, ein Kollegium zusammenzubringen, in welchem die verschiedensten Berufe vertreten sind. Da der Arbeitsnachweis eine Einrichtung ist, an der Arbeitgeber und Arbeitnehmer in gleicher Weise beteiligt sind, so müssen auch beide Gruppen in den Arbeitsnachweisdeputationen vertreten sein, und zwar möglichst in gleicher Zahl. Daraus ergibt sich nicht eine vollständig paritätische Zusammensetzung dieser Kollegien, d. h. eine derartige Zusammensetzung, daß in den Kollegien nur eine gleiche Anzahl von Arbeitgebern und Arbeitnehmern vorhanden ist, es müssen vielmehr auch die Gemeindebehörden mit den ihnen geeignet erscheinenden Personen, ohne Rücksicht darauf, ob sie Arbeitgeber oder Arbeitnehmer sind, vertreten sein. Bei dem Begriff von Arbeitgeber und Arbeitnehmer hat man immer nur an gewerbliche Arbeitgeber und Arbeitnehmer zu denken, denn sonst wäre keine ja klare Abgrenzung mehr denkbar, weil außerordentlich viele Menschen zugleich Arbeitgeber und Arbeitnehmer sind. Der gewerbliche Arbeitgeber pflegt aber meist nur gewerblicher **Arbeitgeber** zu sein und der gewerbliche **Arbeiter** meist nur gewerblicher **Arbeiter** und nicht zugleich gewerblicher **Arbeitgeber**.

Handlungsgehilfen und Techniker, auch landwirtschaftliche Beamte stehen vielfach zwischen den Arbeitgebern und Arbeitnehmern, eine Zwischenstellung nehmen auch die Hausgewerbetreibenden, Zwischenmeister usw. ein. Je nach Lage der Verhältnisse wird man auch diese Gruppen in die Deputationen für Arbeitsnachweis einbeziehen müssen.

Die Geschäftsordnung, Dienstordnung, auch Hausordnung zu genehmigen, wird sich die oberste Gemeindebehörde in der Regel vorbehalten. Die Aufstellung der Grundsätze der Vermittlung wird einmal die von den Arbeitsnachweisverbänden dem Verband Deutscher Arbeitsnachweise, dem Preußischen Arbeitsnachweisverband, dem Verband Bayrischer Arbeitsnachweise aufgestellten Regeln beobachten müssen, desgleichen die Regeln der Landes- und Provinzialverbände, in deren Bereich der Arbeitsnachweis liegt. Bei dem bestimmenden Einfluß, welche die Verbände der Arbeitgeber und Arbeitnehmer nun einmal auf die Entwicklung und den Betrieb des Arbeitsnachweises haben, müssen sie von der Aufstellung der Vermittlungsgrundsätze unbedingt gehört werden, woraus aber nicht folgt, daß sie allein bestimmen können, denn die Bestimmung wird der öffentlichen Behörde vorbehalten bleiben müssen, weil oft eine Einigung zwischen den beiden Gruppen des Arbeitsvertrages nicht möglich ist und weil eine Einigung dieser Gruppen oft mit den öffentlichen Interessen unvereinbar ist. Besteht aber einmal eine derartige Einigung und ist diese z. B. unter Mitwirkung öffentlicher Behörden, z. B. der Gewerbe- und Kaufmannsgerichte, zustande gekommen, so wird man nicht aus bureaukratischem Eigensinn und nicht aus Mißtrauen ohne dringende Notwendigkeit von derartigen Vereinbarungen abweichen dürfen. Meist wird es gelingen, im Wege der Verhandlungen das öffentliche Interesse mit dem der Tarifgemeinschaft in Einklang zu bringen, sind doch die Hauptinteressenten beim Arbeitsnachweis die Arbeitnehmer und Arbeitgeber, während die öffentliche Verwaltung nur das Interesse hat, daß der Arbeitsnachweis überhaupt und ohne Störung funktioniert und daß ihr ein Überblick über den Arbeitsnachweis möglich ist, damit sie drohenden Störungen vorbeugen kann. In den durch private Vereinbarungen gut organisierten Gewerben wird es sich empfehlen, besondere Fachabteilungen zu errichten und für diese selbständige Kuratorien zu errichten. Diese Kuratorien können, wie es z. B. in Berlin der Fall ist, rein paritätisch aus Arbeitgebern und Arbeitnehmern zusammengesetzt werden. In Berlin liegt die Leitung dieser Kuratorien einem Mitglied der Deputation für Arbeitsnachweis oder einem anderen höheren städtischen Beamten ob, der aber nur die Verhandlungen leitet, die Beschlüsse zur Ausführung bringt, selbst aber an der Abstimmung nicht teilnimmt, sondern nur an der Beratung. Die Kuratorien haben mitunter auch den Namen von Beiräten. Man wird ihnen alsdann eine entscheidende Stellung nicht zumessen können, es ist aber fraglich, ob sich die großen gewerblichen Organisationen mit einer derartigen Stellung immer begnügen werden. Es empfiehlt sich auch, ihnen einen erheblichen Teil der Verantwortung an der Oberleitung des Arbeitsnachweises zuzuweisen. In die Einzelheiten der Vermittlung sollen sich aber auch die Kuratorien nicht einmischen. Es hat sich auch als zweckmäßig erwiesen, in den zahlreichen kleinen Beschwerdefällen dem Vorsitzenden des Kuratoriums die Entscheidung allein zu überlassen und ihn lediglich zu verpflichten, vor der Entscheidung einen Arbeitgeber und ein Arbeitermitglied anzuhören. Die Anhörung kann zweckmäßig auch telephonisch erfolgen. Nicht selten wird sich der Obmann der einen Gruppe, z. B. der Arbeitgeber mit dem Obmann der anderen Gruppe, der Arbeiter, in Verbindung setzen, wenn ein Beschwerdefall ihm zu Ohren gekommen ist, und beide werden sich häufig über die Erledigung des Falles einigen und dem Vorsitzenden dann lediglich von der Erledigung Mitteilung machen. So läßt sich ohne lästigen Formalismus eine paritätische Organisation in die Praxis umsetzen und in Berlin sieht man bereits auf Jahrzehnte segensreicher Tätigkeit der paritätischen Facharbeitsnachweiskuratorien zurück. Die Gemeindeordnungen überlassen die Auswahl der Gemeindeehrenbeamten der Gemeindevertretung, Stadtverordnetenversammlung. Nun haben aber die Verbände der Arbeitgeber und Arbeiter den Wunsch, bei der Wahl ihrer Gruppenvertreter mitzuwirken oder sie allein zu bestimmen. Wo ein gegenseitiges Vertrauensverhältnis besteht, kann die Stadtverordnetenversammlung sich in unverbindlicher Form mit den Verbänden der Arbeitgeber und Arbieter, auch mit amtlichen Vertretungen derselben, wie z. B. Handels-, Handwerks- undLandwirtschaftskammern, auch mit dem Gewerbe- und Kaufmannsgericht in Verbindung setzen. Wenn aber die genannten Gruppen darauf bestehen, entscheidend bei der Zusammensetzung der Deputationen, Kuratorien und Beiräte mitzuwirken, so bedarf es ergänzender, ortsstatutarischer Bestimmungen der Gemeindegesetze und folglich auch der Genehmigung der Gemeinde-Aufsichtsbehörden. Es empfiehlt sich, der Organisation des Arbeitsnachweises wenigstens in ihren Grundzügen ein festes, rechtlich unantastbares Gefüge zu geben. Eine Gleichgültigkeit gegen eine derartige unanfechtbare rechtliche Grundlage, wie sie nicht selten vorgekommen ist, kann bei Streitfällen mit den Verbänden zu schweren Störungen des Arbeitsnachweises führen. Die Erfahrungen auf diesem Gebiete sind bei der Jugend der öffentlichen Stellenvermittlungsorganisation noch geringe. Der kundige Beobachter sieht aber bereits, wo die Keime für derartige Verwicklungen liegen. Bei der Aufbringung der Mittel und der Aufstellung des jährlichen Haushalts liegt gemeindeverfassungsgemäß den obersten Gemeindekörperschaften die Entscheidung ob. Die Deputationen und Kuratorien haben hier nur ein Vorschlagsrecht. Bei der Aufstellung des Haushaltes muß man berücksichtigen, daß nicht der billigste Arbeitsnachweis der beste, noch der sparsamste ist, denn wenn der Arbeitsnachweis, dessen Mittel nicht reichlich genug bemessen sind, seine Aufgabe nicht erfüllt, so sind die geringen Aufwendungen weggeworfen und bedeuten eine Verschwendung, während gut angewendete reichliche Mittel eine Förderung des Wirtschaftslebens und so schließlich Sparsamkeit bedeuten. Bei der Aufbringung der Mittel wird es sehr zweckmäßig sein, diejenigen Kreise, welche an der Unterhaltung des Arbeitsnachweises vorwiegend interessiert sind, mit Beiträgen heranzuziehen und die Erfahrung lehrt, daß sie gegen Einräumung entsprechender Rechte bei Verwendung dieser Mittel und der Leitung des Arbeitsnachweises überhaupt gern zu solchen Beiträgen bereit sind. Die Interessenten werden sich sagen, daß sie dauernd eine öffentliche Einrichtung nur beeinflussen und kritisieren, von ihr verlangen können, daß sie stets auf der Höhe der Zeit sich bewegt, wenn sie auch zu ihrer Unterhaltung beitragen, denn sonst kann eines Tages ihre Mitwirkung, besonders wenn sie der öffentlichen Verwaltung unbequem wird, durch Gemeindebeschluß ausgeschaltet werden. Das wird man aber niemals tun, wenn die Interessenten zur Unterhaltung beitragen. Denkbar ist die Heranziehung der Interessenten auch durch Besteuerung oder Erhebung von Beiträgen auf Grund des Preuß. Kommunalabgabengesetzes. Die Innungen können die Beiträge für den öffentlichen Arbeitsnachweis im Wege der Umlage aufbringen In dieser Beziehung können die Gewerbedeputationen Anregungen geben.

Für die Vermittlung können auch von dem öffentlichen Arbeitsnachweis Beiträge erhoben werden, sei es vom Arbeitgeber, sei es vom Arbeiter, oder auch von beiden Teilen. Bei einzelnen Berufen, z. B. bei Dienstbotenvermittlungen, in der Gastwirtschaft und der Landwirtschaft, im Handel, sind derartige Gebühren üblich.

Die Gebühren müssen sich nach gesetzlicher Vorschrift innerhalb der durch die Ausgaben des Arbeitsnachweises gesteckten Grenzen halten. Eine Überschußwirtschaft soll nicht getrieben werden (Preuß. Kommunalabgabengesetz vom 14. Juli 1893).

Aus der Arbeitsvermittlung ergeben sich nun unter Umständen Streitigkeiten zwischen Arbeitgebern und Arbeitern, auch Streitigkeiten zwischen den Verbänden der Arbeitgeber und Arbeiter und dem Arbeitsnachweis oder seinen Beamten. In all diesen Fällen liegt es nahe, daß die Oberleitung des Arbeitsnachweises vermittelnd eingreift, besonders, wenn die Beteiligten deswegen an sie herantreten. Der Arbeitsnachweis darf aber nicht zur Vermittlungsstelle in allgemeinen Arbeiterstreitigkeiten werden; hierfür sind nach gesetzlicher Vorschrift (Gerbegerichtsgesetz §§ 62ff. und Kaufmannsgerichtsgesetz § 17) die Gewerbe- und Kaufmannsgerichte zuständig, und abgesehen davon, daß eine Unordnung in die öffentliche Verwaltung hineinkommt, wenn eine Behörde in die Zuständigkeit der anderen hineingreift, belasten sich die Arbeitsnachweise durch derartige Vermittlungen unnützerweise, und oft werden sie statt Dank nur Tadel von seiten der streikenden Teile erfahren. Nur dann, wenn die Streitfrage sich lediglich auf den Arbeitsnachweis beschränkt und wenn keine allgemeine Arbeitseinstellung oder Aussperrung mit dem Streit verbunden ist, wird der Arbeitsnachweis als Vermittler auftreten können.

Die Sonderstellung der Facharbeitsnachweise hat im Gefolge, daß deren Kuratorien entweder die Anstellung, oder doch wenigstens ein Vorschlagsrecht für die Anstellung der Vermittler für sich beanspruchen. Sie machen dafür insbesondere als Grund geltend, daß die Vermittler mit der Eigenart der Gewerbe vertraut sein und das Vertrauen der Beteiligten genießen müssen. Das ist im allgemeinen richtig. Zweckmäßig wird die Mitwirkung auf ein Vorschlagsrecht beschränkt, weil die Gemeinden für den Betrieb des Arbeitsnachweises verantwortlich sind und daher nach den Gemeindeordnungen ihre Beamten selbst anstellen müssen. Soll den Kuratorien ein Vorschlagsrecht übertragen werden, an welches die Gemeinden gebunden sind, wenn auch nur in beschränkter Weise, oder soll ihnen die Anstellung der Beamten der Facharbeitsnachweise selbständig übertragen werden, so bedarf es zum mindesten einer Abänderung der Gemeindegesetze durch Ortsstatut.

2. Technische Leitung des Arbeitsnachweises.

Während die Oberleitung sich nicht unmittelbar mit der Vermittlung befaßt, bedarf die Vermittlungstätigkeit einer einheitlichen Leitung. Es ist nicht angängig, daß ein und derselbe Arbeitsnachweis nebeneinander arbeiten und nur durch allgemeineGrundsätze, durche die Zusammenlegung in ein und dasselbe Gebäude, zusammengehalten werden. Jeder Arbeitsnachweis bedarf vielmehr eines Leiters. der ständig mit der täglichen Vermittlungstätigkeit in enger Fühlung ist und der die Praxis der Vermittlung durch eigene Betätigung gelernt hat. Der Leiter ist allen Abteilungen vorgesetzt, auch der weiblichen, es ist aber nicht ausgeschlossen, daß die Leitung einer weiblichen Person übertragen wird. Der Leiter darf in der Regel nicht einem bestimmten Fache entnommen werden, er muß vielmehr über eine Allgemeinbildung verfügen, die nicht nur die tägliche Praxis des Arbeitsnachweises umfaßt, sondern sich auf die allgemeinen wissenschaftlichen, politischen und wirtschaftlichen Fragen der Arbeitsvermittlung erstreckt. Sehr wichtig werden bei ihm auch Rechtskenntnisse sein, abgesehen von dem Recht der Stellenvermittlung selbst, genaue Kenntnisse des Arbeitsvertrages, der Gewerbeordnung und des Verfahrens der Arbeitsstreitigkeiten, auch der Versicherungsgesetzgebung. Die Verhältnisse der Gewerbebetriebe muß der Leiter eines Arbeitsnachweises aus eigener Anschauung kennen. Eine etwaige Tätigkeit bei den Gewerbegerichten, die ihn täglich mit Arbeitgebern und Arbeitern in unmittelbare Berührung bringt, kann eine ausgezeichnete Vorschule für die Stellung eines Leiters eines großen öffentlichen Arbeitsnachweises sein. Ob eine Gemeinde einen derartigen Beamten als Direktor oder Geschäftsführer anzustellen in der Lage ist, hängt von der Größe des Betriebes und den vorhandenen Mitteln ab. Ein selbständiger Arbeitsnachweis größeren Umfanges muß aber einen derartig vorgebildeten Leiter haben, damit die Leitung nicht zu einer subalternen Stellung herabsinkt. Die Stellung erfordert eine besondere Charakterfestigkeit und Unparteilichkeit und ist um so schwieriger, als es an einer festen, gesetzlichen Normierung der Rechte und Pflichten der Arbeitsnachweisleiter fehlt. Die Interessenten werden immer geneigt sein, von dem Direktor die Wahrnehmung ihrer Interessen zu verlangen; unter dem Schlagwort „der kaufmännischen Geschäftsführung" verlangt man, daß der Leiter eines Arbeitsnachweises jedermanns Diener sein soll. Freilich muß er die kaufmännischen Methoden beherrschen oder wenigstens kennen. Wieweit sie aber im Arbeitsnachweis zur Anwendung zu bringen sind, das bedarf der Bestimmung durch ein gewisses Taktgefühl. Ebenso wie der Leiter des Arbeitsnachweises sein Institut in den Dienst der Produktion und des Wohles der Arbeiter stellen muß, ebenso muß er mit dem öffentlichen Wohl nicht zu vereinbarende Ansprüche und Anmaßungen tatkräftig zurückweisen, wodurch er sich naturgemäß den Vorwurf der Unfähigkeit, des Bureaukratismus usw., und wie die Schlagworte alle lauten, zuzieht, und bei dem großen Allgemeininteresse für den Arbeitsnachweis werden diese Vorwürfe nicht selten in der Presse erhoben werden. Man kann auch hier sagen, es sind nicht die schlechtesten Früchte, an denen die Wespen nagen. Ein Mann, der wie der Leiter eines Arbeitsnachweises, mitten in das öffentliche Leben in den Streit der Interessen hineingestellt ist, wird nicht selten seinen Beruf verfehlt haben, wenn er bei seiner Tätigkeit nicht hier und da anstößt. Diplomatische Gewandtheit, um Streitigkeiten aus dem Wege zu gehen, deren Lösung ohne erhebliches öffentliches Interesse ist, muß mit Energie und Furchtlosigkeit gegenüber den großen und mächtigen Interessentengruppen verbunden sein, die nicht selten es verstehen, einflußreiche öffentliche Behörden in den Dienst ihrer Interessen zu stellen. In diesen Fällen darf der Leiter des Arbeitsnachweises nicht vor einem offenen Wort zurückschrecken und er wird dadurch schließlich die Anerkennung der Beteiligten in höherem Maße erlangen, als durch scheues Lavieren. Bei sorgfältiger Auswahl einer derartigen Persönlichkeit muß ihr eine unabhängige, durch lebenslängliche Anstellung gesicherte Stellung gegeben werden, neben einem Gehalt, welches dem Leiter eines großen Arbeitsnachweises gestattet, mit den maßgebenden Kreisen der Industrie in Verkehr zu treten[1]).

Derartige Personen kommen natürlich nur für die ganz großen Städte in Frage. Kleinere Städte werden sich entweder mit jüngeren Kräften begnügen müssen, oder mit Personen aus der mittleren Beamtenlaufbahn.

Bei dem Fehlen gesetzlicher Bestimmungen ist eine Dienstordnung für den Leiter des Arbeitsnachweises unumgänglich notwendig[2]).

Größere Arbeitsnachweise werden eine Anzahl Abteilungen aufzuweisen haben, die wiederum einer besonderen Leitung be-

---

[1]) Gehälter der Leiter größerer kommunaler Arbeitsnachweise: Berlin 8500—10 000 M., erreichbar in 6 Jahren. München 4380—7740 M. Frankfurt a. M. 3600—5300. Charlottenburg 3000—4850 M. Mainz 3000 bis 5000 M. Saarbrücken 1500—2700 M. Leiterinnen der weiblichen Abteilung: Magdeburg 18—2200 Mainz 1300 M Neukölln 16—2700. Berlin 3600—5400. M:

[2]) Dienstordnung des Direktors des Arbeitsnachweises der Stadt Berlin von 1917.

dürfen. Hier ist in erster Linie eine weibliche Abteilung zu erwähnen, deren Leitung in die Hand einer Frau zu legen ist, welche neben einer Allgemeinbildung sich mit den sozialen Fragen vertraut gemacht haben muß. Wie bei dem Leiter des Arbeitsnachweises muß insbesondere die Leiterin der weiblichen Abteilung ein warmes Herz für die Bedürfnisse und Leiden der zu vermittelnden Personen haben, insbesondere alle diejenigen Eigenschaften, die wir auch bei den Vermittlern fordern. Als besondere Abteilungen, welche bei entsprechender Größe eines leitenden Beamten bedürfen, kommen in Frage: Die Abteilung für Jugendliche, für Erwerbsbeschränkte, für Lehrlinge, für Kriegsbeschädigte, für Arbeiter in Staats- und Gemeindebetrieben, für Dienstboten, für Landwirtschaft, für Schiffsmannschaften und für die jeweilig am Orte besonders stark vertretenen einzelnen Gewerbe. Die leitenden Beamten werden bei größerem Umfange des Betriebes an der Vermittlung selbst nicht beteiligt sein können. Ihre Aufgabe wird es sein, den Betrieb zu beaufsichtigen, die Arbeit einzuteilen, allgemeine Anordnungen zu erlassen und Fühlung mit den Arbeitgebern, namentlich in größeren Betrieben, sowie mit den Verbänden der Arbeitgeber und Arbeitnehmer zu halten. Sie haben ferner die Aufgabe, die Öffentlichkeit über die Vorgänge auf dem Arbeitsmarkt auf dem Laufenden zu erhalten, insbesondere durch kurze Berichte in der Presse. Sie haben unter Umständen auf erhöhte Nachfrage auf dem Gebiete des Arbeitsnachweises hinzuweisen, oder vor Zuzug zu warnen, wenn keine Arbeitsgelegenheit vorhanden ist. Es ist aber nicht ihre Aufgabe, auf diese Weise in Streitigkeiten der Arbeitgeber und Arbeitnehmer einzugreifen, oder die eine Partei des Arbeitsvertrages auf Kosten der anderen zu fördern. Die Bedingungen des Arbeitsvertrages unterliegen der freien Vereinbarung der Arbeitgeber und der Arbeitnehmer und wenn diese es wollen, gemeinschaftlicher Vereinbarungen und Tarifverträge. Es ist aber nicht Aufgabe des Arbeitsnachweises, hier regulierend einzugreifen. Beruht freilich eine Abteilung eines Arbeitsnachweises auf einem Tarifvertrage, und enthält dieser Bestimmungen in bezug auf gewisse Punkte des Arbeitsvertrages, welche nach der getroffenen tariflichen Vereinbarung bei der Arbeitsvermittlung zu berücksichtigen sind, so liegt ein Ausnahmefall vor. Es ist alsdann bei Übernahme eines derartigen Arbeitsnachweises auf die öffentliche Verwaltung zu entscheiden, ob und inwieweit man sich den tariflichen Vereinbarungen anpassen kann. Daraus folgt aber keineswegs, daß es Aufgabe des Arbeitsnachweises ist, derartige traifvertragliche Vereinbarungen anzubahnen oder einer Partei aufzunötigen. Das mag Sache der Einigungsämter der Gewerbe- und Kaufmannsgerichte sein.

3. Vermittler und sonstige Angestellte und Beamte des Arbeitsnachweises.

Bei dem Arbeitsnachweis kommen folgende Arten von Beamten in Frage: a) Vermittler, b) Bureaupersonal (Buchhalter, Listenführer, Sekretäre), c) Aufseher, d) Telephonisten, e) Schreiber, f) schließlich verschiedene Arbeiter für die Reinigung und Instandhaltung der Räume. Dazu kommen noch die Angestellten der Nebenbetriebe, z. B. gemeinschaftlichen Rechtsauskunft, Berufsberater, insbesondere für weibliche Personen, das Personal einer mit dem Arbeitsnachweis verbundenen Erfrischungshalle oder Lesehalle, einer Schneider- und Schuhmacherwerkstatt zum Ausbessern der Kleider und des Schuhzeuges usw.

a) Die Vermittler. Die Anforderungen an die Vermittler sind äußerst verschiedene, je nach der Abteilung, in welcher sie tätig sind. Es ist hier zunächst die Streitfrage aufgeworfen worden, ob hier der Vermittler ein Fachmann sein muß oder nicht und sie ist bei den sogenannten Facharbeitsnachweisen in der Regel in dem Sinne entschieden worden, daß der Vermittler dem betreffenden Gewerbe oder Beruf zu entnehmen ist. Das erklärt sich einmal aus historischen Gründen, weil die Facharbeitsnachweise ursprünglich von den Arbeitgebern oder Arbeitnehmern des betreffenden Gewerbes unterhalten wurden, es hat aber auch eine gewisse sachliche Berechtigung. Der Arbeitsnachweis soll sich nicht darauf beschränken, schematisch die offenen Stellen den Arbeitsuchenden mitzuteilen oder die Arbeitsuchenden nach der Reihenfolge der Meldung den Arbeitgebern zu überweisen, sondern der Arbeitsnachweis soll den richtigen Mann an den richtigen Platz stellen. Er muß also mit den Bedürfnissen und Verhältnissen der Betriebe und der Arbeiter vertraut sein, und wenn es sich um ein einzelnes gewerbliches Fach handelt, so werden aus diesem Grunde Angehörige oder ehemalige Angehörige des Berufes die besten Vermittler sein. In einer allgemeinen Abteilung ist es aber nicht immer möglich, Personen zu finden, die in gleicher Weise mit allen in Betracht kommenden Betriebsarten vertraut sind. Daher wird man hier mehr auf allgemeine Gewandtheit und Lebenserfahrung, Menschenkenntnis der Vermittler zu sehen haben. Überhaupt kommen neben Kenntnis des Berufes noch eine ganze Reihe anderer Eigenschaften in Frage. So strenge Objektivität, Unparteilichkeit nicht allein und neben der Energie auch Menschenfreundlichkeit. Auch bei den Facharbeitsnachweisen wird man nicht immer über geeignete Personen verfügen, welche dem betreffenden Gewerbe angehören. Es kommt daher auch vor, daß die paritätischen Facharbeitsnachweiskuratorien selbst es abgelehnt haben, sich bei der Wahl der Vermittler auf Angehörige ihres Faches zu beschränken. Nicht selten werden auch Kaufleute geeignete Vermittler für alle Berufsarten sein können, wozu sie sich vermöge ihrer Anpassungsfähigkeit und der Übung im Verkehr, der Schreibgewandtheit, ganz besonders eignen.

Die Tätigkeit eines Vermittlers ist keine schematische, sie wird sich aber ungelernten Arbeitern bei Gelegenheitsarbeiten, bei schleunigen Aushilfen, auch unter Umständen bei großem Andrang des arbeitsuchenden Publikums auf die Mitteilung der offenen Stellen im Warteraum der Arbeitsuchenden beschränken müssen, worauf dann der erste beste sich meldende, zum Arbeitgeber geschickt werden wird, es sei denn, daß er offensichtlich ganz ungeeignet ist. Im allgemeinen wird man aber selbst bei ungelernten Arbeitern erheblich weiter gehen müssen. Eine sorgfältige Prüfung des Kartothekblattes und Aufklärung aller in denselben vorhandenen Widersprüche, z. B. über die frühere Arbeitstätigkeit, in bezug auf Lücken in den Angaben, Prüfung der vorhandenen Papiere, die Fähigkeit, sie richtig zu lesen, d. h. z. B. ein Zeugnis auf seinen Wert zu prüfen, zwischen allgemeinen Redensarten und tatsächlichen Angaben bei der Beurteilung des Arbeiters, zu unterscheiden. Das ist eine der ersten Aufgaben. Der Vermittler darf sich weder vom Arbeitgeber, noch vom Arbeiter aufs Glatteis führen lassen, er muß es im Gefühl haben, ob er sich auf die Angaben beider Teile verlassen kann. Ein gutes Gedächtnis, insbesondere Personengedächtnis, wird ihn hierbei außerordentlich unterstützen. Wie der Vermittler einerseits gewandt und geschmeidig sein muß, so darf er sich auf der anderen Seite keine Mühe verdrießen lassen, um geeignete Stellen der Arbeitsuchenden ausfindig zu machen, oder unter den Arbeitsuchenden denjenigen herauszufinden, welcher gerade bestimmte, von dem Arbeitgeber geforderte individuelle Eigenschaften besitzt. Er darf sich hierbei nicht auf das im Warteraum vorhandene Personal beschränken, sondern er wird in geeigneten Fällen einen eingeschriebenen Arbeitsuchenden, der zufällig nicht anwesend ist, benachrichtigen müssen. Er wird auf die in den Zeitungsanzeigen vorliegenden offenen Stellen und arbeitsuchenden Personen zurückgreifen müssen, überhaupt alle die inserierenden Personen möglichst diplomatisch für den Arbeitsnachweis zu gewinnen suchen. Auch der Vermittler muß gewisse Kenntnisse vom Recht des Arbeitsvertrages und anderen die Arbeiter angehenden Rechtsfragen haben. Auf keinen Fall darf er falsche oder ungenaue Auskünfte erteilen, er wird sich vielmehr in Fällen, wo er über eigene Kenntnis nicht verfügt, Rat bei dem Leiter des Arbeitsnachweises holen müssen. Die Vermittler der Facharbeitsnachweise sind sowohl dem Arbeitgeber- sowie dem Arbeiterstande zu entnehmen. Mit der Anstellung als Vermittler hört die Verfolgung der Interessen des Verbandes auf. So unschätzbare Kenntnisse sie aus der früheren Zugehörigkeit zum Verbande mitbringen, so wenig dürfte sich die Zugehörigkeit zur Parteilichkeit verleiten lassen.

Bei den weiblichen Angestellten kommen in der Regel Verbandsangehörige nicht in Frage. Zu den Stellen der weiblichen Vermittler melden sich hauptsächlich junge Mädchen mit besserer Schulbildung, mitunter sogar akademisch gebildete weibliche Personen. Diese Personen werden im Arbeitsnachweis zunächst einen praktischen Lehrgang von 3—4 Jahren durchzumachen haben, sind aber dann in ganz besonderer Weise für den Beruf vorgebildet. Die Lehrstellenvermittlung erfordert eine noch in höherem Maße individuelle Behandlung wie die anderen Vermittlungsarten. Hier werden unter Umständen auch Fachschullehrer gute Dienste leisten können. Es kommt darauf an, die körperliche, geistige, moralische Eignung, die wirtschaftliche Leistungsfähigkeit und die Vorbildung des Lehrlings zu prüfen. Bei der wirtschaftlichen Leistungsfähigkeit ist natürlich an das Vermögen der Eltern gedacht, den Lehrling unter Umständen während der Lehrzeit zu unterstützen.

Besonders qualifiziert müssen auch die Vermittler sein, welche Erwerbsbeschränkte oder Kriegsbeschädigte zu vermitteln haben. In beiden Fällen ist eine Massenarbeit ausgeschlossen und eingehende Individualisierung geboten. Diese muß sich auf die körperlichen und geistigen Fähigkeiten und ganzen Lebensverhältnisse, mitunter auch über das ganze Vorleben des Stellengsuchenden erstrecken, aber auch auf die Stellen selbst. In noch höherem Maße gilt dies bei den Kriegsbeschädigten, welche durch ihre Dienste für das Vaterland eine besonders sorgfältige Behandlung beanspruchen dürfen. Die Personen, welche hier zu vermitteln haben, müssen vielseitiger sein, als die gewöhnlichen Vermittler. Sie müssen auch ein eingehenderes Verständnis für die Betriebe haben, um auch dem Arbeitgeber mit Rat in bezug auf die Verwendungsmöglichkeit des Erwerbsbeschränkten oder Kriegsbeschädigten zur Seite zu stehen. Aus allen diesen Gründen werden die Vermittler für Erwerbsbeschränkte und Kriegsbeschädigte auch höher zu besolden sein. Bei weiblichen Personen ist unbedingt eine weibliche Vermittlerin erforderlich.

Ob die Vermittler auf Dienstvertrag oder als Beamte anzustellen sind, ist nicht einheitlich zu entscheiden. Es besteht keine Nötigung, die Vermittlungstätigkeit als eine obrigkeitliche Funktion anzusehen, wohl aber kann es zweckmäßig sein, die Vermittler im Interesse ihrer Unabhängigkeit und zur Hebung ihrer Stellung als Gemeindebeamte anzustellen. Wenn man den Arbeitsnachweis als eine Betriebsverwaltung ansieht, und dies kann durch Gemeindebeschluß[1]) rechtsverbindlich festgestellt werden, so können die Vermittler auch als Beamte der Betriebsverwaltung auf Zeit oder Kündigung angestellt werden. Wenn die Vermittler als Gemeindebeamte angestellt sind, so ergeben sich ihre Pflichten aus den Disziplinargesetzen[2]).

Für den Dienstvertrag ist maßgebend §§ 611—630 BGB. Militäranwärter (das sind die auf Grund des Gesetzes, betr. die Versorgung der Unterklassen des Reichsheeres und der Kaiserl. Schutztruppen und der Kaiserl. Marine vom 31. Mai 1916 durch Verleihung des Zivilversorgungsscheines versorgten Personen) haben ein Recht auf ausschließliche Berücksichtigung bei Stellen, die im Kanzleidienst

[1]) Ein Ortsstatut ist nach dem Preuß. Kommunalbeamtengesetz nicht unbedingt erforderlich.

[2]) Für Preußen Gesetz vom 21. Juli 52, betr. die Dienstvergehen der nicht richterlichen Beamten, die Versetzung derselben auf eine andere Stelle oder Ruhestand. Wegen der Dienstpflichten der Gemeindebeamten vgl. Wölbling, Das Recht der Gemeindebeamten und Angestellten, Berlin 1913 S. 60 bis 81 und S. 116ff.

und bei sämtlichen Stellen, deren Obliegenheiten im wesentlichen in mechanischen Dienstleistungen bestehen. Mindestens zur Hälfte mit Militäranwärtern sind zu besetzen die Stellen der mittleren Beamten im Bureaudienst, ausgenommen u. a. die Stellen, für welche besondere wissenschaftliche oder technische Vorbildung erfordert wird. Man wird wohl im allgemeinen annehmen können, daß für die Vermittlung eine besondere technische Vorbildung erforderlich ist und wird nötigenfalls mit den zuständigen Staatsbehörden hierüber grundsätzlich sich zu verständigen haben.

Für die Facharbeitsnachweise wird, wie bereits angeführt, im allgemeinen verlangt, daß die Vermittler ihrem Berufe zugehören oder zugehört haben.

b) Bureaubeamte.

Außer den Vermittlern werden beim Arbeitsnachweis Bureaubeamte zu beschäftigen sein, welche mit der unmittelbaren Vermittlung nichts zu tun haben, sei es, daß sie Listen zu führen, statistische Arbeiten zu erledigen, daß sie mit der Verwaltung des Arbeitsnachweisgebäudes oder mit Personalien, mit dem allgemeinen Schriftverkehr des Arbeitsnachweises beschäftigt sind. Für diese Art Beamte bedarf es keiner besonderen Qualifikation. Sie können aus der Reihe der allgemeinen Bureaubeamten entnommen werden. Dasselbe gilt von den Aufsichtsbeamten, welche für Ruhe und Ordnung im Arbeitsnachweis zu sorgen haben, und ferner von den Schreibern, Kanzlisten, Portiers, Boten. Diese Stellen werden nach Maßgabe der gesetzlichen Vorschriften mit Militäranwärtern zu besetzen sein und dagegen besteht auch kein Bedenken. Die Aufsichtsbeamten müssen natürlich einen dem Publikum entsprechenden Ton anschlagen, sie haben lediglich für die Ordnung zu sorgen und diese durch Belehrung und Zureden aufrecht zu erhalten, nicht aber die Arbeitsuchenden als ihre Untergebenen zu betrachten.

Im übrigen kommen noch in Frage: Schreiber, Boten und Reinigungspersonal. Eine mit dem Arbeitsnachweis verbundene Erquickungsanstalt könnte zweckmäßig verpachtet werden, anderenfalls empfiehlt sich für den Leiter eine gewisse Gewinnbeteiligung. Die Gehilfen des Leiters, die mit dem Herrichten und Verabreichen der Speisen und Getränke verbunden sind, können von dem Leiter aus dem ihm zustehenden Gewinnanteil bezahlt werden oder sie sind als Angestellte des Arbeitsnachweises einzustellen. Bei allen diesen Personen empfehlen sich kurze Kündigungsfristen, um das Personal bei Zurückgang des Betriebes jederzeit entsprechend einschränken zu können. Die Schuhmacher- und Schneiderwerkstatt ist mit einem älteren Meister oder Gesellen zu besetzen gegen Wochen- oder Tagelohn.

4. Arbeitsnachweisräume.

Die räumliche Unterbringung des Arbeitsnachweises ist eine der wichtigsten Fragen für seine gedeihliche Entwicklung. Von der richtigen Lage und Anlage der Räume hängen sowohl die Erfolge der Vermittlung, wie die Kosten des Arbeitsnachweises ab. Die Lage muß so sein, daß dem Publikum möglichst viel Zeit beim Aufsuchen des Arbeitsnachweises erspart wird und daß das Aufsuchen des Arbeitsnachweises mit möglichst wenig Störungen und Belästigungen verbunden ist. Die Benutzer müssen sich in dem Gebäude gleich zurecht finden und der Aufenthalt muß für sie in den Räumen des Arbeitsnachweises erträglich sein. Auch vom Standpunkt der Beamten müssen die Räume so eingerichtet sein, daß die Vermittlung sich leicht und glatt vollziehen kann. Aus diesen Anforderungen ergibt sich wegen der Lage des Arbeitsnachweises folgendes:

Der Arbeitsnachweis muß so belegen sein, daß seine Benutzer einen möglichst kurzen Weg zu ihm zurückzulegen haben. Er muß deshalb am besten im Zentrum des Bezirkes liegen, für welchen er bestimmt ist und dabei wird es wieder darauf ankommen, daß er von möglichst vielen Stellen mit Elektrischen oder sonstigen Bahnen zu erreichen ist. Insbesondere kommt das auch in Frage für Arbeitsnachweise, welche für größere, eine Anzahl von Orten umfassende Bezirke, bestimmt sind. Je nach der Natur der Vermittlungsart des in Betracht kommenden Gewerbes und seiner örtlichen Verteilung wird man für einen größeren Bezirk einen einzigen zentralen Arbeitsnachweis oder eine Anzahl Zweigstellen für kleinere Unterbezirke zu errichten haben. Die stärkere Zentralisierung wird namentlich für die Großindustrie in Frage kommen, während für das Kleingewerbe und das Hauspersonal eine stärkere Dezentralisierung angebracht ist. Eine Dezentralisierung wird sich auch da empfehlen, wo der unmittelbare Verkehr zwischen Arbeitgeber und Stellensuchenden in dem Arbeitsnachweis üblich ist. Zu berücksichtigen ist bei der Ortswahl auch, ob die Vermittlung sich in starkem Maße auf schriftlichem oder telephonischem Wege vollzieht. Das ist insbesondere bei Berufsarten der Fall, deren Tätigkeit nicht dauernd an einen bestimmten Ort gefesselt ist, z. B. beim kaufmännischen Personal, namentlich dem Handlungsreisenden, aber auch bei gewissen gewerblichen Berufen, z. B. den außerhalb des Betriebes arbeitenden Monteuren und schließlich bei solchen Berufen, wo deren Vertreter wenig zahlreich sind, während die Betriebsstätten, die sich über das Reich verteilen, nicht auf einen oder wenige engere Bezirke beschränkt sind. Überhaupt wird der schriftliche Verkehr, sowie auch der zwischenörtliche Verkehr in besonders starkem Maße bei hochqualifizierten Arbeitern in Frage kommen.

Für kleinste Verhältnisse wird man sich mit einem Zimmer im Arbeitsnachweis begnügen müssen, welches dann zweckmäßig durch eine Barriere in einen Raum für den Nachweisbeamten und in einen Raum für die Benutzer des Arbeitsnachweises geteilt wird. Der Sitzplatz des Beamten ist möglichst etwas erhöht, damit er sitzend sich in gleicher Höhe mit den Benutzern befindet. Für größere Verhältnisse muß ein Bureauraum, ein Warteraum und ein Sprechzimmer vorhanden sein, wo möglich sind besondere Räume für männliches und weibliches Personal mit besonderen, möglichst voneinander getrennten Eingängen herzustellen. Mit der Vergrößerung des Arbeitsnachweises ist dann eine immer zunehmende Teilung geboten. Bei den vorhandenen größeren Arbeitsnachweisen fällt insbesondere der Unterschied zwischen der zentralen Anlage des Berliner Arbeitsnachweises und der Anlage des städtischen Arbeitsamtes in München auf, bei welchen zu beiden Seiten eines langen Korridores einzelne größere und kleinere Zimmer und Säle angebracht sind.

Der Hauptraum wird der Wartesaal für die erwachsenen ungelernten männlichen Arbeiter sein müssen. Demnächst kommt die allgemeine weibliche Abteilung in Frage. Sie ist in Berlin in einem besonderen, mit der männlichen Abteilung in Zusammenhang stehenden Gebäude untergebracht, allerdings zusammen mit einer Anzahl von Facharbeitsnachweisen, die männliche und zum Teil männliche und weibliche Arbeiter vermitteln. Klagen der weiblichen Personen durch die männlichen bleiben unter solchen Umständen nicht aus, sie sind weniger auf die Arbeitsuchenden männlichen

Personen zurückzuführen, als auf arbeitscheues Gesindel, welches sich unter dem Vorgeben, Arbeit zu suchen, in der Nähe des Arbeitsnachweises aufhält. Besondere Räume sind sodann erforderlich für jugendliche Arbeiter, für Erwerbsbeschränkte, für Kriegsbeschädigte und für die einzelnen Arten der gelernten Arbeiter, schließlich für die Dienstboten und Lehrstellenvermittler.

Die Vermittlung von Kriegsbeschädigten muß in räumlichem Zusammenhang mit der Kriegsbeschädigten-Fürsorge stehen, da aber die einzelnen Berufe sich zu Arbeitsgemeinschaften der Arbeitgeber und Arbeiter zusammengeschlossen haben und diese vielfach die Facharbeitsnachweise mit der Vermittlung und sonstigen Fürsorge für die Kriegsbeschädigten betrauen, so empfiehlt sich eine möglichst enge Zusammenlegung der Kriegsbeschädigten-Fürsorge und des Arbeitsnachweises. Ist doch die Hauptaufgabe der Kriegsbeschädigten-Fürsorge, die Kriegsbeschädigten wieder einem bürgerlichen Berufe zuzuführen, in welchem sie, wenigstens zum Teil aus eigener Kraft ihren Unterhalt erwerben können. Da nun die überwiegende Mehrzahl der Kriegsbeschädigten den arbeitenden Klassen angehört, so ist ein fortlaufender Verkehr zwischen der Kriegsbeschädigten-Fürsorge und dem Arbeitsnachweis erforderlich. Durch die enge, räumliche Verbindung bei der Einrichtung wird unendlich viel Schreibarbeit, Zeit, Laufereien und Mißverständnisse erspart. Ein räumlich getrenntes Nebeneinanderarbeiten beider Einrichtungen führt dazu, daß sie sich gegenseitig stören, anstatt sich zu ergänzen. Nutzbar kann für die Vermittlung auch ein geräumiger Hof gebraucht werden, auch Vorhöfe sind angebracht, um die Ansammlung der Arbeitsuchenden auf der Straße vor dem Arbeitsgebäude zu verhindern. Bei starkem Andrang und zur Sommerszeit können die Höfe mit für die Vermittlung benutzt werden. Das ist wichtig, weil es unmöglich ist, so umfangreiche Gebäude zu schaffen, welche imstande sind, jedem starken Anschwellen der Arbeitsvermittlung zu genügen, z. B. bei plötzlichen wirtschaftlichen Krisen, bei Ausbruch eines Krieges und bei der Demobilisierung und Friedensschluß.

Außer den Warteräumen für die Arbeiter müssen Warteräume für die Arbeitgeber vorhanden sein, insbesondere bei der Dienstbotenvermittlung. Die Warteräume müssen den verschiedenen Ansprüchen des Publikums entsprechend sein. Diese Ansprüche sind verschieden bei den männlichen und weiblichen Arbeitern, bei Jugendlichen und Erwachsenen, bei gelernten und ungelernten Arbeitern, bei höher gebildetem Personal, wie z. B. bei den Kaufleuten, Technikern, im Verhältnis zu den gewöhnlichen Handarbeitern. Je nach der Natur des einzelnen Gewerbes ist Kleidung und Auftreten der Arbeiter, übrigens auch der Arbeitgeber, ein verschiedenes. Gelernte Arbeiter wünschen nicht in einem Raum mit den ungelernten zu warten. Die Erwachsenen wollen nicht von Jugendlichen belästigt werden. Für die erwachsenen männlichen Arbeiter muß Gelegenheit zum Zeitunglesen, insbesondere zum Lesen der Inserate, aber auch Lektüre guter Bücher, hauptsächlich solcher, die sich auf die Berufstätigkeit der Arbeitsuchenden beziehen. Es muß ihnen auch Gelegenheit zum Schreiben gegeben werden, während natürlich Kartenspiel u. dgl. nicht zu befördern ist. Ob man das Rauchen gestatten kann, hängt auch von den Gewohnheiten der betreffenden Berufsgruppen und der Anlage der Räumlichkeit, insbesondere der Ventilation, ab. In den Warteräumen oder in besonderem Raume können alkoholfreie Getränke und Speisen verkauft werden. Die Facharbeitsnachweise können sich um den Warteraum der ungelernten Arbeiter gruppieren. Je nach der Größe der einzelnen Fachabteilungen nimmt diese den Charakter eines Arbeitsnachweises kleinster Ordnung oder größerer Ordnung an. Bei ganz kleinen Facharbeitsnachweisen wird man sich also mit einem Zimmer zu begnügen haben, bei größeren kommen Trennungen der Räume der Vermittlungsbeamten, der Arbeitsuchenden, der Arbeitgeber, der männlichen und weiblichen Stellensuchenden, in Frage. Die Einrichtung jedes Facharbeitsnachweises muß im Zusammenhang stehen, d. h. es dürfen nicht etwa die Bureauräume des Facharbeitsnachweises neben den Bureauräumen der allgemeinen Abteilungen und die Warteräume der Facharbeitsnachweise davon getrennt neben dem Warteraum der allgemeinen Abteilung untergebracht sein. Die allgemeine Leitung des Arbeitsnachweises ist in der Nähe des Eingangs unterzubringen. Hier müssen sich also die Räume des Leiters oder Direktors, das allgemeine Bureau, in welchem die Statistik u. dgl. bearbeitet wird, untergebracht sein, die Bureaus für die allgemeine Abteilung und die Bureaus der Fachabteilungen sind so anzulegen, daß der Arbeiter beim Aufsuchen des Warteraumes an den Schaltern dieser Bureauräume vorübergeht, während dafür Sorge zu tragen ist, daß die Arbeitgeber, um zu ihren Warteräumen zu gelangen, nicht denselben Weg zu wählen brauchen, um nicht unmittelbar mit den Arbeitsuchenden in Berührung zu kommen, einmal zur Ausschaltung des Arbeitsnachweises, andererseits zu einer unerwünschten Betätigung gewerbsmäßiger Stellenvermittler innerhalb des Arbeitsnachweises. Neben dem Eingang muß selbstverständlich ein Pförtnerzimmer sein, überhaupt jeder Eingang überwacht sein.

Je nach der Natur der einzelnen Vermittlungsart kann die Vermittlung im Wartesaal selbst stattfinden, oder in einem besonderen Raum. Auf alle Fälle ist ein besonderer Platz herzurichten, wo der Vermittlungsbeamte und unter Umständen auch der Arbeitgeber mit den Arbeitsuchenden verhandeln kann. Wie schon erwähnt, hat sich mehrfach die Einführung einer Brücke als zweckmäßig erwiesen, welche quer durch den Warteraum geht und auf welche die Vermittler und in ihrer Begleitung die Arbeitgeber treten, um die Arbeitsuchenden aufzurufen.

An sonstigen Einrichtungen sind noch erforderlich: Eine umfangreiche Telephonzentrale, die mit allen Räumen verbunden sein muß, eine Sanitätsstube, eine Bibliothek, eine Schreibstube, eine Werkstatt für einen Flickschneider und einen Flickschuster zum Ausbessern der Garderobe der Arbeitsuchenden, für die weibliche Abteilung unter Umständen Gelegenheit zur Anfertigung von Nähmaschinenarbeit, sei es für die Arbeiterinnen selbst, oder für eine mit dem Arbeitsnachweis verbundene Betriebswerkstatt, die bei größerem Umfange natürlich besondere Verwaltungseinrichtungen und Kontrollen erfordert; sie ist aber ein ausgezeichnetes Mittel, um Heimarbeiterinnen an den Arbeitsnachweis zu gewöhnen. Dann kommen noch in Frage die Aborte, evtl. ein Brausebad.

Die ganze Einrichtung des Arbeitsnachweises muß einen hellen. freundlichen Eindruck machen, die Räume müssen gut gelüftet sein, Die Anlage muß übersichtlich sein, um leicht kontrolliert werden zu können, damit das Publikum sich schnell in ihnen zurechtfindet. Die Einrichtung muß gediegen, aber einfach sein und den Bedürfnissen der verschiedenen Benutzer entsprechen. Jeder einzelne Beruf, sowohl auf Arbeitgeberseite, wie auf Arbeiterseite, stellt verschiedene Ansprüche und diesen muß der Arbeitsnachweis entgegenkommen, namentlich in einer Zeit, wo er sich noch in Entwicklung befindet und das Publikum erst gewinnen will. Wo die Arbeitslosenvermittlung, die öffentliche Rechtsauskunftsstelle und andere Einrichtungen mit dem Arbeitsnachweis verbunden sind, sind natürlich entsprechend weitere Räumlichkeiten erforderlich. Sie müssen so angebracht sein, daß dadurch der Arbeitsnachweisbetrieb nicht gestört wird.

Da der Arbeitsnachweis der Kritik seiner Besucher ausgesetzt ist, die vielfach an die modernsten Bureaueinrichtungen gewöhnt sind, müssen diese stets auf der Höhe der Zeit stehen. Das gilt von Fahrstühlen, von Einrichtungen zur Beförderung der Akten, Kartothekkarten, sonstigen Schriftstücken, die von Bureau zu Bureau nicht durch menschliche Kraft, durch Boten, sondern durch maschinelle Einrichtungen zu bewirken ist. Das gilt auch von Schreibeinrichtungen Schreibmaschinen, Parlographen usw. Überall ist darauf zu sehen, daß durch zweckmäßige maschinelle Einrichtung Zeit und Kosten die Arbeitskraft erspart wird. Der Arbeitsnachweis soll ein Institut zur Ersparung von Nationalkraft sein und muß daher selbst in allen diesen Beziehungen vorbildlich eingerichtet sein.

c) Der Geschäftsbetrieb des Arbeitsnachweises.

1. Vorbemerkung. Es fehlt an allgemeinen Vorschriften für den Geschäftsgang des öffentlichen Arbeitsnachweises. Nur seine Mitwirkung bei der Statistik ist durch allgemeine Vorschriften geregelt. In mancher Beziehung wird man auf die einzelstaatlichen Vorschriften über den Betrieb nicht gewerbsmäßiger Stellenvermittler zurückgreifen können, wenngleich diese Bestimmungen sich nicht auf gemeinnützige Stellennachweise öffentlicher Körperschaften und andere gemeinnützige Stellennachweise, die aus öffentlichen Mitteln unterstützt werden, beziehen. Einen gewissen Anhalt können aber die Vorschriften für die gewerbsmäßigen Stellenvermittlungen geben. Jedenfalls sind die Landeszentralbehörden auf Grund von § 15 des StVG. in der Lage, auch Vorschriften über den Betrieb der öffentlichen Arbeitsnachweise zu erlassen, was sie aber bisher nicht getan haben.

2. Der Geschäftsbetrieb ist einmal ein mündlicher, dann ein telephonischer und schließlich ein schriftlicher. Auch die Presse ist für den Geschäftsbetrieb der Arbeitsnachweise in weitgehendem Maße heranzuziehen. — Wie schon öfter betont, ist trotz der Notwendigkeit eines bestimmten Schemas das sklavische Haften am Schema nach Möglichkeit zu vermeiden.

Der mündliche Verkehr hat sich der Kürze, Bestimmtheit und Höflichkeit zu befleißigen. Eine Verweisung auf den schriftlichen

Weg, wenn mündliche oder telephonische Erledigung möglich ist, sollte vermieden werden. Der Arbeitsnachweis bedarf deshalb einer gewissen Autorität, um eine Anzweifelung seiner Angaben vorzubeugen. Es muß die Gewähr gegeben sein, daß die mündlichen Aufträge richtig aufgefaßt werden, deswegen ist eine peinliche Sorgfalt und Ordnung des ganzen Geschäftsbetriebes unbedingt notwendig. Für den schriftlichen Verkehr wird die kaufmännische Form zu empfehlen sein, doch ohne die im kaufmännischen Verkehr leider so häufig zu beobachtende Weitschweifigkeit und Ungenauigkeit.

Formblätter aller Art werden den Geschäftsverkehr in jeder Beziehung erleichtern[1]).

Besondere Sorgfalt ist auf die Bedienung des Telephons zu verwenden. Es müssen ausreichend Leitungen vorhanden sein, um die einzelnen Arbeitgeber und Arbeitnehmer in den Stand zu setzen, mit dem Arbeitsnachweis in Verbindung zu treten. Der wesentliche Inhalt der Telephongespräche, bei denen ganz besonders auf Kürze gehalten werden muß, muß sorgfältig registriert werden. Der Arbeitsnachweis bedarf besonderer Telephonisten und Telephonistinnen. Der Dienst am Telephon kann eine zweckmäßige Vorbildung für die Vermittlung abgeben. Die Benutzung der Presse besteht einmal darin, daß die allgemeinen Nachrichten auf dem Gebiete des Arbeitsnachweises und die Stellenangebote und Stellengesuche fortlaufend gelesen und ausgezogen werden müssen. Der Arbeitsnachweis muß ferner die Presse fortgesetzt mit allgemeinen, den Arbeitsmarkt betreffenden Nachrichten versehen. Bei dieser Gelegenheit ist immer wieder auf die Einrichtung des Arbeitsnachweises und seine Abteilungen hinzuweisen. Insbesondere sind die Adresse des Arbeitsnachweises, seine Telephonnummern und seine Vermittlungszeiten recht oft zu erwähnen. Außerdem ist die Presse, und zwar sowohl die Tagespresse wie die Fachpresse, mit Inseraten zu versehen, welche entweder nur allgemein auf den Arbeitsnachweis hinweisen, oder Mitteilungen über jeweilige Nachfrage und das Angebot bestimmter Arbeitskräfte enthalten.

Es ist schon vorgekommen, daß Zeitungen selbst bezahlte Inserate des Arbeitsnachweises abgelehnt haben, weil sie die Kon-

---

[1]) Eine große Anzahl der bei den Arbeitgebernachweisen üblichen Formblätter befindet sich bei Zahnbrecher, „Die Arbeitgebernachweise in Deutschland" S. 315—350.

kurrenz des Arbeitsnachweises fürchten. Arbeitsnachweis und Presse können sich aber zum Vorteil der Stellenvermittlung ergänzen und die Leiter der Arbeitsnachweise werden auf Vermeidung gegenseitiger Bekämpfung und gemeinsames Vorgehen des Arbeitsnachweises und der Presse hinzuarbeiten haben. Die Unterstützung der Presse mit interessanten, möglichst kurzen Artikeln über den Arbeitsmarkt können in diesem Sinne wirken. Anzustreben ist eine fortlaufende Berichterstattung der Presse über den Arbeitsmarkt in einem besonderen dieser Aufgabe zu widmenden Abschnitt, welcher je nach Maßgabe des vorhandenen Raumes auszudehnen oder einzuschränken ist, natürlich bietet die Papierknappheit während des Krieges ein Hindernis für diese Bestrebung. Wenn die Zeitungen mit umfangreichem Inseratenteil sich dem Arbeitsnachweis versagen, so wird eine Mitarbeit des Arbeitsnachweises von anderen Zeitungen um so dankbarer empfunden werden, weil sie auf diesem Wege Inserate und Leser aus den Kreisen der Stellen- und Arbeitersuchenden finden können.

Vielfach werden von den Arbeitsnachweisen Vakanzenlisten herausgegeben. Diese Listen sollten nicht für die Stellen- und Arbeitersuchenden selbst oder lediglich für die Arbeitsnachweise bestimmt sein, weil sie sonst das Publikum dem Arbeitsnachweis entfremden. Sie müssen deshalb so abgefaßt sein, daß sie möglichst nicht für jedermann verständlich sind. Es ist darauf zu sehen, daß nicht solche Stellen oder Arbeitsgesuche in die Listen aufgenommen werden, welche beim Erscheinen der Liste oder kurz darauf voraussichtlich schon erledigt sind. Überhaupt besteht die Gefahr, daß die Mitteilungen in derartigen Listen sehr rasch veralten.

3. Meldung der Arbeitsuchenden.

Die Meldung der Arbeitsuchenden wird in der Regel mündlich zu erfolgen haben, auch wird der Arbeitsuchende sich bei gehöriger Durchbildung des Arbeitsnachweises im ganzen Reich sich für die Regel an den Arbeitsnachweis seines Ortes zu wenden haben, und dessen Aufgabe wird es sein, die Vermittlung an den zuständigen Arbeitsnachweis abzugeben, wenn er nicht in der Lage ist, sie in seinem Geschäftsbereich zu erledigen. Soweit ist nun aber die Entwicklung des Arbeitsnachweises noch nicht vorgeschritten. Einmal gibt es noch viele Orte ohne Arbeitsnachweis und andererseits sind die vorhandenen Arbeitsnachweise vielfach noch sehr primitiv. Deshalb müssen einmal in weitgehendem Umfange nicht öffentliche gemeinnützige und Interessentenarbeitsnachweise zur Unterstützung der öffentlichen Arbeitsvermittlung herangezogen werden. Die Stellensuchenden werden unter den obwaltenden Verhältnissen vielfach zur schriftlichen, auch telephonischen Meldung ihre Zuflucht nehmen müssen, wobei zu berücksichtigen ist, daß telephonische Meldungen leicht zu Täuschungszwecken mißbraucht werden können. Die mündliche Meldung des Arbeitsuchenden erfolgt regelmäßig am Schalter des Arbeitsnachweises, der so eingerichtet sein muß, daß der Schalterbeamte und der Stellensuchende sich bequem miteinander unterhalten können. Die Angaben des Stellensuchenden werden in das Schalterbuch oder auf eine besondere mit Nummer versehene Karte eingetragen. Die sich meldenden Personen können auch angehalten werden, die Eintragungen am Schalter selbst zu machen, das wird aber immer von dem Bildungsgrade der betr. Berufsgruppe oder der in Betracht kommenden Gegend abhängen. Jeder Widerspruch und Zweifel bei den Angaben des Arbeitsuchenden ist möglichst genau aufzuklären, wo schon eine frühere Meldung von ihm vorliegt, ist diese zu vergleichen und hierbei sind Widersprüche aufzuklären. Gegen wissentlich oder fahrlässig falsche Angaben ist energisch einzuschreiten, vor allen Dingen ist der Besucher auf die Ungehörigkeit und Schädigung der allgemeinen Arbeiterinteressen durch sein Verhalten aufmerksam zu machen. Der Arbeiter erhält dann einen Nachweisschein, welchen er aufzubewahren und bei den täglichen Meldungen dem Arbeitsnachweis zur Abstempelung vorzuzeigen hat[1]).

Bei der Meldung hat der Arbeiter seine Invalidenkarte und ev. ein Zeugnis vorzulegen. Jugendliche bis zu 18 Jahren müssen ihr Arbeitsbuch (§ 107ff. der GO.) vorlegen. Personen, die sich als Gesinde vermieten wollen, ihr Dienstbuch. Falls die Arbeiter die genannten Papiere nicht besitzen, so genügt die Vorlegung eines Kündigungsschreibens.

---

[1]) Siehe die beim Arbeitsnachweis der Stadt Berlin eingeführte Karte. In den Rubriken der ersten drei Seiten werden die Meldungen und Vermittlungen eingetragen, während die letzte Seite für die Angabe der Zeit der Arbeitslosigkeit bestimmt ist.

(Vorderseite)

Karte Nr. .... Sorgfältig aufbewahren!

Arbeitsnachweis der Stadt Berlin

Abteilung für ungelernte Arbeiter — Gormannstr. 13

Name: Vorname:

Geburtstag: .... Geburtsort:

Ledig — Verheiratet — Ausländer:

Eingetragen am

Eingetr. am	Vermitt. am	Eingetr. am	Vermitt. am	Eingetr. am	Vermitt. am	Eingetr. am	Vermitt. am

(Seite 3 und 4.)

Januar	Februar	März	April	Mai	Juni
Juli	**August**	**Septbr.**	**Oktober**	**Novbr.**	**Dezbr.**

Die Vorlegung dieser Papiere wird im allgemeinen verlangt. Es ist aber zu prüfen, ob darin nicht eine gewisse Härte liegt. Der Arbeiter hat unzweifelhaft auch dann, wenn er sich nicht in gekündigter Stellung befindet, das Recht, sich nach einer neuen Stellung umzusehen, und gerade die tüchtigsten Arbeiter werden nicht warten, bis ihnen gekündigt wird. Sie werden im Gegenteil immer Stellen im Auge haben, die ihnen einen weiteren Aufstieg gestatten. Vom volkswirtschaftlichen Standpunkt ist es durchaus zu begrüßen, daß die Arbeiter jede Arbeitslosigkeit zu vermeiden suchen, was meist nicht möglich ist, wenn sie sich erst dann um Arbeit bemühen, wenn sie entlassen sind und Kündigungsfristen sind bei den gewerblichen Arbeitern ja leider überwiegend durch Vertrag ausgeschlossen. Daß der entlassene Arbeiter jede ihm angebotene Stelle, auch eine schlechtere, sofort annimmt, kann man ihm auch nicht zumuten. Die Vorlegung einer Legitimation durch den Arbeiter ist allerdings dringend wünschenswert, weil andernfalls Täuschungen durch unlautere Elemente nicht verhindert werden können. Das hauptsächlichste Legitimationspapier ist praktisch die Karte der Invalidenversicherung. Es steht gesetzlich allerdings nichts im Wege dagegen, daß der Arbeiter diese Karte selbst verwahrt. Den Arbeitern ist es aber meist bequemer, sie vom Arbeitgeber aufbewahren zu lassen und der Arbeitgeber pflegt auch die Abgabe gewöhnlich zu verlangen. Irgendein Recht auf Einbehaltung der zur Aufbewahrung übergebenen Karten hat der Arbeitgeber nicht. Die Karte kann jederzeit ohne Angabe von Gründen, auch während der Dauer des Dienstvertrages, von dem Arbeiter zurückverlangt werden, doch wird der Arbeitgeber darin immer die Absicht des Arbeiters zu erkennen glauben, daß er den Dienst verlassen will, auch ist die Aufbewahrung der Karte durch den Arbeitgeber ein Mittel, um der vielfach vorhandenen Unsitte der Arbeiter entgegenzusteuern, den Dienst, ohne eine Wort zu sagen, zu verlassen. Jedenfalls sollte aber dem Arbeitsnachweis jede andere ausreichend erscheinende Legitimation über die Person des Arbeiters genügen, wie z. B. beim kaufmännischen Arbeitsnachweis nicht daran gedacht werden kann, daß der Angestellte bei der Bewerbung um eine Stelle seine Invalidenkarte oder Entlassungszeugnis oder Kündigungsschreiben vorlegt. Aus dem Verzicht auf Vorlegung dieser Papiere folgt nicht, daß der Arbeitsnachweis die leichtsinnige Auflösung von

Arbeitsverhältnissen fördern soll, im Gegenteil, er wird möglichst darauf hinzuwirken haben, daß die Arbeiter ihre Stellen nicht ohne vernünftigen Grund aufgeben, wie es überhaupt für den Arbeitsnachweis kein Ruhm ist, große Vermittlungszahlen aufzuweisen, sondern es rühmlicher ist, wenn man sagen kann, daß in seinem Bezirk möglichst wenig Stellenwechsel vorkommt und jeder Arbeiter nach Möglichkeit da untergebracht ist, wo er seine Arbeitskraft am besten verwerten kann.

4. Meldungen der Arbeitgeber.

Die Arbeitgeber können sich entweder selber auf dem Arbeitsnachweis melden, oder sie können ihre Gesuche telephonisch oder schriftlich anbringen. Auf eine möglichst schleunige Öffnung des eingehenden Gesuchs ist acht zu geben, auch außerhalb der Vermittlungszeit für den Zweck der Öffnung der Gesuche und Hinleitung an die richtige Stelle sollte den ganzen Tag über ein Beamter zur Stelle sein. Schließlich sind auch die Gesuche aus den Zeitungsinseraten zu entnehmen. Es empfiehlt sich für die geschäftlichen Gesuche, den Arbeitgebern Formulare in Postkartenformat zur Verfügung zu stellen, und wünschenswert wäre es, wenn derartige Formulare für das ganze Reich einheitlich eingeführt würden und käuflich zu haben wären, ev. bei den Postanstalten. Eine Verbreitung wäre auch durch die Arbeitgeber- und Arbeiterverbände denkbar.

Das persönliche Erscheinen der Arbeitgeber ist üblich bei der Dienstbotenvermittlung, zum Teil auch in der Gast- und Schankwirtschaft.

Ein unmittelbares Herantreten des Arbeitgebers an den Arbeiter ist zu vermeiden, schon deswegen, weil dadurch das Erscheinen gewerbsmäßiger Stellenvermittler im Arbeitsnachweis begünstigt würde. Ob etwa in späterer Zukunft bei allgemeiner Durchführung des öffentlichen Arbeitsnachweises der Zutritt von selbständigen Vermittlern nach Art der Börsenmakler zuzulassen wäre, kann gegenwärtig im Anfangsstadium der Entwicklung des öffentlichen Arbeitsnachweises noch nicht in Betracht gezogen werden. Es wäre aber eine Verbindung der Vorteile beider Arten der Stellenvermittlung der öffentlichen und der privaten gewerbsmäßigen. Auch in diesem Falle wäre aber ein beliebiger ungeregelter Verkehr des arbeitsuchenden Publikums und der Arbeitgeber im Arbeitsnachweis nicht zu empfehlen, abgesehen von anderen Gründen, weil dann einer der Hauptvorteile des öffentlichen Arbeitsnachweises, der Überblick über den Arbeitsmarkt, verloren gehen würde.

Die Arbeitgeber werden sich also, wenn es sich nicht um ganz winzige Arbeitsnachweise handelt, in einem besonderen für diese bestimmten Raum, an besonderen Schaltern, zu melden haben. Da aber der persönliche Zustrom der Arbeitgeber zu den Arbeitsnachweisen sich vorläufig noch in engen Grenzen hält, so sind auch die Räume für die Arbeitgeber entsprechend kleiner zu gestalten.

Diese Räume können zugleich für die Verhandlungen zwischen Arbeitgebern und Arbeitern benutzt werden, sofern nicht besondere Räume für diese Unterhandlung vorhanden sind.

Stellenweise ist auch die Einrichtung getroffen, daß sich mitten durch den Aufenthaltsraum der Arbeiter eine Brücke hindurchzieht, auf welche der Arbeitgeber oder der Stellvertreter sich mit dem Vermittlungsbeamten begibt und von wo aus die geeigneten Stellensuchenden durch die Vermittlungsbeamten zum Arbeitgeber herangerufen werden.

5. Die Registrierung der Gesuche.

Die Registrierung kann entweder im Wege des Buch- oder Listensystems oder im Wege des moderneren Kartensystems erfolgen.

Das Buchsystem ist für die gewerbsmäßigen Stellenvermittler und auch für die nicht gewerbsmäßigen Stellenvermittlungen, für Gesinde in der Landwirtschaft und dem Gast- und Schankgewerbe, vorgeschrieben, mit Ausnahme der öffentlichen und öffentlich unterstützten gemeinnützigen Arbeitsnachweise.

a) Listensystem.

Es sind zum mindesten zwei Listen zu führen, eine Arbeitgeberliste und eine Arbeiterliste. Wo für einzelne Berufe eine ausreichende Zahl von Gesuchen vorzuliegen pflegt, sind für diese Berufe besondere Listen anzulegen. Die Bücher stellen lediglich zusammengeheftete Listen dar. Bei kleineren Arbeitsnachweisen ist es möglich, durch Einschneiden des Buches am Rande die Listen mehrerer oder aller Berufsarten in einem Buch zu vereinigen. In die Arbeitgeberliste werden sämtliche Gesuche der Arbeitgeber in der Reihenfolge der Anmeldungen aufgenommen und in die Arbeitnehmerliste die

Namen der Arbeitsuchenden. Es ist nicht ausgeschlossen, daß ganz ungeeignete Gesuche von der Eintragung ausgeschlossen werden. Da die Eintragungen der Liste durch die Beamten selbst erfolgen müssen, so ist es eine Vereinfachung des Geschäftsverkehres, wenn die Gesuche zunächst vom Publikum, auch Formularkarten, selbst eingetragen und am Schalter abgegeben werden, also ein gemischtes System.

Bei Zuweisung einer Stelle an einen Arbeiter wird seine Nummer bei dem Arbeitgeber in der Arbeitgeberliste vermerkt, dem er zugewiesen wurde und umgekehrt die Nummer des Arbeitgebers in der Arbeiterliste. Die Erledigung des Gesuches, durch Einstellung, Zurücknahme oder Fristablauf, wird in den Listen vermerkt, wozu man zweckmäßig dreierlei Farbstifte verwenden kann.

Das Listensystem ist schwerfällig wegen der eigenhändigen Eintragung der Gesuche durch den Vermittler und weil die erledigten Gesuche unter Umständen das ganze Jahr hindurch in dem Buche mitgeschleppt werden, dadurch das Buch unübersichtlich wird. Man kann diesem Übelstand dadurch abhelfen, daß man jeden Monat eine neue Liste anlegt; dann wird wieder sehr viele Arbeit durch die Übertragung verschwendet. Das Buchsystem verhindert auch die Arbeitsteilung.

b) Das Kartensystem.

Beim Kartensystem wird für jeden den Arbeitsnachweis benutzenden Arbeitgeber und Arbeiter eine Karte angelegt, die auch, wenigstens zum Teil, vor der Benutzung selbst ausgefüllt werden kann. Es empfiehlt sich, die Karte möglichst einfach zu gestalten, wenigstens die von dem Publikum selbst auszufüllenden Fragen nicht zu zahlreich werden zu lassen. Die Arbeitgeberkarte[1]) hat etwa zu enthalten: Namen, Betriebsart, Beruf, Betriebsort oder Wohnung, Angabe über die gesuchte Person (Alter, Lohn, Kost, Wohnung, erforderliche Fähigkeiten). Die Arbeiterkarte hat zu enthalten: Namen, Beruf, Alter, ob ledig oder verheiratet, Angabe der letzten Arbeitsstelle, Zeit der Beendigung des letzten Arbeitsverhältnisses, die Frage, ob auch auswärts Stellung angenommen

[1]) Formulare bei Lauer, Die Praxis des öffentlichen Arbeitsnachweises Berlin 1908, S. 70ff. Auch Zahnbrecher, Die Arbeitgebernachweise in Deutschland, S. 327ff.

wird, und ob auch eine Arbeit in einem anderen Gewerbe angenommen wird. Bei den weiblichen Abteilungen und bei den Facharbeitsnachweisen, insbesondere auch bei den Dienstbotenarbeitsnachweisen ist eine eingehendere Ausgestaltung der Karten erforderlich. Jede Karte erhält eine Nummer. Die Arbeitnehmerkarten enthalten ferner eine Rubrik für die zugewiesenen Stellen und für erfolgte Vermittlungen.

Die Karten sind in geeigneten Kartothekkästen aufzubewahren.

6. Vermittlungstätigkeit.

Die Tätigkeit des Vermittlers ist, wie wir bereits gesehen haben, auf einen verschiedenen Zweck gerichtet. Entweder hat er dem Stellensuchenden oder dem Arbeitgeber nur einen Gegenkontrahenten namhaft zu machen oder er hat ihn zu beraten über die zweckmäßige Art und Weise, wie er zum Abschluß eines Arbeitsvertrages, und zwar des geeigneten Arbeitsvertrages gelangen kann, oder er hat schließlich die Vermittlung soweit zu führen, daß ein Arbeitsvertrag mit all seinen Bedingungen genau und zweckmäßig formuliert unter seiner Mitwirkung zustande kommt.

Bei allen Arten der Vermittlungstätigkeit kommt es darauf an, Zeit und Geld des Publikums zu schonen, jede Reibung zu vermeiden, sich immer gegenwärtig zu halten, daß eine unsachgemäße Vermittlungstätigkeit mehr zu Störungen des Wirtschaftslebens, wie zu seiner Förderung dienen kann, und daß durch den Arbeitsnachweis bei unrichtiger Handhabung schwere Störungen des gewerblichen Friedens herbeigeführt werden können. Wo nicht die starre Regel der Zuweisung des zuerst gemeldeten Stellensuchenden vorgeschrieben ist, hat der Arbeitsvermittler in erster Linie die Auswahl unter den Bewerbern nach ihrer Eignung zu treffen. Bei gleichgeeigneten entscheidet natürlich die Reihenfolge der Meldung. Da der Arbeitsvertrag durch die freie Willensentschließung der Parteien zustande kommt, müssen in jedem Fall nach Möglichkeit deren Wünsche berücksichtigt werden. Je nach der Qualität der angebotenen Stelle und des Stellensuchenden kann mehr oder weniger Zeit auf die Auswahl verwendet werden. Bei ungelernten Arbeitern kann die Nummernfolge von größerem Einfluß sein wie bei qualifizierten Arbeitern.

Der sicherste Erfolg ist natürlich dann gegeben, wenn Arbeitsuchende und Arbeitgeber persönlich unmittelbar im Arbeitsnachweis mit dem Vermittler verhandeln. Das ist aber nur die Ausnahme. Die schriftlichen und mündlichen Bestellungen lassen sehr viel zu wünschen übrig. Es kommt daher darauf an, daß der Vermittler eine eingehende Kenntnis der Betriebe besitzt um ohne weiteres zu wissen, welche Anforderungen an die gesuchte Arbeitskraft gestellt werden.

Jede Zuweisung mehrerer Kräfte, besonders dann, wenn die Betriebsstätte entlegen ist, bedeutet eine Verschwendung von Arbeitskraft. Sie wird sich aber vielfach nicht vermeiden lassen. Sie ist auch da erforderlich, wo es darauf ankommt, den Arbeitgeber für den Arbeitsnachweis zu gewinnen, ihm die Segnung dieser Einrichtung klar zu machen. Hier wird auch unter Umständen, wenn es sich lohnt, der Vermittler mit zur Betriebsstelle gehen müssen. Das empfiehlt sich insbesondere bei größeren Arbeitertransporten, wo der Vermittler dann gleichzeitig für die Unterbringung in der Eisenbahn, Verpflegung und Beherbergung zu sorgen hat. Die Überweisung mehrerer Stellengesuche ist bei großem Angebot von Arbeitsuchenden leichter möglich. Auf der anderen Seite sind auch dem Stellensuchenden möglichst mehrere Stellen, besonders solche, die auf demselben Wege liegen, aufzugeben. Der Vermittler hat auf die Feststellung des Vermittlungsergebnisses zu achten. Er hat darauf zu halten, daß beide Parteien ihm das Ergebnis oder die Ergebnislosigkeit mitteilen, sonst entsteht die Gefahr, daß nach besetzter Stelle wiederholt Stellensuchende zu einem Arbeitgeber gesandt werden, und daß Arbeitsuchende, die längst in Arbeit getreten sind, immer noch in der Liste der Stellensuchenden geführt werden.

Gegen Personen, welche den Arbeitsnachweis mißbrauchen, falsche Angaben machen, den Betrieb stören, hat der Vermittler einzuschreiten und nötigenfalls ihren Ausschluß auf längere oder kürzere Zeit zu beantragen.

Die Vermittlungsergebnisse sind in der Liste oder im Kartothekblatt zu vermerken, auch ist es Aufgabe des Vermittlers, gewisse statistische Vorarbeiten zu verrichten. Besondere Gewandtheit erfordert die interlokale Vermittlung, sei es, daß sie unmittelbar durch den Vermittler, oder mit Hilfe eines anderen Arbeitsnachweises erfolgt. Hier kommt es auf klare schriftliche oder telephonische Übermittlung der Wünsche der Parteien an.

7. Ausgleich der nicht vermittelten Stellen. Interlokale Vermittlung.

Wenn ein Arbeitsnachweis nicht in der Lage ist, mit Hilfe der bei ihm eingegangenen Meldungen von Arbeitslosen und offenen Stellen sämtliche Aufträge zu erledigen, so ist damit seine Tätigkeit noch nicht abgeschlossen. Er muß alsdann mit Hilfe anderer Arbeitsnachweise eine Ausgleich herbeizuführen suchen. Diesem Zwecke dienen die Zentralauskunftstellen, die Arbeitsnachweisverbände und der Arbeitsmarkt-Anzeiger. Die Zentralauskunftstellen stellen einen Zusammenschluß aller nicht gewerbsmäßigen Arbeitsnachweise für einen größeren oder kleineren Bezirk dar, also nicht nur der öffentlichen und gemeinnützigen, sondern auch der Interessentenarbeitsnachweise. Zweck der Zentralauskunftstellen ist für die Dauer des Krieges und evtl. für die nächste Zeit nach Abschluß des Friedens die gegenseitige Unterstützung und Beförderung bei der Arbeitsvermittlung. Insbesondere sollen die Zentralauskunftstellen eine Verständigung über die Lage des Arbeitsmarktes und einen Ausgleich von Angebot und Nachfrage zwischen den angeschlossenen Arbeitsnachweisen herbeizuführen. Eine Arbeitsvermittlung durch die Zentralauskunftstelle selbst soll nicht stattfinden. Zu diesem Zweck haben die angeschlossenen Arbeitsnachweise der Zentralauskunftstelle die nicht erledigten offenen Stellen und Arbeitsgesuche telephonisch oder schriftlich bekannt zu geben, sofern dieselben voraussichtlich nicht in kürzester Zeit, etwa in 24 Stunden, erledigt werden können, durch Verordnungen der Generalkommandos sind alle nicht gewerbsmäßigen Arbeitsnachweise verpflichtet, diese Meldungen regelmäßig zu erstatten. Die auf diese Weise bei der Zentralauskunftstelle eingegangenen Meldungen, und auch solche Meldungen, die bei ihr unmittelbar eingelaufen sind, sind so schnell als möglich allen denjenigen angeschlossenen Arbeitsnachweisen bekannt zu geben, die sich mit der Vermittlung der betreffenden Arten von Arbeitskräften befassen. Über die Erledigung des Falles ist der Zentralauskunftstelle Mitteilung zu machen. Die Zentralauskunftstelle hat auch die in der Presse erscheinenden Angebote und Nachfragen zu verfolgen und sie den in Betracht angeschlossenen Arbeitsnachweisen telephonisch oder schriftlich zur Kenntnis zu bringen. Die nicht besetzten Stellen und nicht vermittelten Arbeitslosen sind in Vakanzenlisten zusammenzufassen, die täglich, oder wenigstens mehrmals in der Woche erscheinen und den Arbeitsnachweisen des Bezirks zuzusenden sind. Diese Listen sind nicht für den Gebrauch des Publikums bestimmt.

Die zwischenörtliche Vermittlung der Arbeitsnachweisverbände spielt sich etwa in derselben Weise ab.

Der Arbeitsnachweis-Anzeiger meldet, nach Arbeitsnachweisen getrennt, nicht nur die offenen unerledigten Stellen, sondern auch die überschüssigen Arbeitsgesuche. Der Anzeiger wird auf Grund der beim Kaiserl. Statistischen Amt am Montag und Donnerstagg bis zum Mittag einlaufenden Meldungen der Arbeitsnachweise zusammengestellt, gedruckt und noch an demselbenTage an die Arbeitsnachweise versandt.

8. Allgemeine Grundsätze für die Vermittlung.

Die verschiedenen Grundsätze für die Vermittlungen haben wir schon in früheren Abschnitten berührt. Dahin gehört die Schnelligkeit, Sorgfalt, Individualisierung, Unparteilichkeit.

Für die Unparteilichkeit gibt es beim Arbeitsnachweis nicht wie beim Gericht feststehende Gesetze, es kommt vielmehr in erster Linie auf das Taktgefühl des Vermittlers an, um den Eindruck jeder unberechtigten Bevorzugung oder Zurücksetzung zu vermeiden.

Wenn keine besonderen Gründe für ein Abweichen vorliegen, muß die Vermittlung nach der Reihenfolge der Meldungen erfolgen, doch können natürlich immer nur geeignete Personen vermittelt werden, denn sonst hat der Vermittlungsversuch keinen Zweck und würde nicht zu einer Vermittlung führen. Selbst wenn die Arbeitgeber und Arbeiter verpflichtet werden könnten, der Zuweisung des Arbeitsnachweises Folge zu leisten, wäre damit nichts erreicht, denn der Arbeitgeber würde einen ungeeigneten Arbeiter sobald wie möglich entlassen und der Arbeiter würde eine ihm nicht zusagende Stelle sobald wie möglich aufgeben. Solche Ergebnisse zu erzielen, ist nicht Aufgabe des Arbeitsnachweises, insbesondere müssen die verlangten Stellen und die gesuchten Arbeiter diejenigen Eigenschaften haben, welche von den Auftraggebern des Arbeitsnachweises gefordert wurden. Es verstößt nicht gegen die Unparteilichkeit, wenn diejenigen bevorzugt werden, auf welche die verlangten Bedingungen zutreffen. Gegen die Unparteilichkeit würde es aber verstoßen, wenn Arbeiter oder Arbeitgeber bestimmter Richtungen bevorzugt werden, wobei wieder eine Ausnahme vorliegt, wenn gewisse Arbeiter- oder Arbeitgebergruppen, welche den Unterhalt des Arbeitsnachweises bestreiten, als Entgelt dafür eine gewisse Bevorzugung beanspruchen. Solchen Ansprüchen wird man, wenigstens für die Übergangszeit, nicht immer mit Erfolg und ohne Schaden für den öffentlichen Arbeitsnachweis, entgegentreten können.

Auch die Bevorzugung Einheimischer kann nicht unbedingt als Verstoß gegen die Unparteilichkeit angesehen werden, andererseits kann aber auch die Bevorzugung Einheimischer nicht als eine ausnahmslose Regel gefordert werden. Es wäre sowohl für die Arbeitgeber, wie für die Arbeiter vielfach eine Härte, wenn sie auf den Zuzug von außerhalb verzichten müßten, und wenn deshalb weniger geeignete Kräfte an einen falschen Platz gestellt werden müßten. Darin könnte eine Schädigung des Gewerbes liegen, welche auch auf die Gemeinde zurückfallen würde[1]).

Jedes Abweichen von der Nummernfolge legt zweifellos das Geschick des Arbeiters und des Arbeitgebers in das Ermessen des Stellenvermittlers. Wenn dieses aber von Unparteilichkeit und Sachkunde getragen ist, so ist die Auswahl durch den Stellenvermittler das geringere Übel gegenüber dem strengen Festhalten an der Nummernfolge, welches man daher als „blöden" Nummernzwang bezeichnet hat[2]).

Natürlich hat die Fähigkeit des Vermittlers, den richtigen Mann und die richtige Stelle ausfindig zu machen, gewisse Grenzen. Er wird daher recht oft immerhin noch die Reihenfolge der Meldungen zu berücksichtigen haben, und zwar zwischen denjenigen Personen, welche nach der ihm möglichen summarischen Prüfung als gleichgeeignet erscheinen.

Vermittlungszwang: Der Vermittlungszwang kann darin

[1]) Vgl. hierzu Zahnbrecher a. a. O. S. 37.

[2]) Schriften des Verbandes Deutscher Arbeitsnachweise Nr. 11.

bestehen, daß keine Arbeiter eingestellt werden und keine Arbeiter eine Stelle annehmen dürfen, die nicht durch den Arbeitsnachweis vermittelt worden sind. Der Zwang kann sich aber auch darauf beschränken, daß dem Arbeitsnachweis jede neue Besetzung einer Stelle zu melden ist. Wenn nicht wenigstens in dieser Hinsicht ein Zwang besteht, wird die Übersicht des Arbeitsnachweises über die Lage des Arbeitsmarktes immer eine unvollständige bleiben. Andererseits wird ein Arbeitsnachweis besonders auf dem Gebiete einzelner Gewerbe gar nicht in Gang kommen, wenn der Zwang zu seiner Benutzung nicht festgesetzt wird. Dieser Zwang ist auch da von heilsamer Wirkung, wo die Umschau, d. h. das Herumgehen des Arbeiters von Arbeitsstelle zu Arbeitsstelle zum Zwecke des Aufsuchens von Arbeitsgelegenheiten zu einer Unsitte geworden ist. Wenn der Arbeiter mit einiger Sicherheit annehmen kann, daß er auf einer bestimmten Stelle eingestellt wird, so ist freilich das unmittelbare Aufsuchen dieser Stelle für ihn der kürzeste Weg. Befindet sich aber ein Arbeitsnachweis am Orte, so hat es auch nicht viel auf sich, wenn er sich bei diesem meldet und die Zuweisung nach einer bestimmten Stelle fordert. Solchem Verlangen, sei es, daß es von Arbeiterseite oder von Arbeitgeberseite kommt, wird der Arbeitsnachweis stets Folge geben. Bei einigermaßen vollständiger Eingewöhnung der Arbeitgeber in den Arbeitsnachweis würde der Zwang zur Vermittlung keine Härte sein, weil dann ja alle Arbeitslosen auf dem Arbeitsnachweis zu finden sind und auch alle offenen Stellen dort gemeldet sind. Ein Übel ist es nur, wenn der Arbeitsnachweis nicht auf voller Höhe steht, nicht sachgemäß arbeitet, oder wenn es ihm nicht gelingt, die eine Gruppe des Arbeitsvertrages für sich zu gewinnen und wenn er dann von einer anderen Gruppe verlangt, daß sie sich beim Abschluß von Arbeitsverträgen unter allen Umständen des Arbeitsnachweises bedienen muß, wenn z. B. die Arbeiter sich die Umschau nicht abgewöhnen können und besonders die besseren Arbeiter auf Umschau gehen und dann von den Arbeitgebern verlangt, daß sie den Arbeitsnachweis benutzen sollen, oder wenn der Arbeitsnachweis nur von einer gewissen Richtung von Arbeitern besucht wird und die Arbeitgeber dadurch gezwungen werden, nur Leute von dieser Richtung, die ihnen vielleicht am wenigsten zusagt, einzustellen.

9. Bevorzugung Organisierter.

Wir haben schon vorher gesehen, daß die Bevorzugung von Angehörigen der Organisationen beider Gruppen des Arbeitsnachweises, welche die Kosten des Arbeitsnachweises aufbringen, in gewissen Grenzen zulässig ist. Dieses System darf aber nicht dazu ausarten, die Arbeiter zum Beitritt zu einer Organisation zu zwingen. Weniger bedenklich ist es, wenn die Bevorzugung erfolgt, um einen Tarifvertrag zur Durchführung zu bringen, weil diese meist nützlichen Verträge oft in anderer Weise gar nicht durchzuführen sind. Das gilt besonders von einzelnen Gruppen des Kleingewerbes, wo gemeinsame Beschlüsse ohne Zwang nicht zur Durchführung kommen.

Vermittlungspflicht: Dem Benutzungszwang steht die Vermittlungspflicht der Arbeitsnachweise gegenüber[1]). Die Vermittlungspflicht der Arbeitsnachweise setzt voraus, daß der Arbeitsnachweis auf allen Gebieten, oder wenigstens auf dem in Betracht kommenden Gebiete allgemein durchgeführt ist, denn man kann dem Arbeitsnachweis nicht zumuten, eine Pflicht zu übernehmen, deren Durchführung nahezu unmöglich sein kann, z. B., wenn der Arbeitsnachweis von einer Gruppe des Arbeitsnachweises boykottiert wird. In zivilrechtlicher Beziehung könnte man in solchem Fall die Unmöglichkeit der Erfüllung annehmen und damit würde der Arbeitsnachweis seiner Pflicht enthoben, wobei es nicht auf eine absolute Unmöglichkeit ankommt, sondern es genügt, daß die erforderlichen Bemühungen des Arbeitsnachweises so umfangreich sein müßten, daß der Erfolg wirtschaftlich in keinem vernünftigen Verhältnis zu der aufgewandten Mühe stehen würde. Im übrigen aber wird man bei einem öffentlichen Arbeitsnachweis die Vermittlungspflicht annehmen müssen. Das bedeutet nicht, daß jedem Arbeitgeber und jedem Arbeiter eine zivilrechtlich klagbare Forderung auf die Betätigung des Arbeitsnachweises zusteht, wohl aber, daß der Arbeitsnachweis auf Beschwerde im Dienstaufsichtswege gezwungen werden kann, in Tätigkeit zu treten. Den Benutzern würde im Falle der Weigerung des Arbeitsnachweises nur dann ein

[1]) S. Meyer, Entwicklung und Stand der Arbeitsvermittlung im In- und Auslande. Hannover 1912, S. 182ff.

Recht auf Schadenersatz zustehen, wenn diese Weigerung gegen die guten Sitten verstoßen würde, z. B., wenn sie eine erhebliche Existenzgefährdung im Gefolge haben würde.

Ausschluß von der Vermittlung, Boykott, Sperre: Der Ausschluß von der Vermittlung kann entweder in dem subjektiven Verhalten des Benutzers ihren Grund haben, er kann aber auch auf objektiven Maßnahmen beruhen, indem gewisse Arten von Personen ein für allemal von der Vermittlung ausgeschlossen werden, sei es, daß man sie dadurch zu einem gewissen Verhalten zwingen oder sie für ihr Verhalten bestrafen will, sei es, daß man gewisse Gruppen, z. B. Ausländer, überhaupt vom Arbeitsvertrag ausschließen will. Der Ausschluß wegen subjektiven Verhaltens gegenüber dem Arbeitsnachweis kann liegen in ungebührlichem Betragen gegenüber dem Arbeitsnachweis, insbesondere in der Begehung strafbarer Handlungen in bezug auf den Arbeitsnachweis, Beleidigungen, Bedrohungen oder Tätlichkeiten gegenüber den Angestellten des Arbeitsnachweises oder den Benutzern desselben, sie kann auch in anderweiter Gefährdung anderer Personen, z. B. durch Krankheitsübertragungen, geschehen, sie kann auch bestehen in der Nichterfüllung der Pflichten gegenüber dem Arbeitsnachweis, Nichtinnehaltung der vorgeschriebenen Meldungen, Weigerung von Angaben, welche für die Arbeitsvermittlung notwendig sind, Verweigerung der Gebührenzahlungen, grundlose Weigerung der Annahme eines Arbeiters oder einer Arbeitsstelle. Als ein wirksames Mittel gegen alle diese Verfehlungen und Gefährdungen dient der Ausschluß von der Vermittlung.

In schleunigen Fällen muß ein einzelner Beamter, unter Umständen der erste beste Beamte, in der Lage sein, den Ausschluß zu bewirken, soweit es sich nämlich um grobe Störungen des Betriebes handelt. Betrunkene Personen, Personen, die lärmen usw., müssen von den Aufsichtsbeamten, auch von den Vermittlern, aus dem Hause gewiesen werden können. Deswegen müssen alle diese Personen mit der Wahrung des Hausrechtes betraut sein. Etwas vorsichtiger wird man schon sein müssen, bei der Entfernung wegen ansteckender Krankheiten, weil hier den Beamten nicht ohne weiteres die ärztliche Sachkunde zur Verfügung steht, welche das Erkennen der Krankheiten ermöglicht. In Zeiten gefährlicher Epidemien birgt aber der Zusammenlauf vieler Arbeitsloser an einem Orte erhebliche Gefahren in sich, die man nicht durch eine Schließung des Arbeitsnachweises bekämpfen kann, denn das würde wieder zu einer Vergrößerung der Arbeitslosigkeit und dadurch der Verbreitung von Krankheiten führen. Das Richtige wird sein, daß dem Arbeitsnachweis ein Arzt zur Seite stehen muß. Dieser wird auch bei der Vermittlung Erwerbsbeschränkter, bei der Berufswahl von Lehrlingen und anderen Personen und beim Berufswechsel in Tätigkeit treten, auch bei der Vermittlung Kriegsbeschädigter und schließlich bei Auftauchen von allgemeinen Fragen des Arbeitsvertrages, z. B. wenn es sich um Ablehnung der Vermittlung wegen sittenwidriger, gesundheitsgefährdender Arbeitsbedingungen handelt. Es wird immer möglich sein, in Fällen der Ausschließung wegen ansteckender Krankheiten, zunächst die Entscheidung des Leiters des Arbeitsnachweises anzurufen, inzwischen den Verdächtigen zu isolieren, z. B. in der Sanitätsstube, und erst nach einer gewissen Prüfung zum endgültigen Ausschluß überzugehen dann aber in Notfällen auch für die Unterbringung des Kranken in ein Krankenhaus Sorge zu tragen. Über die Aufrechterhaltung des Ausschlusses auf längere oder kürzere Zeit, oder über den Ausschluß aus anderen Gründen als wegen grober Ordnungsstörung, muß der Leiter oder vielleicht noch besser, eine Kommission entscheiden, der Arbeitgeber und Arbeitnehmer in gleicher Zahl beizugeben sind, auch ein Instanzenzug für Beschwerdefälle muß eingerichtet werden. Dies könnte in der Weise geschehen, daß in erster Instanz ein bestimmter Beamter, in zweiter Instanz eine paritätische Kommission zu entscheiden hat. In letzter Instanz wird der Träger des Arbeitsnachweises zu entscheiden haben, dessen Vertreterin die Arbeitsnachweisdeputation z. B. sein würde.

Bei den Facharbeitsnachweisen pflegt das Recht der Entscheidung über Beschwerden zum Teil auch die Entscheidung in die Hände der paritätischen Kuratorien oder Beiräte gelegt zu sein. Im Interesse einer einheitlichen Praxis muß aber auch hier eine gemeinschaftliche oberste Instanz vorhanden sein, und das wäre wiederum der Träger des Arbeitsnachweises bzw. die Deputation für Arbeitsnachweis.

Nebenbei bleibt natürlich immer die Beschwerde im Dienstaufsichtswege, welche nicht durch Gemeindebeschlüsse beseitigt werden kann, also schließlich an die staatliche Aufsichtsbehörde geht.

Ein wichtiger Punkt für eine künftige gesetzliche Regelung wäre die Schaffung einheitlicher Aufsichtsinstanzen für die Arbeitsnachweise.

Schwieriger noch liegen die Fälle, in denen der Ausschluß aus objektiven Gründen, z. B. wegen Nichtzugehörigkeit zu einer Organisation, wegen Verstößen gegen die Tarifverträge, wegen verbotener Umschau usw. erfolgt. Hier muß immer eine möglichst neutrale, am besten paritätische Kommission entscheiden. Sie wird insbesondere zu prüfen haben, ob der Ausschluß gegen die Pflichten der öffentlichen Verwaltung verstößt, ob damit nicht einseitige oder gar sitten- und gesetzwidrige Interessenpolitik getrieben wird. Aus diesem Grunde ist auch besondere Sorgfalt auf Zusammensetzung der paritätischen Kommissionen zu legen. In den Tarifverträgen ist für solche Fälle oft das Gewerbegericht in seiner Eigenschaft als Einigungsamt oder eine besondere Schlichtungskommission als Schiedsgericht vorgesehen. Derartige Vereinbarungen sind sowohl mit der Zivilprozeßordnung (§§ 1025 ff.) als auch mit dem Gewerbe- und Kaufmannsgerichtsgesetz vereinbar. Dadurch kann es aber zu einer unbequemen Einmischung einer außenstehenden Behörde in dem Arbeitsnachweis kommen. Wenngleich den Schiedsgerichten keine unmittelbare Einwirkung auf den Arbeitsnachweis zusteht, so bedeutet die Entscheidung doch immerhin eine beachtliche Kritik und wenn der Arbeitsnachweis einen Tarifvertrag als Grundlage einer Fachabteilung anerkannt hat, so wird er die Entscheidung der vereinbarten Schiedsinstanzen berücksichtigen müssen.

Aber auch abgesehen von vertraglicher Vereinbarung ist das Gewerbegericht immer in der Lage, bei Streitigkeiten der Arbeitgeber und Arbeiter über den Arbeitsnachweis, sofern sie zur Störung des Arbeitsverhältnisses führen, einzugreifen, einen Einigungsversuch zu unternehmen, oder, im Falle des Mißlingens, einen Schiedsspruch gemäß §§ 62 ff. GGG. und § 17 KaufmGG. zu fällen. Dieser Schiedsspruch hat bindende Wirkung nur, wenn sich beide Parteien ihm unterwerfen, es sei denn, daß sie sich bereits im voraus für seine Anerkennung ausgesprochen haben.

Die Tarifverträge sind ein Ausfluß des modernen privaten Organisationswesens. Dieses greift, ohne daß eine gesetzliche Ermächtigung dafür vorläge, tief in die öffentliche Verwaltung vermöge der starken Kräfte ein, welche hinter diesen Organisationen stehen. Der öffentlichen Gewalt drohen bisweilen die Zügel zu entgleiten, vermöge deren sie diese Organisationen in gesetzlichen Bahnen zu halten hat. Es wird damit ein tiefliegendes Problem angeschnitten, welches nicht auf dem Gebiete des Arbeitsnachweise allein gelöst werden kann. Darin lag der schwache Punkt bei der Bekämpfung des Einflusses der Tarifverträge auf den Arbeitsnachweis. Dieser wird mit der Tatsache des bedeutenden und im wesentlichen segensreichen Einflusses dieser Verträge rechnen müssen. Allgemeingültige Regeln lassen sich hier nicht aufstellen. Nicht jede Bestimmung eines Tarifvertrages aber ist segensreich und auch nicht jede tarifliche Vereinbarung ist mit den Pflichten der öffentlichen Verwaltung in Einklang zu bringen[1]).

Arbeitsbedingungen: Eine Arbeitsvermittlung oder auch nur ein Nachweis von Arbeit hätte keinen Sinn, wenn dem Benutzer des Arbeitsnachweises nicht wenigstens ungefähr gesagt werden kann, zu welchen Bedingungen der Arbeitsvertrag geschlossen werden soll. Die Vermittlung wird andererseits um so prompter und rascher vonstatten gehen, wenn die Bedingungen möglichst eingehend und genau angegeben werden können. Noch wertvoller, insbesondere bei langdauernden und gutbezahlten Stellen wird es sein, wenn der Arbeitsnachweis sich darüber äußern kann, ob ein begründetes Vertrauen vorhanden ist, daß die Bedingungen auch wirklich innegehalten werden, ob die Stellung eine gute, eine Lebensstellung ist. Darin beruht die Stärke der gewerbsmäßigen Vermittlung, daß sie in dieser Beziehung Aufklärungen zu geben in der Lage ist, wenn sie auch keine Garantien hinsichtlich der Innehaltung der Vertragsbedingungen übernehmen kann. Der öffentliche Arbeitsnachweis scheut sich im allgemeinen, Erklärungen in diesem Punkte abzugeben. Andererseits muß er diese Frage bei Erwerbsbeschränkten, Kriegsbeschädigten, Lehrlingen prüfen und bei einzelnen Facharbeitsnachweisen hat er eine ähnliche Aufgabe, wenn z. B. bei der Vermittlung im Gastwirtsgewerbe eine Garantie für die Redlichkeit des vermittelten Personals übernommen wird. Den gewerbsmäßigen Vermittlern ist durch die Ausführungsvorschriften der Landes- und Zentralbehörden vorgeschrieben, sorgfältige Erkundigungen über die Dienstverhältnisse der Arbeitgeber und Arbeitnehmer sowie über die Brauchbarkeit des Arbeitnehmers für die in Aussicht genommene

[1]) Soziale Praxis XXIII 289 fol. „Der Tag" vom 15. 4. 14.

Beschäftigung einzuziehen. Sie dürfen hinsichtlich solcher Stellen, deren Dienst- und Arbeitsverhältnisse ihnen nicht bekannt sind, eine Vermittlung überhaupt nicht ausführen. Für die nicht gewerbsmäßigen Stellenvermittlungen, die Stellen für das Gesinde, für die Landwirtschaft oder Gast- und Schankwirtschaft, gelten diese Vorschriften entsprechend. Für die öffentlichen, nicht gewerbsmäßigen Stellenvermittlungen fehlt es an entsprechenden Vorschriften, aber einmal wird es immer als ein Mangel empfunden werden, wenn die öffentliche Stellenvermittlung nicht ebenso zuverlässig arbeitet wie die private, außerdem ist es hier aber ebenso wie der privaten Vermittlung untersagt, das Zustandekommen sittenwidriger oder verbotener Dienstverträge zu befördern. Das würde der Arbeitsnachweis tun, wenn er weiß, oder den Umständen nach wissen muß, daß seine Nachweisung zu einem sittenwidrigen Dienstverhältnis führt und dieses Verschulden würde ihn auch treffen, wenn er in verdächtigen Fällen es unterläßt, sich Aufklärung zu verschaffen. Die Organisation des öffentlichen Arbeitsnachweises läßt in dieser Beziehung noch manches zu wünschen übrig und es kann keinem Zweifel unterliegen, daß eine Ausgestaltung in dieser Beziehung einmal mit erheblichen Kosten und andererseits mit einer großen Verantwortung verbunden ist. Auf alle Fälle muß er aber klarstellen, wieweit er bei der Vermittlung in bezug auf die Eigenschaften der Stellen und der Stellensuchenden Erklärungen abgeben kann. Es ist seine Pflicht, irrtümliche Anschauungen des Publikums in dieser Beziehung zu beseitigen und in seinem eigenen Interesse wird er die Grenzen seiner Haftung umschreiben und sich gegen weitergehende Haftung, die er nicht übernehmen kann, durch Bekanntgabe seiner Vermittlungsbedingungen schützen müssen. Auch Tarifvertragsbedingungen können sittenwidrig sein, schon daraus folgt, daß nicht jeder Verstoß gegen einen Tarifvertrag sittenwidrig ist und daß die Tarifverträge nicht ohne Kritik der Vermittlung zugrunde gelegt werden dürfen. Die beste Art der Prüfung der Arbeitsverhältnisse wird sein, wenn sich die Arbeitsvermittler und die Leiter der Arbeitsnachweise mit den Betrieben in Fühlung halten. Sie müssen das wegen der Eigenart der Vermittlung, besonders bei Erwerbsbeschränkten, Kriegsbeschädigten und Lehrlingen tun. Eine gute Kenntnis der Arbeitsverhältnisse kann auch durch die Mitglieder der paritätischen Kuratorien übermittelt werden.

Ihnen wohnt diese Kenntnis meist durch langjährige Erfahrung inne und darin gerade liegt der unschätzbare Wert paritätischer Verwaltungskommissionen. Eine sehr große Erfahrung haben auf diesem Gebiete auch die Vorsitzenden der Gewerbe- und Kaufmannsgerichte. Auch ihre Mitwirkung ist daher beim Arbeitsnachweis von großem Werte. Deshalb ist vielfach der Arbeitsnachweis mit den Gewerbegerichten in enge Verbindung gebracht. Die Einigungsämter sind meist darauf bedacht, die streitenden Parteien zur Begründung paritätischer Arbeitsnachweise zu veranlassen und die Vorsitzenden der Gewerbe- und Kaufmannsgerichte haben nicht selten die Leitung oder Beaufsichtigung der Arbeitsnachweise übernommen. Diese das Arbeitsgebiet der Sondergerichte so eng berührende Verwaltungsaufgabe ist durchaus vereinbar mit ihrer richterlichen Stellung, wie ja überhaupt eine gewisse Verwaltungstätigkeit auch mit den ordentlichen Gerichten verbunden und bei den Amtsgerichten vielleicht sogar den größten Teil der Arbeit ausmacht. Sachkunde und Unparteilichkeit, diese beiden Voraussetzungen bringen die Gewerbegerichtsvorsitzenden für ihre Tätigkeit beim Arbeitsnachweis mit und aus denselben Gründen sind auch die Beisitzer der Gewerbe- und Kaufmannsgerichte in hervorragendem Maße fähig als Vertreter der Arbeitgeber und Arbeiter beim Arbeitsnachweis zu fungieren.

Besondere Eigenarten einzelner Zweige des Arbeitsnachweises. Besondere Eigenheiten der Vermittlung weisen einmal verschiedene Berufe, dann aber auch die Vermittlung einzelner Personengruppen auf, welche nicht durch denselben Beruf, sondern durch Geschlecht, Lebensalter, körperliche Beschaffenheit, Nationalität, zusammengeschlossen sind.

Arbeitsnachweis der Buchdrucker: Der Arbeitsnachweis der Buchdrucker ist, wie wir bereits früher gesehen haben, im ganzen Reiche durch Tarifvertrag geregelt. Dieser Tarifvertrag unterstellt die Arbeitsnachweise den Tarifämtern und da sich nun die Tarifämter nicht ohne weiteres dem öffentlichen Arbeitsnachweis unterordnen werden, so begegnet die Eingliederung von Abteilungen für die Buchdrucker in den öffentlichen Arbeitsnachweis erheblichen Schwierigkeiten. Gerade von den Buchdruckern gilt das, was wir vorher von der Macht privater Organisationen gesagt haben. Die Angehörigen des Buchdruckgewerbes wollen ihren Tarif als ein selbstgeschaffenes Gesetz angesehen wissen und wenn dieser Tarifvertrag auch formell der Gesetzeskraft entbehrt, so setzt er sich doch wie ein Gesetz durch und alles Ankämpfen dagegen von der außenstehenden Minderheit ist vergeblich gewesen.

Die Vermittlungsgrundsätze des Buchdruckertarifes werden daher von dem öffentlichen Arbeitsnachweis übernommen werden müssen, wenn er eine Abteilung für Buchdrucker einrichten will und dem Tarifamt des Buchdruckgewerbes wie seinen untergeordneten Instanzen wird ein maßgebender Einfluß auf die Buchdruckerabteilung eingeräumt werden müssen.

Andernfalls muß man sich damit begnügen, daß die Buchdrucker ihren Arbeitsnachweis in das Gebäude des öffentlichen Arbeitsnachweises verlegen und dem Arbeitsnachweis statistische Angaben über ihre Vermittlungstätigkeit machen, auch sich der allgemeinen Ordnung des öffentlichen Arbeitsnachweisbetriebes fügen. Dadurch wird wenigstens nach außen die Einheit des öffentlichen Arbeitsnachweises auch auf das Buchdruckgewerbe erstreckt. Freilich kann der Buchdruckerarbeitsnachweis dann nicht als öffentlicher Arbeitsnachweis angesehen werden. Aber es zeigt sich hier wieder die Kraft der privaten Organisation der Buchdruckertarifgemeinschaft, daß sie ohne weiteres auf den öffentlichen Charakter verzichtet, weil sie sich ebenso stark fühlt wie eine öffentliche Organisation. Ähnlich liegen die Verhältnisse bei den übrigen graphischen Gewerben.

Die Holzindustrie: Nicht ganz so selbständig, weil nicht auf eine so lange Entwicklung zurückblickend, und auch nicht in der Organisation so geschlossen, steht die Holzindustrie da. Aber auch sie hat ihren Arbeitsnachweis paritätisch durch allgemeinen Tarifvertrag geregelt. Sie scheint sich aber nicht zu weigern, ihre Arbeitsnachweise dem öffentlichen Arbeitsnachweis anzugliedern, unter der Bedingung, daß ihre Vermittlungsgrundsätze beachtet werden. Diese enthalten einmal den Benutzungszwang und dann die Vorschrift einer gewissen Reihenfolge bei der Vermittlung, wenn dieser auch freilich nicht so pedantisch innegehalten wird, wie dies schon mehrfach in der Öffentlichkeit behauptet worden ist. Der Tarifvertrag in der Holzindustrie verlangt auch das Ruhen des Arbeitsnachweises bei Streiks in Nichtvertragsbetrieben.

Eine gewisse Selbständigkeit beanspruchen auch die Brauer. Die Brauer haben jedenfalls bis zum Kriegsausbruch eine Einschreibegebühr von 0,20 M. erhoben. Sie tragen nur Arbeiter ein, welche arbeitslos oder in einem dem Arbeitsnachweis angeschlossenen Betriebe beschäftigt und gekündigt worden sind. Verschweigen der noch bestehenden Beschäftigung hat Ausschluß bis zur Dauer von 3 Monaten zur Folge. Die Zusendung der Arbeitslosen erfolgt nach der Reihenfolge der Eintragung. Den Arbeitgebern steht das Recht der Ablehnung von Arbeitern zu. Arbeiter sind auch berechtigt, ihnen zugewiesene Stellen abzulehnen. ohne ihr Rangrecht zu verlieren. Wenn sie jedoch die Annahme fester Stellen verweigern, werden sie in den Listen des Arbeitsnachweises gestrichen. Jede Brauerei hat das Recht, im Laufe eines Kalenderjahres, ohne Benutzung des Arbeitsnachweises eine Anzahl Arbeiter einzustellen. Verstöße werden durch Vertragsstrafen von 50 M. für jeden zuviel eingestellten Arbeiter geahndet. Der Vorsitz in dem Arbeitsnachweiskuratorium liegt einem Arbeitgeber, seine Stellvertretung einem Arbeiter ob[1]).

Arbeitsnachweis für Hauspersonal: Der Arbeitsnachweis für Hauspersonal, namentlich für weibliches, also Dienstmädchen, Köchinnen, Stützen usw., erfordert eine besondere Ausgestaltung. Es wird sich empfehlen, seine Leitung in weibliche Hände zu legen, sofern sein Umfang für die Anstellung einer besonderen Kraft ausreicht. Es handelt sich bei dem Hauspersonal in der Regel um Dauerstellen, Kündigung zum Monatsschluß und halbmonatlicher Frist, vielfach kommen unerfahrene Personen in Frage, während das Hauspersonal andererseits vertrauenswürdig sein muß, und da es der Hausgemeinschaft des Arbeitgebers eingereiht wird, in jedem einzelnen Falle äußerst verschiedenartigen Familien und Wirtschaftsverhältnissen sich anpassen muß. Beide Teile des Arbeitsvertrages sind daran gewöhnt, Gebühren, und zwar oft recht hohe, für die Vermittlung zu zahlen, der noch überwiegenden gewerbsmäßigen Stellenvermittlung wird der Vorwurf der Ausbeutung von Dienstboten und Herrschaften gemacht. Die gewerbsmäßige Stellenvermittlung hat aber den Vorzug, die Dienstboten und Herrschaften sorgfältig auszuwählen. Die jetzt allgemein eingeführten Gebührentaxen schieben allerdings der Ausbeutung einen starken Riegel vor.

---

[1]) Aus dem Vertrag zwischen den Arbeitgebern und Arbeitern im Braugewerbe vom 8. Juni 1913.

Ob immer mit Erfolg, sei dahingestellt. Jedenfalls muß sich aber der öffentliche Arbeitsnachweis, um Erfolge in der Dienstbotenvermittlung, namentlich durch Dauerstellen, zu erzielen, einer sorgfältigen Individualisierung befleißigen. Das gilt sowohl von der Auswahl der Personen der Dienstboten, wie von der Prüfung der Dienststelle, die sich nicht nur auf die Lohnhöhe, sondern auch auf der Gesundheit und Sittlichkeit, entsprechende Unterbringung zu erstrecken hat, worin keine Beförderung verwöhnter Ansprüche zu liegen braucht.

Berufsberatung: Im Arbeitsnachweis für Jugendliche der Lehrstellenvermittlung, im Nachweis für Erwerbsbeschränkte und Kriegsbeschädigte ist gemeinsam, daß sie mit Berufsberatung verbunden sind.

Was zunächst die Jugendlichen anbetrifft, so erfolgt erfahrungsgemäß die Berufswahl oft nach ganz falschen Grundsätzen. Sowohl bei den Eltern, wie bei den Jugendlichen selbst, fehlt es meist an jeder besseren Kenntnis der Berufsmöglichkeiten und der Anforderungen des einzelnen Berufes. Oft wird sowohl von den Eltern wie von den Jugendlichen selbst das Hauptgewicht auf möglichst schnelles Verdienen von Geld gelegt, auch in den Fällen, in welchen die Eltern wohl in der Lage wären, ihre Kinder in eine gute, wenn auch mit Kosten verbundene Lehre zu geben. Die Jugendlichen legen auch häufig unberechtigtes Gewicht auf große Selbständigkeit und Unabhängigkeit, wie sie mit der Lehre nicht vereinbar ist. Nicht verkannt werden darf, daß die Lehrstellen oft sehr viel zu wünschen übrig lassen: die Lehrlinge werden als billige Arbeitskräfte ausgenützt, die Meister glauben, das Abhängigkeitsverhältnis der Lehrlinge besonders stark ausnutzen zu dürfen und vergessen sich nicht selten bis zu roher Behandlung, wozu verwahrloste Jugendliche, die leider auch nicht selten sind, ihnen ein Recht zu geben scheinen. Die kleinen Betriebe, welche wegen größerer Vielseitigkeit und der Möglichkeit des Betriebsinhabers sich unmittelbar mit den Lehrlingen zu beschäftigen, die geeignetsten Ausbildungsstellen sind, sind wegen des Rückganges des Kleingewerbes in ihren Einrichtungen nicht selten sehr rückständig. Von großen Betrieben beschäftigen sich nur wenige mit der Lehrlingsausbildung. Die Ausbildung ist an anderen Stellen zu sehr schulmäßig, auch einseitig. Die Innungen sind abgeneigt, Lehrlinge auszubilden, die nur der Großindustrie zugute kommen. Die Facharbeit für die Berufswahl muß schon in den Schulen einsetzen und sie kann mit der Zunahme des Handfertigkeitsunterrichts verbunden werden. Die Lehrstellenvermittlung, auch die Vermittlung Jugendlicher, muß mit der Schule Hand in Hand arbeiten, sie muß die Schulleiter und Lehrer als Sachverständige bei der Aufstellung der Grundsätze zuziehen. Die Leitung der Vermittlung wäre zweckmäßig in die Hände eines Fachschullehrers zu legen. Daraus folgt aber nicht, daß man diese Vermittlung von dem Arbeitsnachweis loslösen und unmittelbar mit den Schulen verbinden soll, denn die Lehrstellenvermittlung bildet ein Glied der allgemeinen Stellenvermittlung und der Regelung des Arbeitsmarktes. Sie kann auch der Erfahrung des Arbeitsnachweises nicht entraten. Auch Verbindung mit den Geistlichen, welche den Konfirmationsunterricht leiten, ist angebracht. Empfehlenswert ist die Veranstaltung von Elternabenden, auf denen diese über die Ziele der Lehrstellenvermittlungen und über die zweckmäßige Berufswahl zu belehren wissen. Neben der Eignung, die vor allen Dingen auch in körperlicher Beziehung vorliegen muß, und daher nicht unwesentlich eine ärztliche Frage bedeutet, darf die Neigung nicht außer acht gelassen werden. Die Neigung ist vielfach das richtige Gefühl, wofür sich der Jugendliche eignet. Das schließt freilich nicht aus, daß die Neigung oft eine ganz falsche, künstliche, in verderbliche Bahnen gelenkte ist. Die Lehrstellenvermittlung und die Berufsberatung Jugendlicher ist durch den Krieg noch wichtiger geworden als vorher, wo die Zahl der gelernten jungen Arbeiter schon bei weitem nicht ausreichte, weil der Krieg gerade die besten und kräftigsten gelernten Arbeiter vernichtet oder zu Krüppeln gemacht hat, weil der Wirtschaftskampf nach dem Kriege, besonders dem Ausland gegenüber, ein besonders schwerer sein wird, und weil vermutlich die Produktions- und Arbeitsmethoden durch den starken Impuls der kriegerischen Umwälzungen in ganz neue Bahnen gelenkt werden, die wir heute nicht übersehen können. Jeder Arbeitsnachweis sollte sich daher der Vermittlung Jugendlicher mit besonderer Sorgfalt annehmen und namentlich ein Zusammenarbeiten aller in Betracht kommenden Stellen von Haus und Schule, der Innungen, Industrieverbände und Arbeitervereinigungen, aus deren Kreisen die meisten Väter der Jugendlichen hervorgehen, angelegen sein lassen. Die Aufklärung kann durch den Besuch von Fachschulen, Betriebsstätten und auch durch Lichtbilder und kinematographische Vorführungen erfolgen und es wäre sehr zu empfehlen, wenn der Arbeitsnachweis dahin wirkte, daß die Lichtbildtheater bei ihren Jugendvorstellungen auch eine in dieser Beziehung belehrende Darbietung brächten, die durchaus unterhaltsam und nicht schulmäßig gestaltet sein können. Man denke z. B. an die Darstellung eines großen Gießereibetriebes, auch Darstellungen aus der Landwirtschaft.

Noch weniger vorgearbeitet ist bisher auf dem Gebiet der Vermittlung und Berufsberatung Erwerbsbeschränkter. Hier heißt es zunächst, viele Vorurteile überwinden, sowohl bei den Arbeitgebern, wie bei den Erwerbsbeschränkten selbst.

Zu den Erwerbsbeschränkten gehören alle diejenigen, welche durch Alter, Krankheit, körperliche und geistige Gebrechen, durch ihr Vorleben, Gefängnis- oder Zuchthausstrafe in der Möglichkeit, sich ihr Brot durch Arbeit zu verdienen, beschränkt sind. Bei den erwerbsbeschränkten Personen selbst gilt es zunächst den Willen zur Arbeit zu wecken. Das wird nicht dadurch möglich sein, daß man sie vor die schwerste Aufgabe stellt. Man muß sie durch gutes Zureden, Belehrung und Anschauung auf die Möglichkeit, ihre körperlichen und geistigen Kräfte in ihrem eigenen und allgemeinen Interesse auszunutzen, hinweisen. Oft muß Güte mit Strenge gepaart werden und sie müssen auf die körperlichen, sittlichen und gesetzlichen Folgen des Müßigganges aufmerksam gemacht werden. Individuelle Behandlung, die es vor allen Dingen vermeiden muß, die verschiedenen Gruppen in störender Weise miteinander in Berührung zu bringen, erfordert eine außerordentliche Sachkunde und daneben vor allen Dingen viel Herzensgüte. Es handelt sich dabei aber nicht etwa nur um Betätigung von Wohlfahrtssinn und Mitgefühl, sondern um die Erhaltung wertvoller Kräfte, deren Bedeutung durch den gewaltigen Verlust an Arbeitskräften infolge dieses Krieges erst in das rechte Licht gestellt ist.

Die Arbeitgeber können jetzt an den Erwerbsbeschränkten gar nicht mehr vorübergehen, nicht nur im gegenwärtigen Augenblick, wo auch die schlechteste Kraft Verwendung findet, sondern auch bei den sicher gewaltig anwachsenden Aufgaben nach Friedensschluß.

Der Grundsatz der Einstellung gleichmäßiger Kräfte ist pedantisch und roh und bedeutet eine Verschwendung aller minderwertigen Kräfte, die damit der völlig unproduktiven und demoralisierenden

Armenpflege anheimfallen. Auch die Rentensucht sollte man nicht mehr fördern, sondern zum allgemeinen Nutzen und auch zum Nutzen der Industrie, die Produktionslust steigern. Damit soll keineswegs der Überproduktion und der Überanstrengung das Wort geredet werden.

Die Arbeitgeber werden ihre Betriebe nicht nur auf ganze, sondern auf halbe und viertel Kräfte einstellen müssen, sie werden besonders kleinere Abteilungen, Nebenbetriebe, mit Erwerbsbeschränkten besetzen können. So wird z. B. in einer Möbeltischlerei, in einem Hotel, in einer Sattlerei, ein oder eine Anzahl von erwerbsbeschränkten Tapezierern beschäftigt werden können. Die Stellen der Portiers, Boten, Telephonisten usw. können mit Erwerbsbeschränkten besetzt werden. Durch Berufsberatung oder durch Umschulung, d. h. durch Gelegenheit zur Erlernung eines neuen Berufes, kann der Erwerbsbeschränkte in einen voll Erwerbsfähigen umgewandelt werden.

Eine besonders wichtige Gruppe der Erwerbsbeschränkten sind neuerdings die Kriegsbeschädigten geworden. Hier zu helfen, ist für den Arbeitsnachweis eine patriotische Pflicht. Hier heißt es aber auch zugleich patriotischen Übereifer mit Nachsicht bekämpfen, weil jeder dem Kriegsbeschädigten helfen will, auch wer es nicht versteht, und damit nur Schaden anrichtet, und weil viele Einzelpersonen, Vereinigungen und Institute planlos durcheinander und gegeneinander arbeiten. Die Kriegsbeschädigten werden aber auch unter dem Deckmantel des Patriotismus in schamloser Weise ausgebeutet. Hier heißt es, mit rauher Hand rücksichtslos einzugreifen. Zwecks Ergänzung der reichsgesetzlich geregelten Versorgung Kriegsbeschädigter hat sich eine auf den Provinzen und Bundesstaaten aufgebaute, über das ganze Reich sich erstreckende freiwillige Organisation gebildet, deren Spitze der Reichsausschuß für die Kriegsbeschädigten-Fürsorge ist, welcher in Berlin im Landeshause für die Provinz Brandenburg, Matthäikirchstr. 9 und Schöneberger Ufer seinen Sitz hat. Der Reichsausschuß hat als Aufgaben der Kriegsbeschädigten-Fürsorge hauptsächlich bezeichnet die Berufsberatung, die Umschulung und die Arbeitsvermittlung oder Arbeitsbeschaffung. Daneben soll noch die Ansiedlung und Wohnungsbeschaffung erwähnt werden. Geschenke sollen möglichst vermieden werden. Es soll vielmehr der Kriegsbeschädigte dahin gebracht werden, daß er, wenn irgend möglich, wieder zu einem vollwertigen

Gliede und Mitarbeiter der menschlichen Gesellschaft ertüchtigt wird. Der zweifellos in den meisten Fällen erwerbsbeschränkte Kriegsbeschädigte soll also, das ist das ideale Ziel, zu einem vollwertigen, nicht mehr erwerbsbeschränkten Arbeiter gemacht werden. Der Weg zu diesem Ziel ist nicht einfach, noch fehlt es an Erfahrung und das ideale Ziel wird nur in einem Teil der Fälle erreicht werden. Die meisten Kriegsbeschädigten werden erwerbsbeschränkt bleiben. Unter solchen Kriegsbeschädigten hat man solche Kriegsteilnehmer zu verstehen, welche infolge des Krieges für den Heeresdienst unfähig geworden sind (d. u. geworden sind) oder welche dies im Laufe der Zeit voraussichtlich werden. Dadurch, daß jetzt im Heere beinahe jede Arbeitskraft gebraucht wird, und daß die Leute, wenn sie für den Feld- oder Garnisondienst nicht mehr geeignet sind, immer noch als arbeitsverwendungsfähig bezeichnet werden können, ist gegenwärtig die Zahl der Kriegsbeschädigten in dem oben erwähnten Sinne eine sehr kleine. Es wird künftig einer neuen gesetzlichen Festlegung des Begriffes bedürfen, weil jetzt beinahe jedes bestimmte Merkmal für die Feststellung des Begriffes verloren gegangen ist.

Die Kriegsbeschädigten gehen zum großen Teil aus den Reihen der allerkräftigsten Mitglieder der Volksgesamtheit hervor und sie sind trotz der Kriegsbeschädigung vielfach im Besitz reichlicher Kräfte und einer guten Gesundheit.

Die Kriegsbeschädigten-Fürsorge geht von dem Grundsatz aus, jeden Kriegsbeschädigten so früh wie möglich zu erfassen, um in ihm nicht erst die verzweifelte Stimmung zur vollen Herrschaft kommen zu lassen, infolge deren der Kriegsbeschädigte glaubt, für das praktische Leben verloren zu sein. Schon die Heilbehandlung ist darauf gerichtet, den Kriegsbeschädigten möglichst für seinen Beruf wieder tüchtig zu machen. Bekannt sind die Bestrebungen, durch sogenannte Prothesen verlorene Glieder wieder zu ersetzen oder zu ergänzen[1]). Es kann dahingestellt bleiben, ob die Erwartungen, welche an diese Methode geknüpft wurden, nicht übertriebene waren und ob man nicht die Willenskraft vielfach überschätzte, welche in ganz besonderem Maße vorhanden sein muß, um trotz der Kriegsbeschädigungen eine ausreichende körperliche Leistungsfähigkeit wieder zu erlangen. Jedenfalls hat die Methode in zahlreichen Fällen außerordentliche

[1]) Bisalski, Kriegskrüppelfürsorge Berlin 1915.

erfreuliche Erfolge gezeitigt und die Kriegsbeschädigten-Fürsorge muß eine Fortsetzung dieser Heilmethode sein. Jeder Kriegsbeschädigte sollte grundsätzlich, ehe er den Arbeitsnachweis aufsucht oder ihm überwiesen wird, bereits beraten sein, ob er seinen alten Beruf beibehalten kann, oder ob er einen neuen, und welchen, ergreifen muß. Bei dieser Beratung soll man jeden Eindruck der Bevormundung und schulmeisterischen Besserwissens vermeiden. Man bedenke, daß man es mit erwachsenen Menschen zu tun hat, die meist viel intensiver darüber nachgedacht und mit anderen darüber gesprochen haben, wie sie ihr künftiges Schicksal zu gestalten haben, als die Vertrauensleute der Kriegsbeschädigtenfürsorge Zeit haben, sich mit dem Fall zu befassen. Eine zu aufdringliche Beratung erweckt nur kritische Abneigung gegen die Fürsorge und diese wird sich vermutlich in Friedenszeiten zu einer festen Organisation der Kriegsbeschädigten entwickeln, welche auf der Stufe der Gleichberechtigung mit der Kriegsbeschädigtenfürsorge zu verhandeln bestrebt sein wird. Der Beratung muß die Anpassung an einen etwaigen neuen Beruf durch freiwillige Umschulung und evtl. durch probeweise Betätigung in gewerblicher Arbeit folgen. Für diesen zweiten Zweck sind die Arbeitsnachweise für genesende Soldaten nach dem Vorbilde eines von der freiwilligen Krankenpflege in Berlin gemachten Versuches[1]) gegründet worden. Sie arbeiten naturgemäß in engster Verbindung mit den Lazaretten, welche die Verantwortung für die Heilbehandlung tragen, und daher auch für die zu Zwecken der Heilbehandlung erfolgende Betätigung in der gewerblichen Arbeit. Der Genesende steht auch während der Arbeit unter dem Befehl seines Chefarztes. Die Arbeit kann mit Rücksicht auf den geschwächten Zustand des Arbeiters vielfach nur eine stundenweise sein, muß jederzeit unterbrochen oder abgebrochen werden, sobald es der Heilzweck erfordert.

Die Beschäftigung auch der genesenden Soldaten, sowie die Kriegsbeschädigten-Fürsorge überhaupt, hat durch das Gesetz über den Vaterländischen Hilfsdienst vom 5. Dezember 1916 eine Änderung erfahren, indem jeder männliche Deutsche vom vollendeten 17. bis zum vollendeten 60. Lebensjahr, soweit er nicht zum Dienste in der bewaffneten Macht einberufen zum vaterländischen Hilfsdienst während des Krieges verpflichtet ist. Diese gesetzliche Ver-

---

[1]) Die Kriegsbeschädigtenfürsorge I, 31.

pflichtung geht der Kriegsbeschädigten-Fürsorge vor, doch werden die Zwecke beider Einrichtungen vielfach zu vereinigen sein. Der Vaterländische Hilfsdienst ist außerordentlich mannigfaltig und umfaßt zahlreiche Arten der wirtschaftlichen Betätigung. Sowohl der Arbeitsnachweis für Genesende, wie die behandelnden Ärzte und die Kriegsbeschädigten-Fürsorge werden daher eine Beschäftigung im vaterländischen Hielfsdienste auszusuchen haben, welche auch die Erreichung ihrer Ziele, also die Genesung und die Wiederertüchtigung für das Leben ermöglicht. Da die Personen, welche früher stehend oder sich bewegend, ihre Arbeit verrichtet haben, infolge Beschädigung oder Verlustes eines oder beider Beine, in zahlreichen Fällen unmöglich geworden ist, so wird es Aufgabe des Arbeitsnachweises für Kriegsbeschädigte sein, Stellen zu ermitteln oder im Einvernehmen mit den Gewerbetreibenden zu beschaffen, in welchen sitzend gearbeitet werden kann, evtl. auch fahrend. Durch geeignete Vorrichtungen ist es möglich geworden, Blinde in den Fabriken an Maschinen zu beschäftigen, z. B. in der Granatendreherei. Für Einarmige, insbesondere für Linkshänder, müssen geeignete Vorrichtungen an den Maschinen angebracht werden. Zweckmäßig wird es sein, wenn die Unterbringung Kriegsbeschädigter in großen Betrieben bestimmten Beamten dieser Betriebe übertragen wird, welche mit den einschlägigen Fragen genau vertraut sind, weil diejenigen Stellen, welche sonst für die Einstellung entscheidend sind, z. B. die Meister, genötigt sind, das Interesse der Produktion über die Kriegsbeschädigten-Fürsorge zu stellen.

Die Industrie hat wiederholt feierlich erklärt, daß sie bereit ist, alle Kriegsbeschädigten, welche aus ihren Betrieben hervorgegangen sind, wieder in denselben Betrieb einzustellen. Es liegt auf der Hand, daß die Durchführung dieser wohlwollenden Absicht nicht selten an wirtschaftlichen Hindernissen scheitern muß. Viele Betriebe können infolge des Krieges nur mit Mühe und oft nur unter Opfern aufrecht erholten werden. Sie sind gar nicht in der Lage, noch Opfer für die Kriegsbeschädigten zu bringen. Viele Betriebe sind obrigkeitlich zur Einschränkung gezwungen worden, auch sie werden für die Wiedereinstellung der Kriegsbeschädigten meist nicht in Frage kommen können. Auch nach Friedensschluß werden diese Hindernisse teils vorübergehen, teils dauernd weiterbestehen. In vielen Fällen wird aber die Wiedereinstellung möglich sein und daneben wird es für diejenigen Betriebe, welche durch den Krieg groß geworden sind, eine besondere Ehrenpflicht sein müssen, Kriegsbeschädigte aus anderen Betrieben bei sich einzustellen. Es ist vorgeschlagen worden, den Betrieben eine gesetzliche Verpflichtung zur Einstellung einer der Zahl der von ihnen beschäftigten Arbeiter entsprechenden Anzahl einzustellen. Bei einer derartigen Regelung ist zu bedenken, daß sie einmal die Leistungsfähigkeit der Betriebe nicht überschreiten darf, daß ferner manche Betriebsarten, besonders gefährliche Betriebsarten, für Kriegsbeschädigte ungeeignet sind, und daß die vorgeschriebene Mindestzahl der Einzustellenden gewohnheitsgemäß leicht zur Höchstzahl werden könnte. Die Aufgabe der Wiedereinstellung Kriegsbeschädigter haben, wie bereits früher angeführt, die Arbeitsgemeinschaften der Arbeitgeber und Arbeitnehmer für die Kriegsbeschädigten-Fürsorge übernommen. Mit ihnen wird der Arbeitsnachweis Hand in Hand arbeiten müssen. Er wird aber auch verlangen können, daß die Arbeitsgemeinschaften sich mit ihm in Fühlung halten und insbesondere regelmäßige Meldungen über die Zahl der erfolgten Einstellungen zu machen, damit der Arbeitsnachweis einen Überblick über die gesamte Vermittlung der Kriegsbeschädigten erhält. Vielfach ist die wohlmeinende Absicht bei der Begründung von Arbeitsgemeinschaften für die Kriegsbeschädigten-Fürsorge nicht zu praktischer Betätigung gelangt. Derartige Arbeitsgemeinschaften können eine besondere Berücksichtigung nicht verlangen[1]).

Der Übereifer auf dem Gebiete der Kriegsbeschädigten-Fürsorge hat zu einer gewissen Zersplitterung der Arbeitsvermittlung für Kriegsbeschädigte geführt, an der sich nicht nur private Vereine, sondern auch Behörden mitunter beteiligt haben. Dem muß der Arbeitsnachweis entgegentreten und er darf dabei auf die Unterstützung der militärischen Stellen, insbesondere des Preußischen Kiegsministeriums rechnen[2]).

Vermittlung des Kranken-, Pflege- und Wartepersonals sowie des Wirtschaftspersonals in Krankenanstalten u. dgl.

Die Gesundheits- und Krankenpflege verdient in ganz besonderem Maße die Aufmerksamkeit der öffentlichen Behörden. Soweit

[1]) Concordia, Zeitschrift der Zentralstelle für Volkswohlfahrt XIII S. 249ff. und Sozialistische Monatshefte, 22. 11. 16.

[2]) Der Arbeitsnachweis in Deutschland, III, 241ff.

für diese Zwecke nicht öffentliche Anstalten bestehen, wird die Betätigung auf diesem Gebiete öffentlich kontrolliert, auch bestehen Prüfungen für diejenigen Personen, welche sich mit der Gesundheits- und Krankenpflege betätigen.

In Betracht kommen hier folgende Gruppen:

1. Die Krankenpfleger und Pflegerinnen, welche sich einer staatlichen Prüfung unterzogen haben,
2. Masseure, Masseusen,
3. Krankenwärter und Krankenwärterinnen,
4. das Wirtschaftspersonal in Krankenanstalten.

Die Krankenpflege wird zum überwiegenden Teil durch gemeinnützige karitative Organisationen ausgeübt, durch religiöse Orden, Diakonissenvereine und freie Vereinigung von Krankenpflegern und Krankenpflegerinnen.

Es gibt auch Berufsorganisationen, welche lediglich die Förderung ihrer Mitglieder im Auge haben. Überwiegend und bevorzugt ist das weibliche Element[1]).

Die Vermittlung bedarf einer besonderen Sachkunde. Sie wird auch den bestehenden Organisationen nicht aus der Hand gewunden werden können, wohl aber ist es angebracht und durchführbar, für größere Orte und Bezirke eine Meldestelle zu verschaffen, bei welcher alle zur Verfügung stehenden Pflegekräfte — nur auf diese bezieht sich im allgemeinen die Tätigkeit der erwähnten Organisation — zu melden sind, und zwar möglichst täglich, soweit sie nicht in Pflegestellen untergebracht werden konnten. Desgleichen sind die nicht besetzten Pflegestellen täglich zu melden. Die Meldestelle hat entweder selbst die Erledigung vorzunehmen, oder, soweit die Organisationen darauf bestehen, das Material für die Erledigung zu überweisen.

Außerdem wird der öffentliche Arbeitsnachweis eine besondere Vermittlungsstelle einzurichten haben, welche mit der Meldestelle verbunden sein kann. Als Vermittler oder Vermittlerin eignet sich eine Person, welche in langjähriger Erfahrung möglichst in leitender oder gehobener Stelle in einer öffentlichen Krankenanstalt tätig

[1]) Charlotte Reichel, Der Dienstvertrag der Krankenpflegerinnen. Jena 1910. Georg Streiter, Die wirtschaftliche und soziale Lage des Krankenpflegepersonals. Jena 1910.

gewesen ist und die Eigenschaften des Personals und die an dasselbe in Krankenanstalten und in der privaten Hauspflege gestellten Anforderungen genau kennt.

Durch Mißgriffe, für welche der Arbeitsnachweis verantwortlich wäre, könnte der größte Schaden angerichtet werden, sowohl in bezug auf Leben und Gesundheit der einzelnen, wie in bezug auf die öffentliche Gesundheit durch Verbreitung ansteckender Krankheiten.

Einfacher gestaltet sich die Vermittlung des niederen männlichen und weiblichen Wartepersonals, doch muß auch hier auf Vertrauenswürdigkeit gesehen werden, zumal ja dieses Personal vielfach noch Stellen ausfüllen muß, für welche eigentlich vorgebildetes Pflegepersonal erforderlich wäre.

Die Vermittlung des Wirtschaftspersonals kann je nach Lage der Verhältnisse eine besondere Abteilung für Krankenpersonal, den ihren Berufen entsprechenden anderen Abteilungen des Arbeitsnachweises angegliedert werden.

9. Der vaterländische Hilfsdienst.

Gesetz vom 5. Dezember 1916.

§ 1. Jeder männliche Deutsche vom vollendeten 17. bis zum vollendeten 60. Lebensjahre ist, soweit er nicht zum Dienst in der bewaffneten Macht einberufen ist, zum vaterländischen Hilfsdienst während des Krieges verpflichtet.

§ 2. Als im vaterländischen Hilfsdienst tätig gelten alle Personen, die bei Behörden, behördlichen Einrichtungen, in der Kriegsindustrie, in der Land- und Forstwirtschaft, der Krankenpflege, in kriegswirtschaftlichen Organisationen jeder Art, oder in sonstigen Berufen und Betrieben, die für Zwecke der Kriegführung oder der Feldversorgung unmittelbar oder mittelbar Bedeutung haben, beschäftigt sind, soweit die Zahl dieser Personen das Bedürfnis nicht übersteigt.

Hilfsdienstpflichtige, die vor dem 1. August 1916 in einem land- oder forstwirtschaftlichen Betriebe tätig waren, dürfen aus diesen Berufen nicht zum Zwecke der Überweisung in eine andere Beschäftigung im vaterländischen Hilfsdienst herausgezogen werden.

§ 3. Die Leitung des vaterländischen Hilfsdienstes liegt dem beim Preußischen Kriegsministerium errichteten Kriegsamt ob.

§ 4. Über die Frage, ob und in welchem Umfang die Zahl der bei einer Behörde beschäftigten Personen das Bedürfnis übersteigt, entscheidet die zuständige Reichs- oder Landes-Zentralbehörde im Einvernehmen mit dem Kriegsamt. Über die Frage, was als behördliche Einrichtung anzusehen ist, sowie, ob und in welchem Umfang die Zahl der bei einer solchen beschäftigten Personen das Bedürfnis übersteigt, entscheidet das Kriegsamt nach Benehmen mit der zuständigen Reichs- oder Landes-Zentralbehörde.

Im übrigen entscheiden über die Frage, ob ein Beruf oder Betrieb im Sinne des § 2 Bedeutung hat, sowie ob und in welchem Umfange die Zahl der in einem Beruf, einer Organisation oder einem Betriebe tätigen Personen das Bedürfnis übersteigt, Ausschüsse, die für den Bezirk jedes Stellvertretenden Generalkommandos oder für Teile des Bezirkes zu bilden sind.

§ 5. Jeder Ausschuß (§ 4 Abs. 2) besteht aus einem Offizier als Vorsitzenden, zwei höheren Staatsbeamten, von denen einer der Gewerbeaufsicht angehören soll, sowie aus zwei Vertretern der Arbeitgeber und der Arbeitnehmer. Den Offizier, sowie die Vertreter der Arbeitgeber und Arbeitnehmer bestellt das Kriegsamt, in Bayern, Sachsen und Württemberg das Kriegsministerium, dem in diesen Bundesstaaten auch im übrigen der Vollzug des Gesetzes im Einvernehmen mit dem Kriegsamt zukommt. Die höheren Staatsbeamten beruft die Landes-Zentralbehörde oder die von ihm zu bestimmende Behörde. Erstreckt sich der Bezirk eines stellvertretenden Generalkommandos auf die Gebiete mehrerer Bundesstaaten, so werden die Beamten von den zuständigen Behörden dieses Bundesstaates berufen; bei den Entscheidungen des Ausschusses wirken die Beamten des Bundesstaates mit, dem der Betrieb, die Organisation oder der Berufausübende angehört.

§ 6. Gegen die Entscheidung des Ausschusses (§ 4 Abs. 2) findet Beschwerde an die beim Kriegsamt einzurichtende Zentralstelle statt, die aus zwei Offizieren des Kriegsamtes, von denen der eine den Vorsitz führt, zwei vom Reichskanzler ernannten Beamten und einem von der Zentralbehörde des Bundesstaates zu ernennenden Beamten, dem der Betrieb, die Organisation oder der Berufsausübende angehört, sowie einem Vertreter der Arbeitgeber und der Arbeitnehmer besteht; für die Bestellung dieser Vertreter gilt § 5 Satz 2. Werden Marineinteressen berührt, so ist einer der Offiziere vom Reichsmarineamt zu bestellen. Bei Beschwerden gegen Entscheidungen bayrischer, sächsischer oder württembergischer Ausschüsse ist einer der Offiziere von dem Kriegsministerium des beteiligten Bundesstaates zu bestellen.

§ 7. Die nicht im Sinne des § 2 beschäftigten Hilfsdienstpflichtigen können jederzeit zum vaterländischen Hilfsdienst herangezogen werden.

Die Heranziehung erfolgt in der Regel zunächst durch eine Aufforderung zur freiwilligen Meldung, die das Kriegsamt oder eine durch Vermittlung der Landes-Zentralbehörde zu bestimmende Stelle erläßt. Wird dieser Aufforderung nicht in ausreichendem Maße entsprochen, so wird der einzelne Hilfsdienstpflichtige durch besondere schriftliche Aufforderung eines Ausschusses herangezogen, der in der Regel für jeden Bezirk einer Ersatzkommission zu bilden ist und aus einem Offizier als Vorsitzenden, einem höheren Beamten und je zwei Vertretern der Arbeitgeber und der Arbeitnehmer besteht. Bei Stimmengleichheit gibt die Stimme des Vorsitzenden den Ausschlag. Für die Bestellung des Offiziers, sowie der Vertreter der Arbeitgeber und Arbeitnehmer gilt § 5 Satz 2. Den höheren Beamten beruft die Landes-Zentralbehörde oder die von ihr zu bestimmende Behörde.

Jeder, dem die besondere schriftliche Aufforderung zugegangen ist, hat bei einer der in § 2 in Betracht kommenden Stellen Arbeit zu suchen. Soweit hiernach eine Beschäftigung binnen zwei Wochen nach Zustellung der Aufforderung nicht herbeigeführt wird, findet die Überweisung zu einer Beschäftigung durch den Ausschuß statt. Über Beschwerden gegen Überweisungen entscheidet der bei dem stellvertretenden Generalkommando gebildete Ausschuß (§ 4 Abs. 2). Die Beschwerde hat keine aufschiebende Wirkung.

§ 8. Bei der Überweisung zur Beschäftigung ist auf das Lebensalter, die Familienverhältnisse, den Wohnort und die Gesundheit, sowie auf die bisherige Tätigkeit des Hilfsdienstpflichtigen Rücksicht zu nehmen; desgleichen ist zu prüfen, ob der in Aussicht gestellte Arbeitslohn den Beschäftigten und etwa zu versorgenden Angehörigen ausreichenden Unterhalt ermöglicht.

§ 9. Niemand darf einen Hilfsdienstpflichtigen in Beschäftigung nehmen, der bei einer der in § 2 bezeichneten Stellen beschäftigt ist, oder in den letzten zwei Wochen beschäftigt gewesen ist, sofern der Hilfsdienstpflichtige nicht eine Bescheinigung seines letzten Arbeitgebers darüber beibringt, daß er die Beschäftigung mit dessen Zustimmung aufgegeben hat.

Weigert sich der Arbeitgeber, die von dem Hilfsdienstpflichtigen beantragte Bescheinigung auszustellen, so steht diesem die Beschwerde an einen Ausschuß zu, der in der Regel für jeden Bezirk einer Ersatzkommission zu bilden ist und aus einem Beauftragten des Kriegsamts als Vorsitzenden und aus je drei Vertretern der Arbeitgeber und Arbeitnehmer besteht. Je zwei dieser Vertreter sind ständig, die übrigen sind aus der Berufsgruppe zu entnehmen, welcher der Beteiligte Hilfsdienstpflichtige angehört. Erkennt der Ausschuß nach Untersuchung des Falles an, daß ein wichtiger Grund für das Ausscheiden vorliegt, so stellt er eine Bescheinigung aus, die in ihrer Wirkung die Bescheinigung des Arbeitgebers ersetzt.

Als wichtiger Grund soll insbesondere eine angemessene Verbesserung der Arbeitsbedingungen im vaterländischen Hilfsdienst gelten.

§ 10. Die Anweisung für das Verfahren bei den in § 4 Abs. 2, § 7 Abs. 2, § 9 Abs. 2 bezeichneten Ausschüssen erläßt das Kriegsamt. Für die Berufung der Vertreter der Arbeitgeber und Arbeitnehmer in die Ausschüsse (§§ 5, 6, 7 Abs. 2, § 9 Abs. 2) durch das Kriegsamt, sind Vorschlagslisten wirtschaftlicher Organisationen der Arbeitgeber und der Arbeitnehmer einzuholen.

Soweit zur Wahrnehmung der Obliegenheiten der in § 9 Abs. 2 bezeichneten Ausschüsse bereits ähnliche Ausschüsse (Kriegsausschüsse) bestehen, können sie mit Zustimmung des Kriegsamtes an die Stelle jener Ausschüsse treten.

§ 11. In allen für den vaterländischen Hilfsdienst tätigen Betrieben, für die Titel VII der Gewerbeordnung gilt, und in denen in der Regel mindestens 50 Arbeiter beschäftigt werden, müssen ständige Arbeiterausschüsse bestehen. Soweit für solche Betriebe ständige Arbeiterausschüsse nach § 134h der Gewerbeordnung oder nach den Berggesetzen nicht bestehen, sind sie zu errichten. Die Mitglieder dieser Arbeiterausschüsse werden von den volljährigen Arbeitern des Betriebes oder der Betriebsabteilungen aus ihrer Mitte in unmittelbarer und geheimer Wahl nach den Grundsätzen der Verhältniswahl gewählt. Das Nähere bestimmt die Landes-Zentralbehörde.

Nach denselben Grundsätzen und mit den gleichen Befugnissen sind in Betrieben der in Abs. 2 bezeichneten Art mit mehr als 50 nach dem Versicherungsgesetze für Angestellte versicherungspflichtigen Angestellten besondere Ausschüsse (Angestelltenausschüsse) für diese Angestellten zu errichten.

§ 12. Dem Arbeitsausschusse liegt ob, das gute Einvernehmen innerhalb der Arbeiterschaft des Betriebes und zwischen der Arbeiterschaft und dem Arbeitgeber zu fördern. Er hat Anträge, Wünsche und Beschwerden der Arbeiterschaft, die sich auf die Betriebseinrichtungen, die Lohn- und sonstigen Arbeitsverhältnisse des Betriebes und seiner Wohlfahrtseinrichtungen beziehen, zur Kenntnis des Unternehmers zu bringen und sich darüber zu äußern.

Auf Verlangen von mindestens $^1/_4$ der Mitglieder des Arbeiterausschusses muß eine Sitzung anberaumt und der beantragte Beratungsgegenstand auf die Tagesordnung gesetzt werden.

§ 13. Kommt in einem Betriebe der in § 11 bezeichneten Art bei Streitigkeiten über die Lohn- und sonstigen Arbeitsbedingungen eine Einigung zwischen dem Arbeitgeber und dem Arbeiterausschusse nicht zustande, so kann, wenn nicht beide Teile ein Gewerbegericht, ein Berggewerbegericht, ein Einigungsamt einer Innung oder ein Kaufmannsgericht als Einigungsamt anrufen, von jedem Teil der in § 9 Abs. 2 bezeichneter Ausschuß als Schlichtungsstelle angerufen werden.

§ 19. Der Bundesrat erläßt die zur Ausführung dieses Gesetzes erforderlichen Bestimmungen; Allgemeine Verordnungen bedürfen der Zustimmung eines vom Reichstag aus seiner Mitte gewählten Ausschusses von 15 Mitgliedern.

§ 20. Das Gesetz tritt mit dem Tage der Verkündung in Kraft. Der Bundesrat bestimmt den Zeitpunkt des Außerkrafttretens; macht er von dieser Befugnis binnen eines Monats nach Friedensschluß mit den europäischen Großmächten keinen Gebrauch, so tritt das Gesetz außer Kraft.

10. Arbeitsnachweisstatistik.

Für die Arbeitsnachweistatistik kann man vier grundsätzliche Forderungen aufstellen[1]).

Einmal muß die Arbeitsmarktstatistik umfassend sein, d. h., sie muß das gesamte Angebot und die gesamte Nachfrage auf dem Arbeitsmarkt für das Reich, für den Staat und für die Gemeinde, je nach der besonderen Aufgabe, lückenlos vorführen, oder doch solche Teile bringen, die als typisch, die als symptomatisch für das Gesamtbild gelten können.

---

[1]) So Most auf dem 7. deutschen Arbeitsnachweis in Hamburg. Schriften des Verbandes deutscher Arbeitsnachweise Nr. 11, S. 101.

Zweitens: Die Arbeitsmarktstatistik muß zeitlich differenziert sein, d. h., sie darf sich nicht damit begnügen, etwa einen Tag herauszugreifen und für diesen festzustellen, wie die Dinge liegen, sondern sie muß der Bewegung folgen bis in die letzten Einzelheiten, die technisch noch erfaßbar sind.

Zum dritten: Die Arbeitsmarktstatistik muß geographisch differenziert sein. Sie darf sich nicht darauf beschränken, zu sagen: So und so viel Arbeitsuchende sind im Reich, im Staat oder in der Gemeinde, sondern sie muß klarlegen, wie diese Gesamtzahlen zusammenfließen aus den einzelnen Gegenden oder auch, wenn es sich um Riesenstädte handelt, wie London, Berlin usw., aus den einzelnen Stadtteilen.

Zum vierten: Die Arbeitsmarktstatistik muß gewerblich differenziert sein, d. h., es genügt auch noch nicht für diese geographischen Teile Summenzahlen zu geben, sondern es ist außerordentlich wichtig, und es ist eine Grundforderung, daß klargelegt wird, wie das Angebot und wie die Nachfrage in den einzelnen Gewerbezweigen ist. Ein Beispiel: Ich nehme an, daß an irgendeinem Tage des kommenden Winters das Angebot an Arbeitskräften die Nachfrage um vielleicht 500000 übersteigt. Es ist nun ein ganz großer Unterschied, ob diese 500000 Arbeitslosen die Folge darstellen von einer mäßigen Arbeitslosigkeit in einigen wenigen Zweigen, der vielleicht in einem anderen Zweig ein Arbeitermangel gegenübersteht.

Die Arbeitsnachweisstatistik liegt noch sehr im argen. Die Zählungen sind vielfach ungenau, die Zahl der Doppelzählungen ist außerordentlich groß und die Statistik ist noch keineswegs umfassend.

Zentralstelle für Arbeitsnachweisstatistik ist das Kaiserlich Statistische Amt in Berlin. An dieses sind die Arbeitsnachweise sämtlich zu berichten verpflichtet, und die Ergebnisse der Statistik werden regelmäßig im Reichsarbeitsblatt veröffentlicht (erscheint in Berlin in Karl Heymanns Verlag zum Ladenpreis für den Jahrgang 1,00 M., Einzelnummer 10 Pf.).

Auf Anregung des Reichskanzlers wurde am 12. Mai 1915 im Bundesrate zwischen den Bundesregierungen vereinbart, daß auf Grund des § 15 des StVG. durch die Landeszentralbehörden übereinstimmende Bestimmungen über die Anzeige- und Meldepflicht der Arbeitsnachweise zu erlassen seien. Der wesentlichste Inhalt dieser Bestimmungen ist der folgende:

1. Anzeigepflicht: Alle nicht gewerbsmäßig betriebenen Arbeitsnachweise haben dem Kaiserlich Statistischen Amt eine Anzeige über Bezeichnung des Arbeitsnachweises, Angabe der Personen oder Körperschaften, die ihn unterhalten, Betriebsstätte, Name des Geschäftsleiters, Fernsprechnummer und Geschäftsstunden zu erstatten. Jede Veränderung sowie die Eröffnung eines neuen Nachweises ist binnen drei Tagen anzuzeigen.

2. Meldepflicht: Die nicht gewerbsmäßig betriebenen Arbeitsnachweise, mit Ausnahme der Arbeitsnachweise für kaufmännische, technische und Bureau-Angestellte, haben an zwei Stichtagen in der Woche die Zahl der Arbeitsgesuche und offenen Stellen, die bis zum Zeitpunkt der Meldung nicht erledigt werden konnten, und voraussichtlich bis zum Erscheinen des Arbeitsnachweis-Anzeigers nicht erledigt werden können, auf Meldekarten, die vom Kaiserlich Statistischen Amt geliefert werden, zu melden. Die Meldekarten sind so rechtzeitig abzusenden, daß sie beim Kaiserlich Statistischen Amte, Abteilung für Arbeiterstatistik, jeden Montag und Donnerstag mit der ersten Post eintreffen.

Von der Meldepflicht können Arbeitsnachweise befreit werden, die verpflichtet sind, die von ihnen nicht erledigten Arbeitsgesuche und offenen Stellen dem am Ort befindlichen Arbeitsnachweis oder einer sonstigen Sammelstelle mitzuteilen, sofern diese die nicht ausgleichbaren Reste an das Kaiserlich Statistische Amt weiterzumelden hat, ferner Arbeitsnachweise, die voraussichtlich weniger als 200 Stellen im Jahre besetzen werden.

Für die Arbeitsnachweisstatistik kommen folgende drei Zahlen in Betracht:

1. Die Zahl der offenen Stellen,
2. die Zahl der Arbeitsuchenden,
3. die Zahl der besetzten Stellen.

In allen drei Fällen ist die Feststellung schwierig.

Die Arbeitgeber verlangen oft mehr Arbeiter, als sie einstellen wollen, um möglichst große Auswahl zu haben. Die Zahl der Einstellungen richtet sich oft nach der Zahl der geeigneten Leute. Werden dem Arbeitgeber tüchtige Kräfte zugesandt, so vermehrt er unter Umständen sein Personal.

Der Arbeitsnachweis kann die Zahl der offenen Stellen oft nur nach der Zahl der erfolgten Einstellungen berechnen.

Bei den Arbeitsuchenden liegt die Gefahr der Doppelzählungen besonders nahe, einmal, weil die Arbeitsuchenden sich bei mehreren Arbeitsnachweisen oder bei mehreren Stellen des Arbeitsnachweises melden können, und dann, weil sie sich mehrfach bei derselben Stelle melden können, ohne daß die frühere Meldung bemerkt wird. Zur Vermeidung von Doppelkarten dient die Ausstellung von Besuchskarten und von Vormerkekarten, die bei jeder Vorsprechung vorzuzeigen sind. Noch schwieriger ist die Zahl der besetzten Stellen festzustellen. Arbeitgeber und Arbeiter pflegen oft die erfolgte Einstellung nicht mitzuteilen. Es ist aber nicht zulässig, jeden einer Stelle zugewiesenen Arbeiter, der sich im Arbeitsnachweis eine gewisse Zeit lang nicht wieder meldet, als eingestellt anzusehen. Zweckmäßig dürfte eine allmonatliche telephonische Nachfrage bei denjenigen Arbeitgebern sein, denen Arbeiter zugewiesen wurden, ohne daß die Besetzung der Stelle gemeldet wurde.

Für Aushilfs- und ähnliche kurzfristige Stellen muß eine besondere Zählung erfolgen.

d) Beziehungen des Arbeitsnachweises zu anderen Verwaltungen und Einrichtungen.

Der Arbeitsnachweis steht in Beziehungen zu zahlreichen anderen Verwaltungen und Einrichtungen des öffentlichen Lebens, die er teils unterstützen und mit denen er Hand in Hand arbeiten muß. Am engsten steht er in Beziehungen zu der Arbeitslosen-Fürsorge, insbesondere der Arbeitslosen-Versicherung. Die Kontrolle der Arbeitslosen ist nur denkbar durch den Arbeitsnachweis, auf dem sich die Arbeitslosen täglich melden müssen. Da die Arbeiter im Laufe der Zeit dem Arbeitsnachweisbeamten persönlich bekannt werden, und auch durch die beim Arbeitsnachweis geführten Personalzettel in ständiger Kontrolle stehen, ist der Arbeitsnachweis die geeignetste Behörde, welche Simulationen der Arbeitslosen aufdecken und unterdrücken kann. Durch Angebot offener Stellen kann zugleich die Arbeitslosigkeit verhindert und dadurch auch die Arbeitslosenversicherung verbilligt werden.

Auch mit der Armenverwaltung ist der Arbeitsnachweis

durch mancherlei Fäden verknüpft. Mit Hilfe des Arbeitsnachweises kann die Armenverwaltung prüfen, ob die Bedürftigkeit auf Arbeitsscheu zurückzuführen ist. Besondere Dienste wird der Arbeitsnachweis für Erwerbsbeschränkte der Armenverwaltung leisten können, indem auch älteren, schwächeren und kränkeren Personen Arbeit verschafft werden kann. Dadurch kann einmal die Höhe der Unterstützungen herabgemindert werden, sodann aber werden die Unterstützungsbedürftigen vom Müßiggang und den damit verbundenen üblen Folgen ferngehalten. Andererseits wird der Arbeitsnachweis vielfach wirklich Unterstützungsbedürftige, welche keine oder doch nur in beschränktem Maße Arbeit verrichten können, der Armenverwaltung zwecks Unterstützung zuführen können. Kranke Personen, insbesondere solche, welche an einer ansteckenden Krankheit leiden, können vom Arbeitsnachweis der Krankenhaus- oder armenärztlichen Behandlung zugeführt werden.

Der Arbeitsnachweis für jugendliche Personen und für Erwerbsbeschränkte ist auf die Zusammenarbeit mit der Schule und der Waisenverwaltung angewiesen. Die zur Entlassung kommenden Schüler und Schülerinnen sind auf den Arbeitsnachweis, insbesondere auf die Lehrstellenvermittlung, hinzuweisen. Der Arbeitsnachweis wird die Schulen deshalb mit geeignetem Material zu versehen haben und wird sich mit ihnen über die gemeinsame Aufklärung der Schüler und der Eltern bei der Berufswahl zu verständigen haben. Die Schule sollte bei der Unterbringung ihrer zur Entlassung kommenden Schüler in Lehrstellen nicht selbständig vorgehen, um die Lehrstellenvermittlung nicht zu durchkreuzen, die besten Stellen wegzunehmen und andererseits um zu vermeiden, daß die zur Entlassung kommenden Schüler und Schülerinnen in ungeeignete Lehrstellen oder zu ungeeigneten Lehrherren kommen und vorteilhafte Lehrverträge abschließen. Hier kommt auch die Gewerbeverwaltung in Betracht.

Vielfache Berührungspunkte hat der Arbeitsnachweis mit den Gewerbegerichten, einmal werden die Gewerbegerichte den Arbeitsnachweis vielfach als Auskunftsbehörde hinzuziehen müssen, so z. B. wenn es sich um die Feststellung der verabredeten Bedingungen des Arbeitsvertrages handelt, ferner, wenn es sich um Klagen auf Ersatz des Schadens der durch den Arbeitgeber durch rechtswidrige Entlassung, durch Einbehaltung von Legitimationspapieren, durch unrichtige Zeugnisse verursachten Arbeitslosigkeit handelt. Dasselbe ist der Fall, wenn der Arbeitgeber behauptet, durch rechtswidriges Verlassen der Arbeit durch einen Arbeiter Schaden erlitten zu haben. Der Arbeitsnachweis wird in allen diesen Fällen Auskunft geben können, ob der angeblich geschädigte Arbeiter anderweit geeignete Arbeit hätte erlangen und dadurch den Schaden hätte abwenden können, oder ob zu gewissen Zeiten Arbeitsstellen überhaupt nicht frei waren, ob irgendwelche Urteile in einem Zeugnis geeignet waren, den Arbeiter zu schädigen, oder ob der Arbeitgeber den ihm durch den Arbeiter verursachten Schaden durch Einstellung eines anderen Arbeiters hätte abwenden oder vermindern können.

Wie für die Rechtsprechung, so hat der Arbeitsnachweis auch für das Einigungswesen eine erhebliche Bedeutung. Der Arbeitsnachweis wird oft in der Lage sein, dem Gewerbegericht Mitteilung von dem Bevorstehen einer Arbeiterbewegung zu machen, so daß der Vorsitzende des Gewerbegerichts rechtzeitig vermittelnd eingreifen kann. Der Arbeitsnachweis kann die Einigungsverhandlungen auch durch Auskünfte über die üblichen Lohn- und Arbeitsbedingungen und deren Veränderungen oder Veränderungsbedürftigkeit unterstützen. Umgekehrt werden die Gewerbegerichte bei dem Abschluß von Tarifverträgen vielfach darauf hinwirken, daß die Parteien sich zur Einrichtung eines gemeinsamen Arbeitsnachweises im Anschluß an den öffentlichen Arbeitsnachweis oder über die Benutzung des öffentlichen Arbeitsnachweises entschließen. Die Gewerbegerichte haben daran ein besonderes Interesse, weil der Arbeitsnachweis ein geeignetes und besonders wirksames Instrument zur Überwachung des Tarifvertrages und zur Verhinderung von Verstößen gegen denselben ist, oft das einzige für diesen Zweck geeignete Instrument. Die Gewerbegerichte werden aber auch darauf zu sehen haben, daß die Vereinbarungen der Parteien über die Benutzung des öffentlichen Arbeitsnachweises oder die Angliederung einer Fachabteilung an denselben mit den Aufgaben und der Stellung eines öffentlichen Arbeitsnachweises zu vereinbaren sind. In dieser Beziehung ist vielfach gefehlt worden, und es sind von den Parteien, unter Mitwirkung der Gewerbegerichte Vereinbarungen über die Arbeitsvermittlung getroffen worden, welche eine rechtswidrige oder unbillige Schädigung einer Partei oder Außenstehender enthalten.

Die Gewerbegerichte haben die Aufgabe, den öffentlichen Arbeitsnachweis zu fördern und müssen zu verhindern suchen, daß Arbeitsnachweise geschaffen werden, welche die Tätigkeit des öffentlichen Arbeitsnachweises durchkreuzen. Mitunter wird die Aufgabe der Gewerbegerichte in dieser Beziehung nicht leicht sein, nämlich dann, wenn die Einigung über die Beilegung eines Arbeitskampfes von bestimmten Bedingungen für die Arbeitsvermittlung abhängig ist, welche den Grundsätzen des öffentlichen Arbeitsnachweises widersprechen. Man kann die Einigung mitunter hieran nicht scheitern lassen.

Wegen der engen Beziehungen des Arbeitsnachweises mit den Gewerbegerichten haben die Vorsitzenden der Gewerbegerichte vielfach mit Erfolg den Vorsitz in den paritätischen Kuratorien der Facharbeitsnachweise übernommen, bisweilen wurde der Arbeitsnachweis überhaupt dem Gewerbegericht angegliedert. Das Bedenken, daß eine derartige Verwaltungstätigkeit nicht mit der Rechtsprechung zu vereinbaren ist, ist hinfällig. Haben doch die Gerichte vielfach Verwaltungsaufgaben, z. B. die Amtsgerichte, bei denen die Verwaltungsaufgaben gegenüber der Rechtsprechung überwiegen[1]).

Auch die Polizei hat Beziehungen zum Arbeitsnachweis. Die Polizei wird sich des Arbeitsnachweises bedienen können zur Feststellung und Bekämpfung der Arbeitsscheu. Sie wird mit dem Arbeitsnachweis Hand in Hand arbeiten müssen, um die Auswüchse der gewerbsmäßigen Stellenvermittlung zu bekämpfen. Bei der Festsetzung von Taxen für die gewerbsmäßige Stellenvermittlung und auch, soweit vorgeschrieben, für die gemeinnützige Stellenvermittlung, ist der Arbeitsnachweis gemäß § 5 des StVG. gutachtlich zu hören. Der Arbeitsnachweis ist auch bei der Erteilung der Erlaubnis eines Stellenvermittlers zu hören. Die Erteilung dieser Erlaubnis, falls es sich um Stellenvermittlung für Bühnenangehörige handelt, liegt im Landespolizeibezirk Berlin dem Polizeipräsidenten ob.

Durch die Mitwirkung bei der Erteilung der Erlaubnis und bei der Entziehung der Erlaubnis im Gewerbebetriebe eines Stellen-

[1]) Über das Verhältnis des Arbeitsnachweises und des Gewerbegerichts vgl. Gewerbe- und Kaufmannsgericht XVIII, 529ff. „Soziale Praxis" 371ff.

vermittlers tritt der Arbeitsnachweis gemäß §§ 2 und 9 des StVG. mit den Verwaltungsgerichtsbehörden in Beziehungen.

Bei der Wahl einer Arbeitsstelle spielt die Wohnung des Arbeiters, insbesondere die Entfernung der Wohnung von der Arbeitsstätte, eine besondere Rolle, bedeutet doch die große Entfernung der Wohnung von der Arbeitsstelle nicht selten eine mehrstündige Mehrbelastung des Arbeiters am Tage. Der Arbeiter wird daher eine Stelle oft nur annehmen können, wenn er eine Wohnung in erreichbarer Nähe von der Arbeitsstätte findet. Daraus ergeben sich Beziehungen des Arbeitsnachweises zum Wohnungsamt und zum Wohnungsnachweis, besonders dann, wenn es sich um die Heranziehung eines Arbeiters von auswärts und die Vermittlung nach auswärts handelt und der Arbeiter wissen muß, ob er Unterkunft findet. Ganz besonders wichtig wird die Frage bei größeren Arbeitertransporten. Der Arbeitsnachweis wird auch in der Lage sein, das Wohnungsamt auf ungeeignete Unterbringungsverhältnisse von Arbeitern aufmerksam zu machen, denen als Entgelt für die Dienstleistung vom Arbeitgeber Wohnung, insbesondere in der häuslichen Gemeinschaft, gewährt wird.

Mit den Ortskrankenkassen verbinden die Arbeitsnachweise die statistischen Aufgaben bei der Feststellung der beschäftigten und arbeitslosen Personen. Beide Behörden werden auch Hand in Hand arbeiten können bei der Bekämpfung der Simulation von Krankheiten. Überhaupt hat die Ortskrankenkasse ein Interesse daran, daß die Arbeitslosigkeit möglichst verkürzt wird.

Siebentes Kapitel.

Mit dem Arbeitsnachweis verbundene Nebenbetriebe.

1. Vorbemerkung. Die Arbeitslosen sind in mancher Beziehung hilfsbedürftig und gerade die Zeit der Arbeitslosigkeit ist für manchen Arbeitslosen die einzige Gelegenheit, Bedürfnisse zu befriedigen, an die er nicht denken kann, wenn er durch tägliche

Arbeit voll in Anspruch genommen ist. Die Angliederung gewisser Nebenbetriebe an den Arbeitsnachweis, welche der Befriedigung dieser Bedürfnisse dienen, ermöglicht es, die Einrichtungen und das Personal des Arbeitsnachweises in erhöhtem Maße öffentlich nutzbar zu machen.

2. Mit dem Arbeitsnachweis ist deshalb eine Bibliothek zu verbinden, auf deren Auswahl eine besondere Sorgfalt zu legen ist. Die beste Lektüre ist ohne Rücksicht auf die Kosten die zweckmäßigste, auch Zeitschriften und Zeitungen soll der Arbeitsnachweis erhalten. Es soll deshalb der Arbeitsnachweis nicht zur Lesehalle werden, welche von Personen benutzt wird, welche gar keine Arbeit suchen, das wird aber die Leitung des Arbeitsnachweises zu verhindern wissen. Die Lektüre ist so zu wählen, daß sie den Arbeitern Nutzen bringt. Natürlich muß die Einrichtung sich innerhalb der Grenzen der zur Verfügung stehenden Mittel halten, aber es ist eine geringere Auswahl wirklich guten Stoffes einer großen Masse minderwertigen Materials vorzuziehen. Bei Zeitungen ist darauf zu sehen, daß diejenigen Zeitungen zur Verfügung stehen, welche Stellenangebote enthalten. Zur Verfügung stehen müssen auch Bücher, aus denen der Arbeiter Rechtsbelehrung und Belehrung über die Berufswahl schöpfen kann. Das letztere gilt besonders für die Jugend- und Lehrlingsabteilung.

3. Mit größeren Arbeitsnachweisen wird man eine Schreibstube verbinden können, in welcher die Arbeitsuchenden nötigenfalls ihren Briefwechsel mit den Arbeitgebern erledigen können, aber auch sonstige Schreibarbeit. Die Arbeitslosen können auch zur Schreibarbeit für den Arbeitsnachweis gegen Bezahlung herangezogen werden.

4. Da die Arbeitslosen vielfach der Rechtsberatung[1]) bedürfen, sei es in bezug auf den Abschluß eines neuen Arbeitsverhältnisses oder die Lösung eines Arbeitsverhältnisses, über Ansprüche aus Mietsverträgen, über andere Rechtsfragen mannigfaltigster Art, so kann man eine Stelle für gemeinnützige Rechtsberatung zweckmäßig mit dem Arbeitsnachweis verbinden. Durch verständige Abfassung der Arbeitsverträge, durch Abraten von Vertragsverletzungen, von rechtswidrigen Lösungen der Arbeitsverhältnisse

[1]) S. Gemeinnützige Rechtsauskunft I, 183.

kann der Rechtsberater die Arbeit des Arbeitsnachweises erheblich vermindern. Geordnete Arbeitsverhältnisse sind das beste Mittel gegen übermäßigen Stellenwechsel, und der Arbeitsnachweis erfüllt seine Aufgabe noch besser, wenn er die Arbeiter von unzweckmäßigem Wechsel der Stellen abhält, als wenn er zahlreiche Vermittlungen aufweist.

Wie die Rechtsberatung, so ist auch die Berufsberatung eine wichtige Nebenaufgabe des Arbeitsnachweises. Sie ist zum Teil durch das Gesetz über den vaterländischen Hilfsdienst vorgeschrieben. Sie ist aber auch nötig in der Abteilung für Jugendliche und bei der Lehrstellenvermittlung, auch in der weiblichen Abteilung, in der Abteilung für Erwerbsbeschränkte und bei der Vermittlung für Kriegsbeschädigte. In den beiden letzteren Fällen, besonders bei den Kriegsbeschädigten, ist vielfach eine dauernde Beratung auch während der Beschäftigung erforderlich. Bei den Kriegsbeschädigten liegt dieses insofern im öffentlichen Interesse, als die der Öffentlichkeit obliegenden Kosten der Kriegsbeschädigten durch die Erhaltung der Kriegsbeschädigten in ihren Dienststellungen erheblich vermindert werden können.

In gewissem Maße muß jeder Arbeitsvermittler ein Berufsberater sein. Im allgemeinen ist aber hierbei erhebliche Zurückhaltung zu beobachten. Das gilt aber nicht von den angeführten Ausnahmefällen. Die Raterteilung muß zuverlässig sein, der Vermittler oder Berufsberater darf nicht aus der Scheu, eine Unwissenheit zu verraten, eine voreilige Auskunft erteilen. Lieber soll er den Ratsuchenden an die richtige Stelle verweisen, oder ihm sagen, daß er nicht in der Lage sei, ihm zu raten.

5. Notstandsarbeiten.

Der Arbeitsnachweis schafft grundsätzlich keine Arbeitsgelegenheit, sondern er vermittelt nur Arbeitsgelegenheit. Notstandsarbeiten werden überhaupt nicht mehr als vornehmliches Mittel zur Bekämpfung der Arbeitslosigkeit angesehen. Immerhin lassen sie sich nicht ganz vermeiden, wenn plötzlich eine nicht vorhergesehene Arbeitslosigkeit eintritt. In solchen Fällen wird der Arbeitsnachweis die geeignete Stelle sein, welche die Notstandsarbeiten organisiert. Versuche sind insbesondere gemacht worden, Arbeitslose mit der Kultivierung von Ödland zu beschäftigen. Nicht jeder Arbeiter ist für diese Arbeit geeignet und bei Benutzung ungeeigneter Kräfte kann die Ödlandkultur übermäßig teuer werden, während sie bei der richtigen Auswahl einigermaßen rentabel gemacht werden kann. Es ist insbesondere nicht angängig, alle Arbeitslosen an einer Stelle oder in gleicher Art zu beschäftigen. Wirkliche Arbeitswillige und Arbeitsfähige, insbesondere solche, welche eine Ahnung von der Landarbeit haben, sind in freierer Weise zu beschäftigen, während Müßiggänger und heruntergekommene Existenzen nur unter strenger Kontrolle und unter geeigneter Leitung zur Arbeit auf dem Lande herangezogen werden können, z. B. in den sogenannten Arbeiterkolonien. Während des Krieges hat der Arbeitsnachweis vielfach die Verteilung von Heimarbeit übernommen. Er tritt damit an die Stelle von Zwischenmeistern, die teilweise durch den Krieg ausgeschaltet waren und deren Ausschaltung zum anderen Teile deshalb in öffentlichem Interesse lag, weil die Zwischenmeister vielfach ihre Stellung zum Nachteil der Heimarbeiter in ungebührlicher Weise ausgenützt haben. Wenn das Zwischenmeistertum auch nicht ganz zu entbehren ist, so liegt es doch vielfach nur an dem Umstande, daß die Heimarbeiter mit den Einrichtungen des Arbeitsnachweises nicht genügend bekannt sind, wenn es nicht gelingt, sie unmittelbar den Betriebsstätten zuzuführen. Viele Heimarbeiter könnten vorteilhafter in Betriebsstätten beschäftigt werden. Soweit aber auch die Heimarbeit bestehen bleiben muß, wird der Arbeitsnachweis durch Einrichtung einer Verteilungsstelle für Heimarbeit zu ihnen in Beziehung zu treten haben. Das gilt insbesondere für Personen, welche an ihre Wohnung gefesselt sind, und das sind nicht nur weibliche, sondern auch erwerbsbeschränkte männliche Personen, künftig in ständig steigendem Maße Kriegsbeschädigte.

Die im Arbeitsnachweis wartenden weiblichen Personen können zweckmäßig dort mit Näharbeit, sei es mit Hand- oder Nähmaschinenarbeit, beschäftigt werden. In Berlin ist ein Versuch mit der Angliederung einer größeren Betriebswerkstatt für Näharbeit gemacht worden. Die Erfahrung wird lehren, ob die Einrichtung sich auch im Frieden bewährt. Jedenfalls ist sie geeignet, die Heimarbeiter zum Arbeitsnachweis heranzuziehen.

6. Von alters her ist die Verbindung von Herbergen mit dem Arbeitsnachweis üblich gewesen, oder richtiger gesagt, die Arbeitsvermittlung war früher mit den Herbergen der Zünfte für wandernde Gesellen verbunden. Ein Bedürfnis für die Unterbringung Arbeit-

suchender besteht auch heute noch auf dem Lande, in kleinen Städten und in großen Städten für zureisende Dienstboten.

7. Öffentlich organisiert sind die Natural-Verpflegungsstationen, von welchen im Kapitel 1 die Rede war (S. 17). Diese Natural-Verpflegungsstationen können dem Arbeitsnachweis angegliedert werden.

8. Mit dem Arbeitsnachweis in Berlin ist zweckmäßigerweise ein Brausebad verbunden, ferner eine Flickschusterei und eine Flickschneiderei, welche für wenige Pfennige den Arbeitslosen Schuhwerk und Kleidung reparieren.

Achtes Kapitel.

Aufgaben des Arbeitsnachweises nach Friedensschluß. Übergangswirtschaft[1]).

Wie bei der Überleitung des Friedenszustandes in den Kriegszustand, so wird auch bei der einstigen Zurückleitung in den Friedenszustand der Arbeitsnachweis in hervorragendem Maße zur Mitwirkung berufen sein. Ein endgültiges Programm über diese Mit-

---

[1]) Lit.: Reichstag II 1914/16, Drucks. Nr. 504, 1914/17, Drucks. Nr. 740, 749, 805 und 875. Corsepius, „Die deutschen Arbeitsnachweise im gegenwärtigen Kriege und ihre künftige Gestaltung", Berlin-Steglitz 1916, Flugschriften zur Schaffung sozialen Rechts, herausgegeben von Potthoff und Sinzheimer, Heft 6: „Beiträge zum Wiederaufbau der Arbeitsverhältnisse nach dem Kriege", Albrecht, „Übergangswirtschaft und die Arbeiterfrage", Berlin 1917, Carl Heymanns Verlag, Lederer, „Die Überleitung der Wirtschaft in den Friedenszustand", Archiv für Sozialwissenschaft und Sozialpolitik XLIII, 1—41. Jastrow, „Wirtschaft und Verwaltung nach dem Kriege", Archiv für Sozialwissenschaften und Sozialpolitik, 42ff. und 397ff. Rießer, „Deutsche Revue", XLII, 28ff. Dr. Kurt Blaum, „Die Aufgaben der Arbeitsnachweise nach dem Kriege in Elsaß-Lothringen", Straßburg i. Els. 1917, Selbstverlag der Landeszentrale. Labor und Löwe, Wirtschaftliche Demobilisation, Berlin 1916. Wölbling, „Kommunalarchiv, VII, 399ff. R. Wilbrandt, „Ein Produktionsprogramm für den Tag der Heimkehr.". Schriften der Gesellschaft für Soziale Reform Heft 59. „Der Tag der Heimkehr" Jena 1918; Metallarbeiterzeitung vom 10. X. 1917.

wirkung aufzustellen, würde verfrüht sein, da im gegenwärtigen Momente Mutmaßungen über den Termin des Friedensschlusses verfrüht sind. Die durch den Krieg geschaffenen Verwicklungen und Veränderungen sind so gewaltig und kompliziert, daß wohl kaum jemand sie gegenwärtig mit genügender Klarheit überschaut.

Die Mobilisierung des Heeres entzog dem Arbeitsmarkt zunächst die besten männlichen Kräfte. Sie legte dadurch und durch andere Umstände das Wirtschaftsleben zunächst auf einige Zeit lahm und vermehrte die Zahl der Arbeitslosen. Allmählich mußte die Wirtschaft sich aber in den Dienst des Krieges stellen, gleichfalls mobilisiert werden, und nachdem durch die Einstellung der aus den überflüssig gewordenen Friedensbetrieben hervorgegangenen Arbeitslosen in die Kriegswirtschaft die Arbeitslosigkeit beseitigt war, trat durch die Zunahme der Kriegsbetriebe und durch die allmähliche Vergrößerung des Heeres eine starke Nachfrage nach weiblichen Arbeitskräften hervor, die gleichfalls bis nahezu an die Erschöpfung auch dieser Quelle ging. Die umgekehrte Entwicklung haben wir nach dem Friedensschluß zu erwarten. Zunächst steht die eine Tatsache fest, daß das Heer in seinem Bestande vermindert werden wird. Es ist nach den Erklärungen der Reichsregierung zu erwarten, daß bei der Entlassung aus dem Heeresdienst auf die wirtschaftlichen Bedürfnisse Rücksicht genommen werden wird, daß insbesondere keine auf Ausnutzung ihrer Arbeitskraft angewiesene Person gegen ihren Willen entlassen wird, die nicht Aussicht auf sofortige Beschäftigung hat. Daraus ergibt sich automatisch, daß auch die Zurückführung der Frauen und schwächeren männlichen Kräfte, sowie der vermöge ihrer wirtschaftlichen Lage nicht auf Arbeitsverdienst angewiesenen Personen aus dem Arbeitsmarkt nicht mit einem Mal zu erfolgen braucht, zumal auch die Kriegsindustrie zwecks Ergänzung der Heeresbestände und die Volksernährung nicht mit einem Mal wieder durch Einfuhr aus dem Auslande sichergestellt werden kann. In höherem Maße als die Mobilisierung für den Krieg hängt bei einem einigermaßen günstigen Ausgang des Krieges die Demobilisierung von der Willensentschließung der Staatsleitung ab. Soweit man die Verhältnisse übersehen kann, sind katastrophale Erscheinungen vermeidbar.

Eine praktische Einrichtung für die Übergangswirtschaft ist die bereits erfolgte Bestellung eines Reichskommissars für die Übergangswirtschaft, dem eine Reihe von Mitarbeitern aus den Kreisen der praktischen Berufsstände beigegeben worden ist. Ein großer Beirat, in dem alle an der Übergangswirtschaft interessierten Berufszweige vertreten sein sollen, wird dem Reichskommissar zur Seite stehen.

Um der Gefahr einer Stockung des Wirtschaftslebens durch Zusammenballen der Arbeitsuchenden an gewissen Orten und in gewissen Industrien zu begegnen, muß nach Ansicht des Kriegsministeriums[1]):

1. die Demobilmachung organisch vor sich gehen, d. h. es müssen zuerst sofort ohne jede Einschränkung alle Persönlichkeiten entlassen werden, die organisatorisch oder in leitenden Stellen den Wiederaufbau des Wirtschaftslebens übernehmen müssen,

2. muß die Entlassung in bestimmter Reihenfolge vor sich gehen, wie sie im Demobilmachungsplan niedergelegt ist,

3. muß die organisierte Arbeitsvermittlung in denkbar bester Vollendung den Kriegsamtsstellen zur Verfügung stehen.

Diese Bestimmungen sind flüssige und bedürfen, je nach der Jahreszeit, in der die Demobilmachung ausgesprochen wird, und je nach der Regelung der Rohstoff- und Kreditfrage der Abänderung in jedem Falle. Die Ausführung dieser Gedanken wird sich nach Ansicht des Kriegsministeriums etwa so vollziehen:

Die Träger der personellen wirtschaftlichen Demobilmachung sind die Kriegsamtsstellen und Kriegswirtschaftsämter in engster Zusammenarbeit mit den Zentral-Auskunftsstellen der Arbeitsnachweise und dem ihnen angeschlossenen System der Hifsdienst-Meldestellen und Arbeitsnachweisen aller Art. Zunächst muß Vorsorge dafür getroffen werden, daß die Personalfrage bei den Kriegsamtsstellen und Kriegswirtschaftsämtern durchaus befriedigend gelöst wird. Es dürfen nur durchaus sachverständige Leute dorthin kommandiert werden. Die Arbeit selbst wird in der Hauptsache in zwei große Abschnitte zu trennen sein:

1. Die vorbereitenden Maßnahmen, die schon möglichst frühzeitig beginnen müssen, um jederzeit, wenn die Demobilmachung ausgesprochen wird, abgeschlossen zu sein, und

2. die Maßnahmen, die sich auf Grund der Vorarbeiten mit dem Augenblick ergeben, wo die Demobilmachung einsetzt.

Die vorbereitenden Maßnahmen werden sich ihrerseits wieder hauptsächlich darauf zu erstrecken haben, daß einmal diejenigen Persönlichkeiten, die nach den grundlegenden Richtlinien des Demobilmachungsplanes sofort zu entlassen sind, namentlich bei den Kriegsamtsstellen listlich erfaßt sind, und zweitens darauf, daß die Betriebe angehalten werden, beizeiten sich darüber

[1]) Reichstag II, 1914/17, Drucksache Nr. 875 S. 7ff.

klar zu sein, wie sie nach Friedensschluß weiter zu arbeiten gedenken. Die erste Frage, also die namentliche Erfassung der sofort zu Entlassenden, wird verhältnismäßig nicht allzuschwer sein. Bei den unselbständigen wirtschaftlichen Existenzen wird sie herbeigeführt werden durch die Anforderung der Betriebe aller Art, bei den selbständigen wirtschaftlichen Existenzen, besonders also bei dem gewerblichen Mittelstand in Stadt und Land, werden teils Behörden, teils die Handwerkskammern, Innungen usw. die nötigen Mitteilungen geben müssen.

Schwieriger wird sich die Lösung der zweiten Frage gestalten, in welchem Umfang die einzelnen Betriebe künftig arbeiten, d. h. für die personelle Demobilmachung ihre Arbeiterschaft vergrößern, verkleinern oder unterstellen wollen.

Unter Berücksichtigung des Grundsatzes, daß nach den gesetzlichen Bestimmungen die ältesten Jahresklassen zuerst zu entlassen sind, haben bei Auswahl der zu entlassenden Personen nachgenannte Berufe vorzugsweise Berücksichtigung zu finden:

a) führende Persönlichkeiten aus dem Bereiche des Handels, der Industrie, der Schiffahrt und des sonstigen Wirtschaftslebens,

b) Leiter von Handels-, Industrie- und landwirtschaftlichen Betrieben und deren Angestellte, z. B. Ingenieure, Werkmeister, Inspektoren.

c) selbständige Gewerbetreibende, Landwirte usw.

d) Staats-, Provinzial- und Kommunalbeamte, Geistliche, Lehrer, Bedienstete der Staats- und Privatbahnen einschließlich Klein- und Straßenbahnen,

e) Seeleute und Fischer, soweit sie sofort in den Dienst der Handelsmarine und der Fischerei treten, ferner Kahnbesitzer und Schiffer der Binnenschiffahrt, soweit sie selbständig sind oder eine feste Stellung nachweisen,

f) gelernte Arbeiter und Handwerker, z. B. im Schiffsbau erfahrene Leute, Maschinenbauer, Maschinisten, Schlosser, Metallarbeiter, Hafenarbeiter, Tischler, Schneider, Schuhmacher, Bauhandwerker, Bauarbeiter, Landarbeiter, Bergarbeiter, Schlächter, Bäcker usw., soweit sie sogleich in ein festes Arbeitsverhältnis treten,

g) ungelernte Arbeiter solcher Berufe, in denen sogleich ein großer Bedarf an Arbeitskräften vorliegen wird, z. B. Bergbau, Landwirtschaft, Überseeverkehr, Hafenverkehr,

h) Studierende und solche Personen, die sich bei Ausbruch des Krieges bereits in einer Ausbildung für einen Lebensberuf befanden,

i) Auslandsdeutsche, die vor ihrer Einberufung ihren Wohnsitz im Ausland hatten und dorthin zurückkehren wollen.

Der Reichstag hat zu der Frage der Arbeitsreglung während der Übergangswirtschaft in folgender Resolution zum Etat für das Reichsamt des Innern für 1915 Stellung genommen:

die verbündeten Regierungen sind zu ersuchen

I. dem Reichstag einen Gesetzentwurf vorzulegen, durch den die Arbeitsnachweise eine gesetzliche Regelung erfahren, die folgende Grundsätze beachtet:

1. Im ganzen Reiche ist für jede größere Gemeinde mit ihren Vororten, sowie für je einen Bezirk von kleineren Gemeinden ein Arbeitsamt zu errichten. Die Arbeitsämter sind für bestimmte Landesteile bzw. Einzelstaaten zu Verbänden (Landes- resp. Bezirksarbeitsämtern) zusammenzufassen. Die Zentrale bildet das Reichsarbeitsamt.

2. Dem Arbeitsamt sind alle Arbeitsnachweise in seinem Bezirk zu unterstellen.

3. Das Arbeitsamt wird zu gleichen Teilen zusammengesetzt aus Vertretern der Arbeiter und Unternehmer auf Grund einer Verhältniswahl. Die Grundsätze der Wahlordnung sind durch Gesetz festzulegen. Das Arbeitsamt steht unter Leitung eines unparteiischen Vorsitzenden.

4. Die gleiche Vorschrift gilt auch für die Verwaltung der Landes- resp. Bezirksämter und für das Reichsarbeitsamt, mit der Maßgabe, daß die Verwaltungsmitglieder der örtlichen Arbeitsnachweise die Arbeitgeber- und Arbeitvertreter zu den Landes- resp. Bezirksämtern und diese wiederum die Vertreter zum Reichsarbeitsamt zu wählen haben.

5. Dem Arbeitsamt sind alle An- und Abmeldungen über Eintritt und Austritt aus dem Arbeitsverhältnisse zu melden, es dient zugleich als Meldestelle für die Krankenversicherung.

Dem Arbeitsamt sind für die vom Reichsarbeitsamt geführte Statistik der Arbeitsvermittlung und Arbeitslosigkeit durch die Arbeitsnachweise des Bezirkes die geforderten Angaben zu übermitteln.

Dem Arbeitsamt sind alle im Bezirk von den Arbeitsnachweisen nicht erledigten Anforderungen an Arbeitskräften oder Überangebote zu melden, um, wenn möglich, einen Ausgleich in anderen Bezirken herbeizuführen.

6. Im Bezirk des Arbeitsamtes sind öffentliche Arbeitsnachweise möglichst mit beruflicher Gliederung zu errichten und von den Gemeinden zu erhalten.

Ihre Verwaltung wird aus Vertretern der Unternehmer und der Arbeiter zu gleichen Teilen gebildet, die durch Verhältniswahl bestimmt werden.

Für die Berufsabteilungen sind besondere Fachausschüsse in gleicher Weise zu bilden.

7. Die Arbeitsvermittler werden von der Verwaltung des Arbeitsnachweises gewählt. Sie müssen, soweit die Facharbeitsnachweise und die Berufsabteilungen des öffentlichen Nachweises in Frage kommen, mit den Verhältnissen des Berufes vertraut sein, für den der Arbeitsnachweis errichtet ist.

8. Die Arbeitsvermittlung hat unentgeltlich zu geschehen. Ausländische Arbeitskräfte dürfen nur herangezogen werden, wenn keine Einheimischen auf dem Arbeitsmarkt vorhanden sind.

9. Sind für ein bestimmtes Gewerbe Tarifverträge abgeschlossen, so kann durch Beschluß der Verwaltung bestimmt werden, daß die Arbeitsvermittlung nur zu den tariflichen Arbeitsbedingungen erfolgt.

Für Arbeitsnachweise, die für Tarifgemeinschaften ins Leben gerufen und verwaltet werden, gelten im übrigen die von der Tarifgemeinschaft getroffenen Bestimmungen, die jedoch, soweit sie den Arbeitsnachweis betreffen, der Genehmigung des Reichsarbeitsamts bedürfen.

10. Dem Arbeitsamt obliegt die Beaufsichtigung aller Arbeitsnachweise ohne jede Ausnahme. Es sind hierüber entsprechende Vorschriften durch Gesetz zu erlassen. Ebenso sind Maßnahmen zu treffen, um zu verhindern, daß der Arbeitsnachweis seinem eigentlichen Zweck, der Arbeitsvermittlung, entfremdet wird. Insbesondere darf der Arbeitsnachweis nicht dazu benutzt werden, die Organisationsfreiheit des einzelnen Arbeitgebers und Arbeiters zu beschränken;

11. unverzüglich, nötigenfalls durch ein Notgesetz, für die Arbeitsvermittlung zugunsten der nach dem Friedensschluß heimkehrenden Krieger zu sorger.

Mögen die Ansichten über die Bedeutung des Arbeitsmarktes verschiedene sein, so kann darüber doch keine Meinungsverschiedenheit sein, daß auf diesem Gebiete die größtmöglichste Ordnung angestrebt werden muß, und daraus folgt, daß auch die verwandten Fragen der Arbeit, soweit möglich, im Moment des Friedensschlusses einer Lösung entgegengeführt sein müssen. Dahin gehören: Die Fragen der Arbeitskammern, des gewerblichen Einigungswesens, des Reichseinigungsamtes, des Arbeitsvertrages, der Tarifverträge, des Lehrlingswesens und der Heimarbeit.

Jedes einzelne dieser Gebiete greift wieder in ein anderes hinüber und eines der wichtigsten für die gesamte Arbeiterschaft ist die Frage des Wohnungswesens, und damit zusammenhängend, der Ansiedlung anzusehen.

Arbeit und Wohnstätte, das sind Zusammenhänge, deren Bedeutung erst jetzt einigermaßen richtig verstanden wird. Es ergibt sich dadurch ein Ausblick auf die künftige Ausgestaltung unserer ganzen Volkswirtschaft, der mit den maßgebenden volkswirtschaftlichen Theorien außerordentlich wenig Verwandtes hat, aber nichtsdestoweniger eine große Zukunft verspricht[1]).

Alle diese Fragen können unmöglich bis zum Friedensschluß ihre endgültige Erledigung finden. Man muß aber auf dieselben hinweisen, damit falsche Wege vermieden werden und damit hier und da die Vorbereitung für die künftige Entwicklung geschaffen werden kann. Es ist nicht mehr eine Armee, die zurückkehren wird, sondern das Volk in Waffen, d. h. der maßgebende Teil des Volkes, der zur Ruhe und zum Nachdenken zurückgeführt, selbständige Entschlüsse fassen wird.

---

[1]) Vgl. auch: „Beiträge zur Ansiedelung unserer Kriegsbeschädigten". Herausgegeben von der Berliner Vereinigung zur Förderung der Kriegsbeschädigten-Ansiedelungen, Berlin 1916 S. 9ff. und S. 22ff.

Wir können den Strom nicht lenken, aber wir müssen dafür sorgen, daß das Schiff nicht an Klippen zerschellt. In diesem Sinne muß die Übergangswirtschaft aufgefaßt werden. Es kommt daher nicht darauf an, unter allen Umständen einer wirtschaftlichen Theorie zur Herrschaft zu verhelfen. Dieser Versuch könnte ins Gegenteil umschlagen, mag er nun im Sinne des Sozialismus oder des Individualismus unternommen werden. Wir müssen uns aber klar werden, über die praktischen Folgerungen aus diesen Theorien, die zu ziehen wir mit einem Mal schneller und nachdrücklicher gezwungen sein können, als wir vor Ausbruch des Krieges uns jemals hätten denken können.

Eines werden aber die zurückgekehrten Krieger verlangen, und dazu haben sie ein volles Recht, nämlich, daß ein Plan vorgelegt wird, der auf der Möglichkeit praktischer Durchführung beruht.

Unser Arbeitsmarkt beruht nun aber immer noch auf keiner planvollen Ordnung. Eine solche kann, wenn sie die Gewähr einer gewissen Dauer in sich tragen soll, nur im Wege der Gesetzgebung erfolgen. Als beratende Organe für die Vorbereitung eines derartigen Gesetzes wären Arbeitskammern außerordentlich erwünscht, wie sie bereits in mehrfachen Gesetzentwürfen vorgesehen waren[1]). Um Störungen des Arbeitsmarktes vorzubeugen, würde es sich empfehlen, auch die gesetzlichen Grundlagen für ein Reichseinigungsamt zu schaffen[2]).

Bis zum Erlaß eines Arbeitsnachweisgesetzes muß der Ausbau der öffentlichen Arbeitsnachweise auf Grund der bald nach Friedensschluß aber wegfallenden Bundesratsverordnung vom 14. Juni 1916 mit möglichstem Nachdruck angestrebt werden. Es würde sich auch empfehlen, allgemeine Verwaltungsvorschriften für die Arbeitsnachweise schon jetzt in Gemäßheit des § 15 Stellenvermittlergesetzes, zu erlassen.

Zu fördern sind gemeinsame Beratungen der Arbeitgeber und Arbeiter der einzelnen Gewerbe und einzelner örtlicher Bezirke über die Unterbringung der Arbeiter nach Friedensschluß. Auf

---

[1]) Preuß. Verwaltungsblatt XXX, S. 647ff. und XXXI, S. 180.

[2]) Freiherr v. Berlepsch, „Soziale Praxis" 20, Nr. 24—26. Verhandlungen der Gesellschaft für soziale Reform, Heft 45, 46 und Wölbling, „Brauchen wir ein Reichseinigungsamt?" Berlin 1911.

diesem Gebiete haben sich bereits die sogenannten Arbeitsgemeinschaften betätigt[1]).

Daß auf diesem Wege eine ausreichende Regelung der Frage der Wiedereinstellung der Arbeiter zustande kommen könnte, ist ausgeschlossen, aber es ist vorzuziehen, wenn überall der Versuch gemacht wird, eine Verständigung der beteiligten Arbeiter und Arbeitgeber herbeizuführen, statt von zentraler Stelle allzusehr ins einzelne gehende Vorschriften zu erlassen.

Zur Füllung des Arbeitsnachweises stehen gegenwärtig zur Verfügung[2]):

1. die bisherigen Arbeiter
   a) Kriegsverwendungsfähige,
   b) Arbeits- und Garnisonverwendungsfähige,
   c) die Nichtwehrpflichtigen,
   d) Hilfsdienstpflichtige;
2. Frauen und Jugendliche,
3. Gefangene,
4. Neutrale Ausländer und feindliche Ausländer aus den besetzten Gebieten.

Daß es an gewerblicher Arbeit nach Friedensschluß fehlen wird, ist kaum zu denken[3]).

Die Leiter der Arbeitsnachweise werden diese Fragen schon jetzt studieren und nach Friedensschluß allerorts die Entwicklung der Industrie zu verfolgen haben.

Sie haben sich ferner in Beziehung zu halten mit den militärischen Stellen, insbesondere den Kriegsamtsstellen und den Truppenteilen, damit sie dorthin den ihnen bekannten Bedarf melden und verhüten, daß Personen zur Entlassung kommen, für welche eine Arbeitsmöglichkeit nicht gegeben ist.

Sie haben ferner in Verbindung zu bleiben mit den Verbänden der Arbeitgeber und der Arbeiter und den etwa zu errichtenden Arbeitskammern.

Wenn auch grundsätzlich die Arbeitsnachweise auf ihre eigentliche Aufgabe, die Vermittlung der Arbeiter, beschränkt bleiben

---

[1]) „Concordia" XXIII 249ff. „Kriegsbeschädigtenfürsorge", Zeitschrift für die gesamten Interessen der Kriegsbeschädigten I 355.

[2]) Labor und Löwe, „Wirtschaftliche Demobilisation", 1916.

[3]) Vgl. hierüber: Albrecht, „Übergangswirtschaft und Arbeiterfrage", Berlin 1917, S. 15/16.

sollen, so liegt es in der Natur der Sache, wenn ihre Tätigkeit während der Übergangswirtschaft hierüber hinausgehen wird.

Sie werden daher nicht selten mitzureden in der Lage sein bei der Regelung der Produktion. Ohne Kenntnis des Arbeitsmarktes wird es vielfach nicht möglich sein, neue Produktionszweige in Angriff zu nehmen oder frühere Produktionszweige, die durch den Krieg lahmgelegt sind, wieder aufzunehmen. Das gilt sowohl für diejenigen öffentlichen Stellen, welche berufen sind, in dieser Beziehung anregend, vermittelnd oder unterstützend einzugreifen, also Handels-, Handwerks-, Landwirtschaftskammern, Innungen, auch private Verbände von Unternehmern, als auch für die Unternehmer selbst, und da die Regelung der Arbeitsverhältnisse, insbesondere der Lohnverhältnisse, ohne Mitwirkung der Arbeiterverbände nicht möglich ist, so kommen auch diese in Frage.

Insbesondere wird der Arbeitsnachweis von den Unternehmern beim Wiederaufbau ihrer Betriebe und der Neueinrichtung von Unternehmungen zu Rate gezogen werden.

Der Raterteilung wird sich der Arbeitsnachweis in solchen Fällen nicht versagen können, doch wird er seinen Rat auf diejenigen Gebiete beschränken müssen, deren Kenntnis ihm vermöge seiner Aufgaben zu Gebote steht. Dazu gehören die Frage des Angebots und der Nachfrage nach Arbeitskräften, die zu erwartenden Entwicklungen des Arbeitsmarktes u. dgl., nicht aber Fragen, die den Arbeitsnachweis beruflich fernliegen, z. B. nach der Einträglichkeit eines Betriebes und der Nützlichkeit eines solchen für die Allgemeinheit oder bestimmte Kreise.

In weitgehendem Maße muß aber der Arbeitsnachweis zur Berufsberatungsstelle für die Arbeiter werden. Viele junge Leute sind durch den Krieg aus ihrem Beruf herausgerissen worden oder sie waren gar nicht in der Lage, einen bestimmten Beruf zu erlernen, weil ihnen für die Beschäftigung nur die Kriegsindustrie mit ihrer in gesteigertem Maße mechanischen Produktionsweise zur Verfügung stand. Es fehlt der Industrie an gelernten Arbeitskräften, zumal gerade die besten Arbeiter dem Krieg zum Opfer gefallen sind. Es gilt daher, das verkleinerte Arbeitsmaterial in sachgemäßer Weise auszunutzen. Daraus ergibt sich eine verstärkte, zum Teil auf neuen Grundsätzen beruhende Lehrstellenvermittlung und damit sorgfältigste Berufsberatung.

Auch die erwachsenen Arbeiter stehen den Verhältnissen beim Friedensschluß ratlos gegenüber. Alte Erwerbszweige sind zurückgegangen oder verschwunden, neue, ihnen unbekannte sind an ihre Stelle getreten, durch jahrelange Abwesenheit sind sie dem bürgerlichen Leben entfremdet, sie brauchen daher einen Ratgeber bei der Rückkehr in das Berufsleben. In ganz besonderem Maße gilt dies von den Kriegsbeschädigten, worüber s. Zt. schon gesprochen wurde.

In vielen Fällen wird auch der Rat zu erteilen sein, die Arbeitstätigkeit wieder aufzugeben. Das gilt vielfach von Frauen, welche bessere Verwendung in der häuslichen Wirtschaft finden, und von allen denjenigen, welche zur Handarbeit nur mit Rücksicht auf das dringende Erfordernis des Krieges übergegangen sind.

Ganz besonderer Fürsorge werden schließlich die aus der Gefangenschaft Zurückgekehrten und diejenigen Auslandsdeutschen bedürfen, welche sich nach dem Kriege zur dauernden Rückkehr in die Heimat entschließen.

Wir haben bereits bei den Kriegsbeschädigten gesehen, daß sie vielfach einer Schulung bedürfen, um sich einem Beruf widmen zu können. Das wird z. T. auch bei anderen Personen notwendig werden, weil vermutlich die wirtschaftlichen Verhältnisse, die Produktionsmethoden, nach dem Kriege ganz neue Bahnen einschlagen werden.

Der Arbeitsnachweis kann sich natürlich nicht selbst mit der Umschulung befassen, muß aber in der Lage sein, dem Arbeitsuchenden in dieser Beziehung die richtigen Wege zu weisen. Dazu gehört mündliche und schriftliche Beratung, Lektüre geeigneter Schriften, die sich in der Bibliothek des Arbeitsnachweises vorfinden müssen, und anschauliche Darstellungen zeichnerischer, lichtbildnerischer Art, auch durch Vorlegung von Mustern, Vorweisung von Werkzeugen und Maschinen, die von den interessierten gewerblichen Kreisen gewiß gern leihweise zur Verfügung gestellt werden. Die zahlreichen, durch den Krieg entwurzelten Existenzen werden nach Friedensschluß, nach der Entlassung aus dem Heere, aus der Gefangenschaft, nach der Rückkehr aus dem feindseligen Ausland, aus der Kriegsindustrie, vielfach nicht wissen, wo sie bleiben sollen.

Wegen der Leichtigkeit der Wegeverbindungen, der Arbeitsmöglichkeiten und des Unterkommens, werden zahllose Personen nach den großen Städten, insbesondere nach der Reichshauptstadt, hindrängen.

Es ist der Vorschlag gemacht worden, dem dadurch entgegenzutreten, daß die Truppen nicht bei ihrem Ersatztruppenteil, sondern in der Heimat entlassen werden. Das gilt aber nur von einem Teil der Arbeitsuchenden, d. h. dem im Heeresdienst befindlichen. Es geht nicht ohne Härten und ist schon deshalb mit außerordentlichen Schwierigkeiten verknüpft, weil der Begriff der Heimat schwer festzustellen ist. Ist es der Ort, wo jemand geboren ist, wo er seinen Unterstützungswohnsitz hat, wo sich seine Angehörigen befinden, oder wo er zuletzt gearbeitet hat? Hiermit sollen die Schwierigkeiten nur angedeutet werden.

Es ist die Frage aufgeworfen worden, ob nicht eine vorübergehende Beschränkung der Freizügigkeit erforderlich ist, vor allen Dingen aber erwächst hier dem Arbeitsnachweis die Aufgabe, die Arbeiter dorthin zu dirigieren, wo ihre Anwesenheit im öffentlichen Interesse erwünscht ist und sie ohne Zwang von Orten fernzuhalten, wo schädliche Arbeitslosenansammlungen zu befürchten sind.

Es ist in Aussicht genommen, bei allen Landratsämtern Berufsberatungsstellen einzurichten. Dadurch wird die Berufsberatung der Arbeitsnachweise nicht überflüssig. Es wird aber erforderlich sein, daß beide Stellen in Verbindung miteinander bleiben.

Eine besonders wichtige Rolle für die Übergangswirtschaft werden die Ausländer spielen. Man hat hier zwischen verschiedenen Gruppen zu unterscheiden: Feindliche Ausländer, und zwar unter diesen einmal Gefangene, Heeresangehörige, internierte nicht Heeresangehörige und freie feindliche Ausländer;

Neutrale,

Angehörige der verbündeten Staaten.

Die Rechtstellung und tatsächliche Behandlung dieser Personen wird von den Friedensverträgen und anderen Maßnahmen der auswärtigen Politik abhängen.

Die großen Menschenverluste, die Notwendigkeit des Wiederaufbaues, des vielfach noch in höherem Maße wie in Deutschland mitgenommenen Wirtschaftslebens der feindlichen Staaten, besonders der durch die Kriegsoperationen verwüsteten Landesteile, läßt auch im feindlichen Auslande einen Arbeitermangel befürchten, freilich erst von dem Zeitpunkte ab, wo die Zustände in diesen Staaten soweit geordnet sein werden, daß sie an ihren Wiederaufbau denken können.

Die politische Neugestaltung des feindlichen Auslandes, z. B. in Polen, vermutlich auch Litauen, abgesehen von Kurland und Livland, wird die Rechtstellung der betreffenden Ausländer beeinflussen und damit auch die Haltung des Arbeitsnachweises zu denselben.

Diejenigen Neutralen, welche wirtschaftlich für uns die wertvollsten und politisch am wenigsten störenden oder gar nützliche sind, muß man zurück zu behalten versuchen.

Von den befreundeten Staaten kam Österreich-Ungarn bisher im hohen Maße als Arbeiterlieferant in Frage. Auch hier wird das Bedürfnis der Heimat vielleicht in Zukunft eine Änderung herbeiführen. In der Türkei und in Bulgarien wird bei der nach dem Kriege zu erwartenden Entwicklung, an der wir stark interessiert sind, ein Arbeiterüberfluß, aus dem wir schöpfen könnten, nicht zu erwarten sein. Der ziemlich allgemein gewünschte enge Zusammenschluß der mitteleuropäischen Staaten, wird auch auf den Arbeitsmarkt nicht ohne Einfluß sein. Jedenfalls wird man das Gefühl der Zusammengehörigkeit nicht durch lästige Maßnahmen gegen die hier arbeitsuchenden Angehörigen der verbündeten Staaten beeinträchtigen dürfen.

Die Frage des Weges von der Wohnung zur Arbeitsstätte ist schon an sich von wesentlicher Bedeutung für die Beurteilung der Arbeitsbedingungen. Bisweilen liegen hier aus freiem Entschluß gewählte Verhältnisse vor. Bedauerlich ist es aber, daß die Möglichkeit, in der Nähe der Fabrik eine geeignete Wohnung oder ein geeignetes kleines Grundstück zur Selbstbewirtschaftung in vielen Gegenden außerordentlich erschwert ist. Wenn wir nun nach dem Kriege auch in wirtschaftlicher Beziehung, eine tiefgehende Umwälzung voraussichtlich zu erwarten haben werden, so muß darauf gesehen werden, daß die Frage der Wohnung als eine der wichtigsten für die Gestaltung des Arbeitsvertrages, die ernsteste Beachtung erfährt. Bisweilen ist der Arbeitsnachweis bereits mit einem Wohnungsnachweis verbunden. Auf diesem Wege wird man fortschreiten müssen. Insbesondere wird der Arbeitsnachweis sich um die Wohnungsverhältnisse der zahlreichen, durch den Krieg entwurzelten Existenzen bemühen müssen, aller derjenigen, welche ihre Heimat verloren haben oder welche aus anderen Gründen einen anderen Wohnort aufsuchen, auch derjenigen, welche ihren Haushalt haben auflösen müssen und derjenigen, welche während des Krieges oder bald nach Friedensschluß eine eheliche Verbindung eingegangen sind und nun erst nachträglich unter erschwerten Verhältnissen bei dem Mangel an Wohnungen, Möbeln und sonstigen Haushaltsgegenständen an die Einrichtung einer Wirtschaft gehen wollen.

Vermutlich wird auch die Heimarbeit eine Vermehrung erfahren, namentlich durch die Kriegsbeschädigten, aber auch durch die Frauen, welche von den Betrieben wieder abgestoßen werden. Deswegen wird der Arbeitsnachweis sich auch mit der Heimarbeiterfürsorge zu befassen haben. Er wird ihrer schädlichen Ausbreitung durch Beförderung der Beschäftigung in Betrieben entgegenzuwirken haben, es muß aber auch vermieden werden, daß hierdurch eine Verschlechterung der Lebensbedingungen der Arbeiter eintritt. Für Kriegsbeschädigte ist die Unterbringung in einer eigenen kleinen Wirtschaftssiedlung, oder in einer genossenschaftlichen Siedlung, die auf dem Grundsatz der Selbstbeschaffung aller Wirtschafts- und Lebensbedürfnisse beruht, in vielen Fällen die beste Art der Unterbringung, zumal der Geldbeschaffung durch das Kapitalabfindungsgesetz vom 3. Juli 1916 bereits die Wege geebnet sind.

Wenn auch möglichst zu vermeiden, so werden vorübergehend Notstandsarbeiten ins Auge gefaßt werden müssen. Es ist selbstverständlich, daß hierbei der Arbeitsnachweis mitwirkt, nicht nur bei der Durchführung dieser Arbeiten, sondern auch bei ihrer Projektierung. Es ist daraus zu ersehen, daß diese Arbeiten möglichst wirtschaftlich zweckentsprechend sind.

Neuntes Kapitel.

Die gesetzliche Regelung des Arbeitsnachweises[1]).

Wie wir gesehen haben, ist die gesetzliche Regelung des Arbeitsnachweiswesens einmal eine unvollkommene, auf der anderen Seite ist das öffentliche und private Recht der Stellenvermittlung in verschiedenen Gesetzen verstreut behandelt (siehe S. 27 f.)

Um dem bestehenden Übelstande abzuhelfen, liegt eine Reihe privater Vorschläge vor. Der umfassendste ist der von Dominicus. Er fordert für alle Gemeinden mit mehr als 10000 Einwohnern öffentliche Arbeitsnachweise, die zu Bezirksverbänden zusammengeschlossen werden sollen, und an deren Spitze das Reichsarbeitsamt, abgesehen von der Statistik und der Aufsicht, den Ausgleich im ganzen Reiche zu besorgen hat. Die Verwaltung der Arbeitsnachweise soll eine paritätische sein, auch für die Zulassung von Interessentennachweisen wird die Feststellung eines Bedürfnisses verlangt. Der Vorschlag enthält dann noch einige allgemeine Grundsätze, die Unparteilichkeit, Mitteilung von Streiks und Sperren und grundsätzliche Unentgeltlichkeit, abgesehen von einigen Berufen. Ein Vorschlag von Richard Freund ist auf den öffentlichen als Landesarbeitsnachweisämter bezeichneten Nachweisverbänden aufgebaut. Diese sollen den Ausbau der öffentlichen Arbeitsnachweise betreiben, die zwischenörtliche Vermittlung organisieren und regeln, und alle Arbeitsnachweise ihres Bezirks überwachen. Auf ihren Antrag kann die höhere Verwaltungsbehörde die Einrichtung, Schließung und Vereinigung öffentlicher Arbeitsnachweise anordnen. Die Kosten

[1]) Dominicus, „Schriften des Verbandes deutscher Arbeitsnachweise" Nr. 7 S. 158—175. Dr. Richard Freund, „Schriften der Deutschen Gesellschaft zur Bekämpfung der Arbeitslosigkeit" Heft 3, 1914, dazu Wölbling, „Kommunalarchiv", 198 ff., Bd. V und Bd. VII, 401 ff. Derselbe, „Soziale Praxis" XXIII, 969 ff. Derselbe, „Zeitschrift für Kommunalwissenschaft" I 150 ff. Derselbe, „Metallarbeiterzeitung" XXXV S. 37. „Eingabe der Gewerkschaften an den Reichstag" vom 4. 4. 16. Drucksachen des Reichstags, Juni 1916. Blaum, „Eine Landesarbeitsnachweis-Ordnung für Elsaß-Lothringen für 1917, Straßburg. Selbstverlag der Landeszentrale, Straßburg i. Els. Corsepius, „Die deutschen Arbeitsnachweise im gegenwärtigen Kriege und ihre künftige Gestaltung", Berlin-Steglitz 1917. Der Arbeitsnachweis in Deutschland V, Nr. 1 und 4.

der Arbeitsnachweise sollen den Gemeinden, die der Landesarbeitsämter den weiteren Kommunalverbänden oder Bundesstaaten, evtl. unter Leistung eines staatlichen Zuschusses, zur Last fallen. Die Regelung des zwischenörtlichen Verkehrs der Bundesstaaten soll durch das Reich erfolgen. Zwecks Zusammenarbeitens der öffentlichen Arbeitsnachweise soll die staatliche Behörde Vorschriften erlassen. Alle Nachweise, auch die gewerblichen, sollen dem Reich Übersichten über die Arbeitsvermittlung einreichen, die Formulare hierfür und die allgemeinen Verwaltungsgrundsätze soll das Reich festsetzen.

Die Gewerkschaften fordern in einer Eingabe vom 4. April 1916 an den Reichstag und den Bundesrat ebenfalls in allen Orten mit mehr als 10000 Einwohnern öffentliche, ausnahmsweise öffentlich unterstützte Arbeitsnachweise mit Fachabteilungen für die wichtigsten Berufe und paritätische Verwaltungsbehörden, die die wichtigsten Vermittlungsgrundsätze, die Anstellung der Beamten und die Beschwerden zu bearbeiten haben. Für größere Bezirke sind Ausgleichstellen auf Grund regelmäßiger Zusammenarbeit aller nicht gewerbsmäßigen Arbeitsnachweise, Zentralauskunftsstellen, zu errichten. Die Durchführung der Organisation soll durch Landeszentralen erfolgen. Die Reichszentrale soll auf Grund ihr zu erstattender, regelmäßiger Berichte durch Hinweis und Vorschläge ein einheitliches Arbeiten der Nachweise herbeiführen.

Dem Organisationsplan der Gewerkschaften ist der Reichstag beigetreten, doch hat die Reichsregierung statt einer gesetzlichen Regelung zunächst sich auf die Bundesrats-Kriegsverordnung vom 14. Juli 1916 beschränkt, durch welche die Gemeinden und Gemeindeverbände zur Errichtung öffentlicher Arbeitsnachweise verpflichtet werden. Eine Landesarbeitsnachweisordnung für Elsaß-Lothringen hat Blaum auf Grund dieser Bundesratsbekanntmachung entworfen. Der Entwurf ordnet die Errichtung von Arbeitsnachweisen an bestimmten, für den Arbeitsmarkt wichtigen Verkehrspunkten an, mit Verwaltungsausschüssen unter dem Vorsitz des Bürgermeisters, zusammengesetzt aus Arbeitgebern und Arbeitern. Die Bürgermeisterämter der Gemeinden, in denen kein Arbeitsnachweis besteht, sollen als Meldestellen der öffentlichen Arbeitsämter dienen. Die Arbeitsämter Straßburg, Metz, Mülhausen, denen ein Beirat, bestehend aus dem Bürgermeister, dem Vorsitzenden der Verwaltungsausschüsse und je einem Vertreter der Arbeitgeber und Arbeitnehmer beigegeben ist, dienen als Hauptarbeitsämter der Bezirke, während beim Arbeitsamt Straßburg eine Landeszentrale mit einem Landesbeirat eingerichtet wird. Die Kosten der Arbeitsämter tragen die Gemeinden. Die Bezirke übernehmen die Kosten der Hauptarbeitsämter, des zwischenörtlichen Verkehrs und gewähren den Gemeinden unter 25000 Einwohnern Beihilfen. Die Kosten der Landeszentrale und des zwischengebietlichen Verkehrs trägt die Staatskasse.

Der Entwurf regelt ferner das Verfahren und die Vermittlungsgrundsätze.

Corsepius, der sich im allgemeinen auf den Vorschlag der Gewerkschaften stellt, befürwortet zwecks Durchführung eines Rechts auf Arbeit die allgemeine Einführung einer Arbeitskarte. Die Arbeitgeber sind verpflichtet, jede offene Stelle, die sie zu besetzen wünschen, sowie jede besetzte Stelle unter den erforderlichen Personalangaben aus der Arbeitskarte des Gemeldeten bei dem öffentlichen Arbeitsnachweis anzugeben.

Bei unserem komplizierten und weitverzweigten Wirtschaftsleben und der Möglichkeit des fortwährenden Wechsels seiner Formen ist eine Orientierung der einzelnen Arbeitgeber und Arbeiter ohne fremde Hilfe gar nicht denkbar, wenngleich der einzelne mitunter am besten fährt, wenn er sich seinen Weg allein sucht, so kommen doch die meisten ohne die Hilfe irgendeiner Art von Stellenvermittlung nicht an die richtige Stelle. Vielfach findet der einzelne nur scheinbar den richtigen Weg ohne fremde Hilfe. Er wird nicht selten an eine Stelle dirigiert, ohne daß er sich dieser Einwirkung bewußt wird, z. B. durch die auf die von Zeitungen erzeugte öffentlichte Meinung, durch Mitteilungen Bekannter, die wieder ihre Kenntnis aus Zeitungsinseraten, Vakanzenlisten usw. schöpfen.

In der Stellenvermittlung hat nun der öffentliche Arbeitsnachweis eine immer noch wachsende Bedeutung erlangt und eine öffentliche Einrichtung ist nicht denkbar ohne einheitliche Regelung. Der einzelne muß zugunsten dieser öffentlichen Regelung sich Schranken auferlegen. Das darf aber nicht zu einer vollen Unterdrückung der Freiheit führen.

Wenn man daher die vorgeschlagenen Organisationsformen, die alle eine nahe Verwandtschaft miteinander aufweisen, und die an das tatsächlich Bestehende wirklich anknüpfen, zur Grundlage einer gesetzlichen Regelung machen kann, so wird man doch ganz besonders vorsichtig sein müssen bei allen Vorschlägen, welche den einzelnen beim Aufsuchen von Arbeiten zur Benutzung des Arbeitsnachweises zwingen, oder welche gar, wie der Vorschlag von Corsepius, die gesamte Arbeitsbetätigung eines Arbeiters lebenslang unter Kontrolle stellen wollen.

Der Arbeitsnachweis bedeutet an sich einen Eingriff in das lediglich nach persönlichen Wünschen erfolgende Umschauen nach Arbeit, ohne daß damit gesagt sein soll, daß die Umschau dem eigenen Wohle am besten entspricht. Der öffentliche Arbeitsnachweis bedeutet eine Regelung des Arbeitsmarktes zum öffentlichen Wohle, ohne daß diese dem privaten Bedürfnis nach Erlangung der geeignetsten Stelle und des geeignetesten Arbeiters widerspricht. Diese Regelung drängt nach einer Verallgemeinerung, da das ganze Reich einen einheitlichen Arbeitsmarkt darstellt. Nur bei einer gewissen Gleichmäßigkeit der Einrichtungen an allen Orten ist ein glattes Arbeiten der Stellenvermittlung möglich. Die Gleichmäßigkeit bedeutet kein starres Reglement. Im Gegenteil, sie kann gerade das starre Reglement verbieten und zum Beispiel vorschreiben, daß die Ordnung der Arbeitsvermittlung in die Hände der örtlichen Interessenten zu legen ist, die nur einen gewissen allgemeinen Rahmen einzuhalten haben. Erst wenn eine Einigung unter den Nutznießern nicht zu erzielen ist, greift die öffentliche Verwaltung selbständig ein.

Eine derartige Regelung wird auch den Vorteil haben, daß man die Errichtung des Arbeitsnachweises nicht von einseitigen Grundsätzen abhängig macht oder daß man die Arbeitsnachweise auf allgemeine gelehrte Prinzipien festlegt, die dem häufig wechselnden Bedürfnis nicht entsprechen.

Aber gewisse Ansprüche an die Räume, die Vermittlungszeiten, die Führung der Bücher, Kartotheken, die Meldungen an die Zentralstellen sind allgemein zu stellen. Auch die Grundsätze für die Statistik sind zu regeln, zumal die jetzige Statistik noch mancherlei Fehler aufweist.

Zu prüfen wird sein, ob nicht auf Grund der bisherigen Erfahrungen der Arbeitsnachweise gewisse Grundsätze über die Rechtsbeziehungen zwischen dem Arbeitsnachweis und denjenigen aufzustellen sind, die sich seiner Vermittlung bedienen. Es herrschen zurzeit mancherlei Unklarheiten über die Pflichten des Arbeitsnachweises gegenüber dem Auftraggeber und dem anderen Teil des Dienstvertrages. Es werden unberechtigte Ansprüche an den Nachweis gestellt und wenn diesen nicht genügt wird, unterzieht man den Nachweis öffentlich einer abfälligen Kritik. Der Umstand, daß wir gegenwärtig davon wenig merken, ist nur eine Folge des Raummangels und der sonstigen Beschränkung der Presse.

Trotz des natürlichen Gegensatzes zwischen Arbeitgebern und Arbeitern wird sich eine Einigung beider über den Ausbau der öffentlichen Arbeitsnachweise erzielen lassen, wenn erst die Erörterung, ob überhaupt ein öffentlicher Arbeitsnachweis zu errichten ist, durch das Gesetz abgeschnitten ist. Das Wichtigste ist, daß der Arbeitsnachweis unparteiisch, schnell und zuverlässig arbeitet. Das hat für beide Teile des Arbeitsvertrages den gleichen Wert. Auch darüber, daß der Vermittler mit den Verhältnissen des Gewerbes vertraut sein muß, kann keine Meinungsverschiedenheit bestehen. Will der Arbeitsnachweis den Ansprüchen an ein ordnungsmäßiges Funktionieren genügen, so hat er vollauf zu tun und für die Erörterung allgemeiner Streitfragen bleibt nicht viel Zeit übrig. Diese Streitfragen wurden bisher viel zu sehr aufgebauscht, oft ohne Kenntnis der wirklichen Verhältnisse der Arbeitsvermittlung und die vorgeschlagenen Lösungen schütten in theoretischer Weise oft das Kind mit dem Bade aus. Diese Streitfragen werden nicht der Gegenstand einer reichsgesetzlichen Lösung sein.

Bei der Organisation muß man sich aber bewußt bleiben, daß der Arbeitsnachweis nur ein Teil der öffentlichen Verwaltung ist und sich daher dieser eingliedern muß. Gewiß wollen wir nicht verkennen, daß unsere Verwaltungsorganisation einer gründlichen Neuordnung bedarf. Solange sie aber besteht, darf sie auch bei einer Ordnung des Arbeitsnachweises nicht außer acht gelassen werden, damit nicht das Übel, das Gegen- und Aneinandervorbeiarbeiten der Behörden noch vermehrt wird. Darum macht man den Arbeitsnachweis zu einem Zweig der Gemeindeverwaltungen, deren Aufgabe es an sich ist, die wirtschaftlichen Bedürfnisse ihrer Bürger zu befriedigen. Im Rahmen der Selbstverwaltung der Gemeinden wird sich am besten auch eine Selbstverwaltung der Arbeitsnachweise schaffen lassen. Die Gemeinden bilden auch eine zweckmäßige Grundlage für die Kostendeckung der Arbeitsnachweise, wobei das gemeindliche Steuer- und Abgaberecht die Möglichkeit einer gerechten Verteilung der Lasten gibt. Wenn mehrere benachbarte Gemeinden ein gemeinsames Wirtschaftsgebiet bilden, so wird das Bedürfnis des Zusammenschlusses meist ein allgemeines, sich nicht auf den Arbeitsnachweis beschränkendes sein. Wenn aber der vollständige Zusammenschluß solcher Gemeinden zurzeit nicht durchführbar und daher vielleicht bis zu einer allgemeinen Verwaltungsreform zu vertagen ist, so muß man sich mit der Bildung eines Zweckverbandes begnügen, wenngleich diese Lösung meist keine vollbefriedigende ist, schon aus dem Grunde, weil dann wieder eine vermeidbare Vermehrung der Verwaltungskörperschaften eintritt. Auch für diese Fälle kann aber ein Reichsgesetz über die Schwerfälligkeit mancher einzelstaatlichen Verwaltung hinweghelfen.

So mehren sich bei einem Eindringen in den Stoff die Gründe für eine reichsgesetzliche Regelung des Arbeitsnachweises fortgesetzt. Die Frage erschöpfend zu behandeln, kann nicht die Aufgabe dieses kurzen Handbuches sein. Die Schwierigkeit der Aufgabe darf aber von einer gesetzlichen Regelung nicht abhalten.

Diese Regelung ist schon deshalb notwendig, um die Wichtigkeit des Gegenstandes in das richtige Licht zu setzen. Solange diese Regelung fehlt, läuft der Arbeitsnachweis immer Gefahr, hinter andere Aufgaben zurückgestellt zu werden, deren Erfüllung der Verwaltung durch das Gesetz auferlegt ist, obwohl manche dieser Aufgaben, wenn überhaupt, so doch nicht in dem Maße von Bedeutung ist, wie die Regelung des Arbeitsmarktes.

Handelt es sich doch darum, mit dem wertvollsten Gute der Nation, der Arbeitskraft ihrer Glieder, pfleglich umzugehen, um sie alle Zeit in den Dienst unseres schwer, vermutlich auch nach Friedensschluß noch lange Zeit bedrängten Volkes einzustellen.

Alphabetisches Inhaltsverzeichnis.

(Die Zahlen bedeuten die Seiten.)

G. Pätz'sche Buchdruckerei Lippert & Co. G. m. b. H., Naumburg a. d. S.

FSC
www.fsc.org
MIX
Papier | Fördert gute Waldnutzung
FSC® C083411

Kolibri 360 GmbH
Ferdinand-Jühlke-Straße 7
99095 Erfurt, Deutschland
produktsicherheit@kolibri360.de